KB040314

조선인의 일본관

조선인의 일본관 : 600년 역사 속에 펼쳐진 조선인의 일본 인식/
금병동 지음 ; 최혜주 옮김. 서울 : 논형, 2008

원표제: 朝鮮人の日本觀
원저자명: 琴秉洞
색인 수록
ISBN 978-89-90618-73-3 04910 : ₩16000
ISBN 89-90618-50-9(세트)

대한민국(국명)[大韓民國]
역사 인식[歷史認識]
민족 심리[民族心理]

911-KDC4
951.9-DDC21   CIP2008003572

조선인의 일본관

| 600년 역사 속에 펼쳐진 조선인의 일본 인식

금병동 지음 | 최혜주 옮김

CYOSENJIN NO NIHONKAN
Copyright by Koom Byung-dong 2002
Korean translation rights arranged with Koom Byung-dong are SOWA, Ltd

이 책의 저작권은 저작권자와 독점 계약한 논형출판사에 있습니다.
저작권법에 보호를 받는 저작물이므로 무단 전제와 복제를 금합니다.

조선인의 일본관
600년 역사 속에 펼쳐진 조선인의 일본 인식

지은이 금병동
옮긴이 최혜주

초판 인쇄 2008년 12월 11일
초판 발행 2008년 12월 18일

펴낸곳 논형
펴낸이 소재두
편집 최주연, 김현경
디자인 김예나
홍보 박은정

등록번호 제2003-000019호
등록일자 2003년 3월 5일

주소 151-805, 서울시 관악구 봉천2동 7-78 한림토이프라자 5층
전화 02-887-3561 **팩스** 02-887-6690

ISBN 978-89-90618-73-3 04910
값 16,000원

논형출판사와 한림토이북은 한림토이스의 자회사로 출판과
문화콘텐츠 개발을 통해 향유 문화의 지평을 넓히고자 합니다.

차례

2부 근대의 일본관: 개항 전후기~식민지화 과정기

3부 식민지기의 일본관: 무단통치기~파쇼통치기

머리말

나는 16년 전인 1986년 다카야나기 도시오高柳俊男 씨와 함께 많은 연구자의 도움을 받아 일본 자유국민사에서 『조선인의 일본관朝鮮人の日本觀』이라는 책을 출판했다. 현재 이 책은 절판되었다.

이번 책은 당시 내가 집필했던 아시카가足利 시대, 도요토미豊臣 시대, 에도江戶 시대, 메이지明治 시대에 도일한 조선 사신의 일본관에 새롭게 식민지 시기까지의 조선인의 일본관, 즉 근대(전기, 후기), 식민지기의 2편을 추가한 증보판이다. 전전戰前까지의 조선인의 대표적인 일본관을 통람하려는 시도다.

다음은 자유국민사 책의 '머리말'의 일부를 고친 본서의 '머리말'이다.

『조선인의 일본관』이라는 제목을 본 순간 생각에 빠졌다. 이 문제에 관심이 없었던 것은 아니지만, 오히려 나는 '일본인의 조선관'을 조금이라도 밝혀보고 싶었다. 그 허를 찔린 것 같은 느낌과 많은 구미인의 일본론에 일종의 안타까움을 느끼고 있었다. 그래서 이런 종류의 책을 접할 때마다 예전에 유행한 '우유를 넣지 않은 커피'라는 TV 광고처럼 "'조선인의 일본관'이 없는 일본관이란, 일본관이 될 수 없다"라고 말하고 다녔다. 막상 그 문제가 내 앞에 현실로 닥치자 그 테마가 주는 부담감에 약간 주눅이 들었던 것을 기억한다.

그런데 조선인의 일본관에 대해 쓰면서 시기를 언제부터 할 것인지 생각했다.

결국 일본에 파견된 조선 사신이 일본 견문의 보고서를 남긴 아시카가기부터 시작하기로 결정했다.

그러나 조선인의 일본 견문기는 아시카가, 도요토미, 에도, 메이지 시대를 통해서 수십 책이 넘는데도 일본어로 번역된 것은 평범사의 동양문고본, 『징비록(懲毖錄)』, 『해유록(海游錄)』, 『간양록(看羊錄)』, 『백범일지(白凡逸志)』의 네 책과 이와나미 문고의 『노송당일본행록(老松堂日本行錄)』, 『해동제국기(海東諸國記)』와 국서간행회의 『매천야록(梅泉野錄)』뿐(본래 관련 부분의 번역이라면 몇 책이 있고, 또 『백범일지』와 『매천야록』의 저자는 일본에 간 적이 없다)이라는 사실에, 왜 그럴까 다시 생각하게 되었다. 이러한 사실 가운데 조선·일본 관계의 어려움이 표현되어 있을지도 모른다는 생각이 들었다.

마르코 폴로는 『동방견문록』에서 일본은 황금·진주·기타 보석을 많이 산출하는 곳이라고 했고, 역시 원나라 쿠빌라이의 일본 침략과 관련해서는 태풍으로 배가 침몰한 것을 기록하고 있다. 그러나 그 후, 살아남은 3만의 원군이 일본의 수도를 함락시키거나 포로가 된 동료 이외의 사람을 일본인은 요리해서 먹었다고 쓰고 있다. 나중의 유럽인도 실제로 일본을 견문했다고 해도 상당히 엉뚱한 기사가 있는 것을 생각하면, 이 정도의 오류는 어쩔 수 없는 것일지도 모른다.

쇼쿠호우織豊 시기[1] 프로이스Luis Frois[2]의 『일본사Historia de Japan』를 비롯한 선교사들의 본국에 대한 보고서, 에도기, 나가사키長崎에서 에도로 간 네덜란

---

[1] 쇼쿠호우는 오다 노부나가(織田信長, 1534~82)~도요토미 히데요시(豊臣秀吉, 1573~98)의 약자. 1573년 무로마치(室町) 막부 멸망에서 1603년 에도막부가 성립할 때까지의 약 30년간을 말한다. 천하통일 사업을 완성하여, 봉건제 확립의 기초를 쌓았다.

[2] 루이스 프로이스는 포르투갈 출신 예수회 선교사로 임진왜란을 전후로 일본에 체류하면서 한국과 관련된 기록을 많이 남긴 인물이다. 그의 서간문은 오랫동안 미 발간된 상태로 있다가 1984년 리스본에서 5권으로 발행되었다. 이 가운데 150여 페이지 약 10개의 장이 임진왜란과 관련된 중요한 기록을 남기고 있다.

드 사절의 수행의사 켐페르Engelbert Kaempfer3)의『일본지日本誌』나 막말幕末의 영국인, 러시아인, 미국인 등의 일본 견문기는 일찍부터 일본어로 번역된 것도 있다. 그 후『이국총서異國叢書』나『신이국총서新異國叢書』, 평범사, 기타 출판사에서 대부분 단행본으로 번역 출판되었다. 다소의 오류나 착오가 있다고 하더라도 각각의 시기의 일본에 대해서 새롭게 배우는 것이 많다. 그런 의미에서는 일본인이 외국인의 눈에 비친 자국의 모습을 알려고 노력하는 것은 거울에 비친 자신의 모습을 객관적으로 확인할 수 있으므로 극히 당연한 일이라고 생각된다.

일본인은 이토록 구미인의 일본관에는 매우 예민하게 반응하는데, 전술한 것처럼 메이지기까지 조선인이 쓴 수십 책의 일본 견문기에 대한 일본어 번역본이 단지 7책이라는 것은 지나치게 적다.

일본인이 외국인의 일본관·일본 기술을 문제로 삼아 최초로 정리한 책은 겐로크元祿 원년1688부터 6년에 걸쳐 간행된『이칭일본전異稱日本傳』이다. 교토의 유의儒醫 마쓰시타 겐린松下見林, 이름은 秀明이 편집한 것으로, 3권(상·중·하) 15책으로 이루어졌다. 겐린은 이 책에서 상권 3책에 한漢에서 원元에 걸친『산해경山海經』,『사기史記』,『후한서後漢書』,『논형論衡』,『위지魏志』등의 문헌에서 일본 관계 기사를 모았다. 중권 8책에는 명대의 자료, 합계 111종의 중국 자료를 수록하고 있다.

하권의 4책에는『시라기斯羅』, 즉 조선의 자료 15종이 수록되어 있다. 내역은 제12, 13책에『동국통감』, 제14책에『삼국사기』,『삼한시귀감三韓詩龜鑑』,『모제집慕齋集』,『동문선東文選』,『진산세고晉山世稿』,『동인시화東人詩話』,『삼

3) 1651~1716, 독일인 의사·박물학자. 네덜란드 상관(商館) 의사로 1690~92년에 일본에 체재하고, 귀국 후『일본지』를 저술했다. 그 일부를 시즈기 다다오(志筑忠雄)가『쇄국론』이라는 제목으로 번역했다. 이 때 '쇄국'이란 용어가 처음 사용되었다.

강행실도三綱行實圖』, 『속삼강행실도續三綱行實圖』, 『태평통재太平通載』, 제15책에 『경국대전』, 『대전속록大典續錄』, 『신응경서神應經序』, 『해동제국기』, 『징비록』이다.

마쓰시타 겐린은 조선·중국의 126종의 일본 관계 기사를 배열하여 사람들에게 보여주었을 뿐 아니라, 여러 곳에 「지금 보건대」라는 자기의 의견을 더하여, "같고 다름을 해석하여, 혐의를 바로 잡고"(이 책의 자서) 있는 것이다.

겐린은 "책을 널리 읽어 한학에 정통하고, 또 널리 일본의 고전을 섭렵했다. 매년 사람을 나가사키에 보내 선박으로 가져오는 서적을 구입했다. 그러므로 그의 장서는 10만권"『대일본인명사서』이라고 일컬어지는데, 『이칭일본전』은 당시 일본의 동아시아 제국과의 외교 문제에 도움이 된 부분이 적지 않다아키야마 겐조(秋山謙藏), 『일지교섭사연구(日支交涉史研究)』참조. 또 "당시로서는 가능한 한 문헌을 많이 수집했기 때문에, 그 풍부한 기사는 에도 시대 이후 일본인의 외국관 형성에 적지 않은 영향을 주었다고 생각될"다나카 다케오田中健夫, 『왜구』뿐만 아니라, 특히 조선인·중국인의 일본관·일본 기술을 중심에 놓고 외국인의 일본관을 사람들에게 알렸다는 점에서 획기적인 의의를 가지는 책이다.

게다가 이로부터 반세기 이상도 전에 쓰였다고 추정되는 호리 세이이堀正意의 『조선정벌기朝鮮征伐記』등은 히데요시의 조선 침략전쟁에 관한 가장 오래된 사서다. 명 측의 『양조평양록兩朝平攘錄』과 유성룡의 『징비록』등의 서적의 표절이거나 무단 사용(도쿠도미 소호4))이라고 평할 정도로, 일본 측의 자료만으로는 체계적인 책의 체제를 잡을 수 없어 전면적으로 차용하는 경우도 적지 않았다. 또 『징비록』의 경우는, 이 책이 일본어로 번역되었을 때, 가이바

4) 德富蘇峰(1863~1957), 평론가. 이름은 이이치로(猪一郎). 民友社를 창립하고, 『國民之友』, 『國民新聞』을 창간하여 평민주의를 주창, 청일전쟁을 계기로 국권주의로 바뀌어 국가주의를 주창했다. 패전 후 A급 전범용의자가 되어 공직에서 추방되었다.

라 에키켄貝原益軒은 서문내각문고 소장, 『양국임진실기(兩國壬辰實記)』을 써서 히데요시 군을 "탐하는 병사와 거만과 분노를 겸했다"고 비판하고 있다. 이것은 『징비록』의 사료적 가치가 높음을 나타내는 것이고, 동시에 당시의 일본인에게 조선인의 일본관 일부분을 소개했다고 생각한다.

역사가 요시다 도고吉田東伍는 1924다이쇼13년에 출판한 『일본조선비교사화日本朝鮮比較史話』의 「한인韓人이 본 일본」에서 조선인의 일본 관찰이 이제까지 서양인이 쓴 것보다 훨씬 훌륭하다고 지적했다. 그 원인을 "서양인의 관찰이 잘못된 것, 과장한 것, 부회설"도 있고, "외국학자, 즉 '닥터'"가 일본의 여러 학자와 접하기는 했지만 그 내용은 "대부분 순수한 학술, 과학상의 일로, 국제 문제에는 통절하게 느끼지 않는다고 생각한다"고 하여, "거기서부터 비교해 보면 조선 3사 일행은 열심히 일본의 사정을 살피고 그 모양을 연구하여, 알고 있는 지식을 감정에 어울리는 무기로 삼으면서 어쨌든 미치는 것만큼 보고 썼다. 거기에 조선 기록의 가치가 있을 것이라고 생각한다"고 쓰고 있다.

도쿠도미 소호는 대저大著 『근세일본국민사』 중에 『조선역朝鮮役』 3권을 쓰면서, 초대 조선총독이었던 데라우치 마사다케寺內正毅가 조선에서 '기증' 한 도쿄제대 소장의 『선조실록』을 읽고, 큰 책의 적요록摘要錄을 2개 만들었다. "나는 이 책을 통해 지나, 조선의 내정을 알 수 있었다. 게다가 그들의 거울에 비추어서, 일본 측의 사정을 엿볼 수 있었다. 이 책은 나에게 안내자와 같다"고 쓰고 있다. 소호는 조선인의 거울에 비추어 일본의 실정을 파악했다고 한다. 요컨대 조선인의 일본관이 일본인 자신을 비추는 거울이라는 인식은 지식인 사이에서는 꽤 옛날부터 있었던 것이다.

그러나 한편 조선인 가운데에는 조선 서적이 일본 사회에 널리 복간되어 유포되는 것을 보고, 조선의 국내 사정, 국내에서의 고도한 정치적 비밀사항이나 중요 정책의 결정 과정 등이 새고 있다고 느낀 자도 있어, 책의 수출금지

를 상신하기도 했다. 6대 장군 이에노부家宣, 1662~1712 때, 아라이 하쿠세키新井
白石5)와 대결한 조태억趙泰億도 그 중 한 사람이다. 조태억은 귀국 후, 조선
서적의 일본 수출 금지 방안을 영의정 서종태徐宗泰를 통해 상신한다. 그러나
일본에서는 조선의 주요한 서적을 거의 수입하고 있었기 때문에, 조선 서적
의 수출을 금지하는 조치는 시기를 잃고 있었다. 그렇지만 아라이 하쿠세키
는 조선통신사의 대우를 낮추는 조치를 단행할 때에, 조선 사료를 정독하여
연구하고 있었다. 그 자료는 『해동제국기』, 『징비록』, 『고사촬요故事撮要』,
『경국대전』, 『계림유사鷄林類事』, 『계림기어鷄林奇語』, 『여지승람輿地勝覽』, 『팔
도관직八道官職』 등이었다. 즉 '거울'도 정치적으로 사용하면 공격의 무기가
될 수 있다는 것을 증명해 보인 것으로, "적을 알고 나를 알면 백전백승"의
철칙을 살린 것이다.

　조태억도 조선의 권위 있는 문헌을 구사하여 공격해 오는 하쿠세키에게
대항하기 어렵다고 느끼고 있었을지도 모른다. 한편으로는 하쿠세키의 주
장에 져서 양보한 부분도 적지 않게 있어서, 이로 인해서 귀국 후, 사명을
욕되게 했다는 이유로 한동안 옥에 들어간 일도 있었다. 이 때문에 변명을
하기 위해 일본이 조선 서적을 통해 풍부한 조선 지식을 가지고 있는 것을
과대하게 말한 점이 없는 것도 아니다.

　이상 몇 가지 예로 알 수 있는 것처럼 일본인은 상당히 오래전부터 그 결과를
어떻게 이용해야 하는지의 문제는 별도로 하더라도, 조선인의 일본관의 왜곡
까지도 포함하여 자기의 실상을 객관적으로 읽으려고 유의했다고 생각된다.

5) 1657~1725. 학자, 정치가. 기노시타 준안(木下順庵)에게 주자
학을 배웠다. 고후번(甲府藩) 시대에 이에노부의 시강이 된다.
이에노부가 쇼군에 취임하자, 막부의 각료가 되어 문치정치를 행
한다. 『독사여론(讀史余論)』 등의 역사연구와 『서양견문(西洋
見聞)』 등의 업적이 있다.

일본인이 조선인의 일본관을 더 이상 자기의 거울로 삼지 않고, 중요시하지 않게 되는 것은, 자국의 근대적 선진성에 대한 자신감과 조선을 침략 대상으로 정한 이후의 일처럼 생각된다. 조선과 일본 모두 아직 마음을 터놓지 못해서 일 것이다.

한국·일본 관계의 각종 여론조사에서 밝혀진 것처럼 양 민족은 서로 싫어하는 나라(민족) 1위에 있다. 1995년 7월 29일자에 의하면 「아사히신문」, 「동아일보」의 공동 여론조사에서, 한국인의 일본 혐오는 69%에 달한다고 한다. 그 대일관은 점점 심해지고 있다.

양국 관계의 장래에 대해서도 '좋은 방향으로 나아간다'는 일본에서 30%, 한국에서 20%, 1990년 7월 전회 조사에서의 일본 56%, 한국 35%보다 각각 줄어들었다.

국민감정 면에서 보면, 한국이 '좋다'고 답한 일본인은 11%, '싫다'는 21%, 한편 일본이 '좋다'고 답한 한국인은 6%로 '싫다'는 69%다. 한국을 싫어하는 일본인은 1984년 조사 이래, 대략 20% 전후로 커다란 변화는 없다. 일본을 싫어하는 한국인은 1984년 조사가 39%였던 데 비하면, 대폭으로 늘어 과거 최고치를 기록했다.

그 후 무라야마 도미이치村山富市 수상 담화나 김대중 대통령 방일시의 「한일공동선언」, 축구월드컵 공동개최, 한일국교정상화 교섭 등으로, 잠시 양민족 간에 화해 분위기는 호전되었다. 그러나 고이즈미 준이치로小泉純一郎 수상의 야스쿠니신사 참배 문제나 후쇼샤扶桑社 판의 역사교과서 문제 등은 우호 관계에 냉수를 끼얹었다. 한일관계의 문제는 좀 더 깊은 역사의 저류에 문제점이 잠재하고 있는 것을 놓쳐서는 안 된다.

한국이 일본을 싫어하는 가장 큰 원인은 말할 것도 없이 히데요시의 침략과 메이지기의 조선 침략 과정과 그 완성이라는 두 번에 걸친 침략과 그 사상적

뿌리에 근거한다.

다음으로 현재의 경제력·기술력에 따라, 돈으로 얼굴을 바르는 것 같은 대국의식의 부활과 경제수탈이다. 또한 중요한 점은 일본이 한민족의 비원인 남북통일에 방해가 된다는 생각이다.

조선·한국인의 현재의 일본관·대일감정은 호전돼가고 있다고는 해도 야스쿠니 문제나 교과서 문제에 보이는 것처럼, 특히 역사인식에 관한 문제가 제기되면 금방 험악하게 되는 것이 현실이다. 이것은 한·일 양 민족의 상호이해를 막는 것이 무엇인가를 다시 생각해볼 계기가 될 것이다.

또한 말해지는 것처럼 조선인의 일본관이 일본인의 거울이라면 비치고 있는 객관상 가운데 왜 그런가를 민족적 책임의 입장에서 역사적·사상적으로 깊이 있게 연구하는 것이 요구되는 것은 아닐까.

'조선인의 일본관'이 없는 일본관을 말하고 있지만, 이 책이 어느 정도 충격을 줄 수 있게 될지는 물론 읽는 사람 몫일 것이다.

1부

전 근대의 일본관

아시카가기~메이지 초기

1장 아시카가 시대 · 조선 사신들의 일본관

1. 왜구 금압 의뢰 사절의 도일

조선에서는 고려조도 조선왕조도 왜구 때문에 매우 골치가 아팠다. 왜구는 연안부를 비롯해 안으로 깊숙이, 수도 가까이까지 침투해서 약탈과 폭행을 저질렀기 때문에 비옥한 토지도 농사를 지을 수 없을 정도였다. 때로는 정치의 기능조차 마비되고, 나아가서는 고려조가 멸망하는 한 원인을 제공했다고 말할 정도였다. 따라서 왜구를 종식시키는 것은 국정의 최대 과제로, 그 금압禁壓과 포로의 송환에 관한 요청과 교섭을 위해, 두 나라 조정은 몇 번이나 사절을 일본에 파견했다. 본래 왜인의 약탈에 대한 금압 의뢰를 위한 사절의 복명復命 등에는 사명과 직접 관련한 교섭경위에 관한 문제가 보고되는 것은 당연했다. 그러나 한편에서는 예의銳意, 정보수집에 힘쓴 사절의 일본관 · 일본인관이 견문 그대로, 또는 추측을 넣어서 기록되고 있었기 때문에 일본 자료에는 나오지 않는 당시 일본의 모습을 엿볼 수 있는 좋은 자료가 되기도 한다.

고려는 수차례 일본에 사절을 보냈다. 최초는 고려 공민왕 15년에 보낸 김용金龍이고, 다음해인 1367년일본에서는 북조의 조지(貞治) 6에 김일金逸을 교토로 보냈다. 2대 쇼군 아시카가 요시아키라足利義詮, 1330~67는 왜구는 시코쿠四國 · 규슈九州의 해적들의 직업으로, 단속할 방법은 없지만 금제에 대해서는 고려한다고 하여, 사자가 돌아갈 때 텐류지天龍寺의 승 본도梵盪 · 본료梵鏐를 보빙사報聘使로 삼았다. 그들은 국도 개성에서 환영받아, 여기서 사실상 고려와 일본의 외교관계가 열렸다.

그 후로도 고려에서 가끔 사절이 방일하여 교토에 가는 경우도 있었지만,

대개는 쓰시마·규슈하카다(博多) 주변에서 일을 보았다. 규슈 단다이九州探題6)와의 교섭 쪽에 실효가 기대되었던 것이다. 정몽주 등은 규슈 단다이 이마카와 료순今川了俊, 1326~?에게 왜구의 금지 방법을 요청하여, 왜구에게 납치당해 있던 포로 수백 명을 송환시켰다.

그러나 고려는 안으로는 전제·병제의 혼란과 권세가 사이의 쟁투, 밖으로는 원과 신흥 명과의 관계 전환도 있어, 사원事元, 사명事明 양파에 의한 알력이 더하여 드디어 왜구토벌 등에서 이름을 올린 권신 이성계에 의해 교체되었다. 이 이성계가 조선왕조의 태조다.

태조는 바로 승 각추覺鎚를 일본에 보내, 3대 요시미쓰義滿, 1358~1408에게 왜구 금제를 요청하고, 나아가 규슈 단다이 등에게도 사자를 파견했다. 이렇게 조선왕조도 역시 일본과의 교제 발전에 힘쓰고 일본도 막부를 비롯하여, 규슈·주고쿠中國의 유력자가 조선과의 무역을 주로 한 통교에 진력하는 동시에 당시 불교를 숭신하는 사회를 반영하여, 대장경과 동종銅鐘 등을 요구하게 되었다.

그 후 일본 측의 사정으로 간레이管領7)나 단다이8)의 교체 등이 있다고 해도, 기본적으로는 우호관계를 유지해 가려는 자세에는 변화가 없었다.

2. 송희경과 『노송당일본행록』

1420년세종2·오에이(應永)27 송희경宋希璟이 일본에 파견되었다. 1419년 6월, 왕위

---

6) 규슈의 슈고다이묘(守護大名) 통제와 남조 세력 토벌을 임무로 했다. 친제이 단다이(鎭西探題)라고도 한다.
7) 무로마치(室町) 막부에서 쇼군을 보좌하고 정무를 총괄하는 직.
8) 가마쿠라 막부나 무로마치 막부에서 정무를 재결(裁決)하는 중요한 직.

를 아들인 세종에게 물려준 태종은 왜구를 절멸하기 위해, 227척의 병선과 1만 7000여 명의 대군으로 쓰시마를 공격하도록 했다. 이른바 조선에서는 기해동정己亥東征, 일본에서는 오에이의 왜구応永外寇라 말한다. 조선군은 섬에 있는 배를 불태우고 육상에서 싸운 뒤, 7월 초에 돌아갔다. 쓰시마정벌의 직접 원인은 같은 해 5월 왜선 50여 척이 충청남도의 비인포庇仁浦에 침입해서 병선을 불태우고, 사람을 많이 죽이고 성 밖의 민가를 약탈한 것에 대한 보복이기도 했지만, 조선에서는 쓰시마는 본래 조선의 땅이라는 인식도 있었다. 이것은 조선과 쓰시마의 평화 교섭에 잘 나타나 있다. 조선 측의 의향은 쓰시마를 경상도의 속주로 하는 대신에 소 사다모리宗貞盛에게 관작과 후한 녹봉을 주고, 도민에게는 옷과 양식을 지급하여 비옥한 땅에서 농경을 하도록 한다는 것이었다. 연말에 소씨宗氏[9]의 사자를 칭하는 인물이 와서, 신하의 예절을 다한다고 전했기 때문에 조선 측은 이 사건이 해결되었다고 생각했다.

4대 쇼군 요시모치義持, 1386~1428는 쓰시마 왜구를 1개월 정도 뒤에 쇼니 미쓰사다小貳滿貞의 재빠른 보고로 알았지만, 그 후의 규슈 단다이 시부가와澁川氏의 보고와 달랐기 때문에 대장경을 청하는 일에 가탁해서 진상을 확인하기 위해, 하카다博多의 승 료케이亮倪를 조선에 국왕사신으로 보냈다. 이 료케이가 돌아갈 때 조선 측은 회례사로 송희경을 일본에 보낸 것이다.

송 일행은 쓰시마, 하카다를 경유하여 교토에 도착했다. 그러나 그들은 가는 곳마다 의외로 냉대를 받았는데, 그 원인이 쓰시마정벌에 기인하는 것을 알았다. 조선 측은 해적을 토벌하는 행동이므로 국왕쇼군이나 단다이에게

---

9) 쓰시마의 영주. 무로마치 시대 오에이의 왜구를 물리쳤다. 1443년 소 사다모리 때, 조일무역조약을 체결했으며 조일 사이에 개재하여 무역의 관리권을 잡았다. 조선에서는 소씨가 발행한 文引(도항허가증)을 가진 배만 무역을 인정했다. 소씨는 문인을 발행하여 많은 이익을 얻었다.

환영받을 것이라고 생각했던 것 같다. 쓰시마에서는 실력자 소우다씨_{早田}¹⁰⁾에게, 쓰시마를 경상도의 속주로 하는 것에 대해서 항의를 받고, 쇼니는 이 일로 조선과 다툴 것이라고 알려주었다. 또 쇼군은 쇼니 미쓰사다의 조선은 명과 연합해서 쓰시마를 공격했다는 보고를 믿고 있었고, 국서에도 오에이_{應永}가 아니라 영락_{永樂, 명의 연호}이라고 되어 있는 것에 화가 나 있었다.

요시모치는 아버지 요시미쓰_{義滿}가 명의 책봉을 받아 '일본 국왕'이 된 것에 불만을 가지고 스스로는 이것을 받아들이려 하지 않았다. 명·일 관계가 냉각되어 있던 시기이기도 했기 때문에 교토에서의 교섭은 난항이었지만 송희경과 일본 측 외교 담당자의 노력으로 일단 해결을 보았다.

송희경은 돌아가는 길에 다시 하카다·이키_{壹岐}·쓰시마에서 쇼니나 소씨의 왜구에 대한 원망의 말을 듣고, 또 조선과 사신을 해칠 뜻이 있는 것을 알았다. 이렇게 송 일행은 먼저 해결이 되었다고 생각한 쓰시마 처분이 해결되지 않은 것을 알고, 일본의 정정_{政情}과 중앙·지방 관계의 실정을 파악하고 나아가 쓰시마의 위치에 대해 깊이 이해를 하고 귀국했다. 이것은 송희경과 통사 윤인보_{尹仁甫}의 복명에 바르게 반영되어 있었다. 『노송당일본행록』은 송희경이 일본에 다녀오는 도중에 지은 시집이다. 몇 개의 시에는 서가 있고, 매일 견문한 것이 기록되어 있다. 이 시와 시서_{詩序}는 당시 일본의 정치, 외교 사정, 종교, 풍속 등을 상당히 정확하게 기록하고 있는 뛰어난 일본 관찰기인데, 조선인의 일본 기행기록으로서는 최초라고 말해진다.

그는 일본의 정치제도에 대해서, 국왕에게는 커다란 관심을 두지만, 천황에 대해서는 인식이 없다. 그리고 일본의 법은 왕 및 간레이_{管領}, '슈고다이묘^守

---

10) 쓰시마 호족 소우다 로쿠로지로(早田六郎次郎)를 말함. 15세기 초 소우다 씨는 쓰시마 도주 소씨(宗氏)를 능가하는 최대의 실력자가 되었다.

護大名'가 토지를 나누어받아 1, 2주州 많은 자는 4, 5주를 가지고 있고, 영지에는 다이칸代官을 두고, '농민'에게서 돈을 거두어들이고 있는데, 이것은 '부자상전父子相傳'이라고 한다. 종교에 대해서는 절이 많은 것과 불교가 사람들의 존숭을 받는 것을 보고, "지방의 풍속, 아이를 낳으면 곧 반드시 그 가운데서 선남선녀를 골라 승려로 삼는다"고, 불교의 융성을 전하고 있다. 기타 경제, 농경 문제, 인신매매 등의 사회문제에 관심을 둔다. 그 가운데서도 풍속의 차이에는 민감하여 「일본기사日本奇事」라고 제목을 붙인 기사가 대표적이다.

> 일본의 풍속은 여자가 남자보다 배나 많기 때문에 노점(路店)에서 음란한 풍속
> 이 크게 유행한다. 노는 여인이 길에서 지나가는 사람을 보면 길을 막고 자고
> 가라고 청하는데, 옷을 잡아끌기까지 한다. 가게 안에 들어가 그 돈만 받으면,
> 비록 대낮이라도 원하는 대로 따른다.

또 남색이 성행하는 것도 언급하여, 젊은 남자가 눈썹을 뽑고 먹으로 눈썹을 그리며, 얼굴에 붉은 분을 발라 '여인의 모양'을 만들고, 이것을, "왕이 또한 미소년을 궁중에 뽑아 들여 궁첩이 비록 많더라도 이 소년을 가장 사랑한다. 나라 사람들이 다 그것을 본받는다"고 기록하고 있다. 그밖에 『노송당일본행록』에는 당시 일본의 상황을 언급한 것도 적지 않다. 이 시대에 관한 연구의 재료로서 중요시되는 이유다.

또한 통사 윤인보의 복명에 나타난 대일관도 요점을 얻은 것으로 송희경의 보고와 함께 이후의 대일정책결정에 커다란 영향을 주었다고 생각된다. 윤인보의 복명에 의하면 사절 일행을 먼저 교토에 들어오지 못하게 했을 뿐만 아니라 그 숙소도 "항상 병사가 지키고, 그 나라 사람들과 통하지 못하게"하는 상황이었다고 한다. 이것은 명 사신이 "만약 신하로서 섬기지 않으면 조선과 같이 일본을 토벌하리라"고, 조선·명 연합으로 일본을 공격한다고 위협했기

때문이라고 하고 있다. 또한 막부의 정치나 그 위령威令의 범위, 규슈·쓰시마의 당사자의 언동에 대해서는 "나라에는 부고府庫, 국가의 창고가 없고, 다만 부자에게 경영을 맡길 뿐이다. 또 어떤 사람이 비밀히 말하기를, "국왕이 거하는 곳은 체면남에게 자랑할 만한 면목이 없어 다른 사람에게 보이기 싫어서 국도國都에 들어오지 못하게 하는 것이라"고도 한다. 쇼군御所은 매양 여러 사찰로 다니면서 재齋를 올리는 것으로 일을 삼는다. 그 명령은 가까운 국도 부근에나 통할 뿐이다. 토지는 다 강성한 종족다이묘11)들에게 나누어져 있어, 무슨 일이든지 왕의 뜻대로 안 되어 갈 뿐이라 한다. 규슈 절도사 부자전 규슈 단다이 시부가와 미쓰요리(澁川滿賴)·신 단다이 요시도시(義俊)는 성심으로 우리를 대우했고, 지쿠젠 주수筑前州守 도우 미쓰가도藤滿貞와 이키一岐 도주島主는 모두 원망하는 말을 했다. 쇼니도 노小二滿貞는 또 말하기를, "지난해에 조선이 우리 쓰시마를 쳐들어 왔으니, 우리가 병선 2~300척을 청하여 조선 해안 몇 고을을 쳐부수어야 우리 마음이 쾌하겠다" 하며, 쓰시마 쯔쯔 구마마루都都熊丸, 宗貞盛의 아우 구마모리熊守는 또 말하기를, "내가 너희들을 가두어서 쓰시마 사람이 너희 나라에 붙잡혀 가 있는 것과 같이 할 것이나, 본국과 더불어 통호通好하고 있기에 감히 그렇게 못한다. 그 붙잡힌 사람들을 빨리 돌려보내게 하라"고 합니다." 『세종실록』 2년 10월 8일라고 말해, 구류되어 있는 쓰시마인의 석방을 제의한 것이다.

조선 정부는 송희경·윤인보의 복명으로 일본의 실정을 파악하고 이후는 막부와의 통교를 계속하면서도 슈고다이묘12)나 쓰시마의 소씨의 통제력에

11) 석고(石高) 1만 석 이상의 영지를 받은 자로 쇼군 직속의 무가(武家). 쇼군과의 친소관계나 에도성 중의 좌석·가격(家格)에 의해 분류된다. 에도 중기 이후 약 260~270가(家)다.
12) 가마쿠라 시대의 슈고는 군사경찰권을 가질 뿐이었다. 아시카가 다카우지(足利尊氏)는 여러 슈고들을 막부편으로 끌어들이기 위해 슈고의 권한을 강화했다. 지방의 슈고들에게 구니(國)내의 장원과 공령의 연공 중의 절반을 수취하는 반제령(反濟令)을

무게를 두는 정책을 강화해 간 것이다.

3. 파견사의 복명

1) 박안신의 복명

1423년 박희중朴熙中이 회례사回禮使로 일본에서 돌아오고, 다음해 역시 회례사로 박안신朴安臣이 갔다. 물론, 일본으로부터의 사자에 대한 답례다. 박안신의 때는 요시모치義持가 지난해에 요청한 대장경판을 조선이 증여하지 않았기 때문에, 사자 일행의 취급에 대해 내분이 있었다. 박안신은 말하기를 당신들이 요구하는 대장경판은 유일한 것으로 선조 대대의 군주로부터 전해져 의리로써 다른 사람에게 전할 수 없다. 또한 예를 벗어난 대우에 대해서는 "금일 귀국이 이것을 가지고 대우한다면 내일은 우리도 역시 이것을 가지고 귀국의 사신을 대우할 것이다"라고 말해, 그 무례에 보복의 화살을 던졌다. 우호 사절이라고 하지만 한 껍질 벗기면 국가적 체면을 건 긴장감이 가득 차고 있었던 것이다.

2) 박서생의 복명

1428년세종 10 · 쇼초(正長)원 12월, 쇼군을 교체신 쇼군은 6대 요시노리(義敎)할 때 박서생朴瑞生이 일본에 파견되어, 1년 후에 복명한다. 그는 금적禁賊의 건에 대해 "그들의 풍속은 예의를 모른다. 그들의 몸은 작지만 뜻에 맞지 않으면 몸을 사리지 않는다. 쇼군의 명령이라도 거절하고 따르지 않는다. 이로 미루어 보면, 쇼군

> 실시했다. 그 결과 슈고는 지방 무사들을 가신으로 삼아 각각의 구니를 지배하는 슈고다이묘가 되었다.

과 친분을 닦고 교린의 도를 이룬다고 하더라도, 적을 금하는 대책은 여전히 늦추고" 있기 때문에, "지금부터는 국가가 어쩔 수 없는 일과 보빙 외에는 사신 파견을 허락하지 않는다. 그렇게 앞에 말한 여러 도주島主들에게는 후왕박래厚往薄來로 그 마음을 기쁘게 하고, 간혹 사신을 보내 지극한 뜻을 알게 하여 적을 금하는 대책으로 한다"고, 송희경·윤인보의 복명과 같이 쇼군과의 교제는 정도껏 하여, 유력 슈고다이묘나 쓰시마 도주와 깊은 교제가 좋다고 제의한 것이다.

그러나 박서생의 복명에서 참으로 흥미를 끄는 것은 14항목에 걸치는 제안일 것이다. 먼저 일본은 불교를 숭신하고 불전을 구하기 때문에 불교경전을 완비해야 한다고 하고, 다음에 농업 관련에서는 일본의 수차 기술을 배우자고 한다. 수력수차에서 조선의 인력수차에 대한 우월을 인정하고 있다. 또 화폐경제와의 관련에서는 일본 '전錢'의 효용에 크게 놀라고 있다.

"여행자가 천리를 간다고 하더라도, 돈꿰미錢繩만 차고 식량은 가지고 가지 않는다. 길가에 있는 자는 각각 숙소를 두고, 객이 이르면 다투어 이들을 접대하고, 계산하여 객으로부터 돈을 받아 인마人馬를 제공한다"고 되어 있다. 건너는 다리에 '다리세'라고 하여 '전 10문 혹은 5문을' 취하고, '이로써 후일 보수비용으로 삼'는다고 하거나, 종종의 세금이 전으로 지불되어 '전을 사용하는 기술이 넓고, 사람이 무거운 것을 지고, 멀리 가는 수고가 없음'에 감명을 받아 이것을 채택하자고 한다.

다음에 위생상의 문제에서는 목욕에 주목한다. "일본의 풍속에 누구나 목욕을 즐기고, 몸을 깨끗이 한다. 그러므로 대가大家는 각각 욕실을 두고, 여각마다 역시 거듭해서 목욕탕을 둔다"고 한다. 더욱이 '일본 시장'을 보고 조선의 그것과 비교하여 일본의 것은 점내에 선반을 두어 정연하고 청결하여 "시중의 음식물, 귀천 없이 모두 이것을 사서 먹지"만, "우리나라의 시장은 마르고 습한 생선, 고기 등의 음식물을 모두 진흙에 두거나 앉고 혹은 밟는다"고 하는 모양이라고 하여 시정책을 제시한다.

이외에도 류큐琉球의 사탕수수 이식 건이나, 금·은·동·철 등의 광산경영법을 일본식으로 해야 한다는 의견 등을 말해, 총체적으로는 수백 년 후의 개화파나 최근의 '일본에게 배우자'는 논리를 이때 벌써 제기하고 있다.

그러나 박 서생은 단지 일본을 찬미하는 것은 아니다. 왜구에 납치되어 노예가 된 동포의 비참한 모습을 통해 일본인의 잔인함을 보고 있다.

"왜적들이 일찍이 우리나라를 침략해 우리 인민을 붙잡아다가 노비로 삼고는, 혹 먼 나라에 전매轉賣하기도 하여 영원히 돌아오지 못하도록 하니, 그 부형과 자제들이 원통하여 이를 갈면서도 복수하지 못하는 자가 몇이겠습니까. 신 등의 사행 길에 정박하는 곳마다 잡혀 간 사람들이 다투어 도망해 오려고 해도, 그 주인이 가쇄枷鎖를 하고 굳게 가두어서 뜻을 이루지 못하고 있으니, 진실로 민망한 일입니다"『세종실록』 11년 12월. 그리고 그는 일본인은 용이하게 다른 사람의 자제를 훔쳐서 노비로 파는 풍습이 있으므로 이것을 사서 영원히 조선의 노비로 삼아 "민의 원수를 갚는 의리를 보이도록 하자"고까지 말하고 있다.

4. 신숙주와 『해동제국기』

신숙주申叔舟가 일본에 간 것은 1443년세종25·일본에서는 가키쓰(嘉吉) 3으로 요시노리義教, 1394~1441·요시가쓰義勝 계승의 경조 통신사로서, 정사 변효문卜孝文, 부사 윤인보가 파견되었을 때, 서장관으로서였다.

조선은 막부와 교린하면서도 규슈 단다이나 규슈·주고쿠中國 지방의 오우치씨大內氏 등의 유력자, 그리고 쓰시마의 소씨와 깊이 친분을 맺었다. 특히 소씨에게는 여러 통상상의 특권을 주어, 부분적으로는 소씨를 사이에 세우는 것을 제도화해서 통상교류를 통제했다. 한편으로는 국내의 방비체제를 정비하여, 왜구에 회유책항복한 왜구를 대우하여 전지나 관직 등을 주어 투화왜인이라고 칭했다을 가지고 임했기 때문에 그들의 기세도 점차 수습되어 얼마 안 있어 무역상인 등으로 변질되어 갔다. 이렇게 왜구의 맹위는 감퇴했기 때문에 당연 왜구 대책도 바뀌어 소씨의 특권도 점차로 제한을 가하게 되었다.

1443년 조선과 쓰시마와의 사이에 체결된 계해약조가키쓰조약도 그 일환이지만 신숙주 등은 같은 해에 일본에 파견되었다.

그러나 『해동제국기』는 그 당시 간행된 것이 아니고, 오랫동안 요직에 있던 신숙주가 영의정 겸 예조판서로 외교를 관장해 어린 왕을 보필하면서, 다년간의 경험을 살리고 쌓은 지식 전부를 기울여 일본과의 관계를 법적으로 정비하는 작업을 진행하는 가운데 왕명으로 편수했다. 방일 후 28년이 지난 1471년에 완성되었다. 해동제국이란 일본의 혼슈, 규슈, 이키, 쓰시마, 류큐 국을 총칭한 것 같다. 요컨대 일본을 가리키는 것으로, 당시의 실정에서는 류큐만이 다른 나라였다. 이키·쓰시마를 크게 취급하는 것은 조선과의 특별한 관계에서였을 것이다. 이 책의 내용은 크게는 일본의 여러 주·류큐의 지도, 일본국기, 류큐국기, 조빙응접기 등으로 나뉘어져, 국정, 지세, 교린의 연혁, 사자 응접의 방법 등이 상세하게 기술되어 있다. 다만 조선조 초기의 조·일 관계의 실체가 밝혀졌을 뿐만 아니라, 각지에서의 유력자·호족의 동정 등을 통해, 이 시기 일본의 역사적 규명 면에서도 크게 기여하는 것이다. 그 일본관도 당면의 현안 처리를 염두에 두면서도, 역사적으로 파악하려는 자세로 일관되어 있고, 복잡한 상황을 잘 통찰하여, 관찰도 깊고 또 예리하다.

그는 이 저서의 「서문」에서 일본과의 교제에서 예를 벗어나서는 안 된다고 강조한다.

"삼가 보건대 동해 가운데 자리 잡은 나라가 하나만이 아니다. 그중 일본이 가장 오래되고 또 크다. 그 지역이 흑룡강 북쪽에서 비롯하여 우리 제주 남쪽에까지 이르고, 류큐와 더불어 서로 맞대어 그 지형이 매우 길다. 처음에는 곳곳마다 집단으로 모여 각기 나라를 세웠다. 주 평왕周 平王 48년에 시조 기노狄野, 진무천황가 군사를 일으켜 모조리 쓸어버리고 비로소 주州·군郡을 설치하여 대신들에게 맡겨 각각 나눠서 다스리게 했다. 중국의 봉건제도와 같이하여 심하게 간섭하지 않았다. 그들은 습성이 강하고 사나워 칼 쓰기에 능하고 배 타기에 익숙하며, 우리와는 바다 하나를 사이에 두고 서로 바라보는 처지다. 이것을 잘 어루만져 주면 예로써 서로 사신을 보내고 도를 잃으면 번번이 강탈을 자행했다." 여기서 메이지의 역사가 요시다 도고吉田東伍는 신숙주가 당시의 일본을 '봉건'이라고 표현한 것에, "봉건이란 말을 사용하여, 당시 일본의 정치상의 형태를 한마디로 처음 갈파한 것은 일본인 스스로가 아닌, 조선인 신숙주였다"『일본조선비교사화』고 그 탁견을 칭찬하고 있다.

본문의 「일본국기」에서는 처음에 「천황대서天皇代序」라고 하여 진무神武천황부터 '당금當今'의 스코崇光 천황까지의 사적을 상당한 분량으로 약술하고 있다. 적지 않은 오류가 있다고 해도 조선인이 처음 서술한 천황기로 객관적인 기술이 인상에 남는다. 진구神功황후를 천황이라 하여 "신라국이 처음으로 사신을 보내 왔다고" 기록해도 '삼한정벌'에 대해서는 언급하지 않고 있다.

다음의 「국왕대서國王代序」는 "국왕 성은 겐지源氏"라고 하여 세이와清和 천황을 조로 하는 미나모토노 사네토모源賴朝의 '이즈기병伊豆起兵'13) 등을 기술했

13) 1158년에 정이대장군 미나모토노 사네토모가 가마쿠라(鎌倉)를 주관하다가 니조(二條) 천황 에이랴쿠(永曆) 원년 경진(1160)에 사네토모가 병위좌(兵衛佐)로서 이즈(伊豆)주에 방축되었다. 이때 다이라노 기요모리(平淸盛)가 정권을 장악하고 부자·형제가 요로에 반거하여, 정치와 정벌이 모두 그 수중에 있었다. 교만·사치·음탕·포학했으므로 길가는 사람도 모두 곁눈질하

다. 아시카가씨를 그 직계의 후예로 하는 잘못은 있지만, 겐지의 출자, 아시카가씨가 국내에서는 왕을 칭하지 않고 어소라 일컬을 뿐이며, 천황의 위치는 "천황은 국정國政과 이웃 나라의 외교 관계도 모두 간여하지 않는다"고 인식하고 있다.

다음은 「국속」의 항목이 눈길을 끈다. 그 일부를 소개하고 싶다. "남자는 머리털을 자르고 묶으며, 사람마다 단검을 차고 다닌다. 부인은 눈썹을 뽑고 이마에 눈썹을 그렸다. 등에는 머리털을 드리우고 [머리카락이 짧은 자는] 다른 머리로 이어, 그 길이가 땅까지 닿았다. 남녀가 화장하는 자는 모두 이를 검게 물들였다. / 서로 만나면 주저앉아서 예를 한다. 만약 길에서 존장을 만나면 신과 갓을 벗고 지나간다. / 집들은 나무판자로 지붕을 덮는다. 다만 천황과 국왕이 사는 곳과 사원에는 기와를 사용했다. / 사람마다 차 마시기를 좋아하므로, 길가에 다점茶店을 두어 차를 팔게 되었으니, 길가는 사람이 돈 1문文을 주고 차 한 주발을 마신다. 사람 사는 곳마다 1000명, 100명이 모이게 되면, 시장을 열고 가게를 둔다. 부자들은 의지할 데 없는 여자들을 데려다가 옷과 밥을 주고 얼굴을 꾸며서, 경성傾城이라 칭한다. 지나가는 손님을 끌어들여서 유숙시키고, 술과 밥을 먹여 현금을 받는다. 그러므로 길가는 사람은 양식을 준비하지 않는다" 당시의 풍속이 눈앞에 방불하는 것 같다.

다음에 「8도 66주·쓰시마도·이키도 부附」에서 신숙주는 일본 전토를 도道 주州 별로, 그리고 그 땅의 슈고다이묘나 호족의 내력을 기술했다. 분량이 가장 긴 부분이다.

「류큐국기」는 분량은 적다. 중국, 일본, 조선에 언급하여 그 해상海商이

여 보았다. 사네토모가 이즈주에서 군사를 일으켜 서쪽으로 와서 먼저 간토(關東)를 점령하고, 여러 번 싸워 이겼으며, 이긴 기세를 타서 쉽사리 땅을 빼앗았다.

번성한 것과, 정치, 기후, 농경 등도 언급하고 있다. 마지막은 "남녀의복, 일본과 대동소이"라고 기록하고 있다.

「조빙응접기」는 사절 왕래에 관한 여러 예규를 집대성한 것이다. 교린의 연혁을 밝혀 하나하나 규정을 정리하고, 후세의 모범으로 삼으려고 한 것이 분명하다. 『해동제국기』의 편술을 명한 성종도 저술에 관여한 신숙주도 그 동기와 목적을 여기에 두고 있던 것은 제반의 사정에서도 알 수 있다. 그리고 이 책이 이러한 의도대로 다룬 것은 그 후의 역사가 이것을 증명했다. 마지막으로 이 시기의 일본 파견 사신의 약력을 간단하게 기록한다.

송희경1367~1446은 귀국 후, 실록 편수에 참가, 얼마 안 있어 함양의 군수가 되고, 후에 판사재判司宰로 전남 담양에 은퇴하여 71세로 생을 마감했다. 일찍이 베이징에 파견한 사신이고, 숙달된 외교관이지만 일본 사행만한 곤란은 기억하지 못했을 것이다.

박안신1369~1447은 사간원 정언正言 때, 왕의 뜻에 거슬러 사형 직전까지 갔다. 귀국 후, 여러 번 승진하여 형조, 공조, 이조의 각 판서를 지내고, 79세에 생을 마감했다. 성격이 강건하고 담론을 잘했으며, 집안을 다스리는 데 검소했다고 한다.

박서생은 일찍부터 문명이 있었다. 안동부사가 되어, 청백리로 기록되었고, 후에 이조참의國장를 거쳐 사헌부 대사헌에 이르렀다. 일본에서 돌아와서 소견을 상계했는데, 일본 수차水車의 제도 등은 가납되었다.

신숙주1417~75는 읽지 않은 책이 없다고 일컬어져, 귀국 후 『훈민정음』 제정에 참가, 세종 이하 역대의 왕에게 중용되어 영의정에 이르렀다. 『경국대전』 등의 대편찬 작업에 참가, '보사保社공신'의 칭호를 받았다.

2장 도요토미 시대 · 조선 사신들의 일본관

1. 김성일과 『해사록』

양국 간의 교린관계는 아시카가 시대에 수립되어 그 후 조선 · 일본 쌍방의 국내 사정으로 일시 중단되다가 16세기 말, 도요토미 히데요시豊臣秀吉의 출현에 의해 극적인 변화를 가져온다. 히데요시는 일본 국내를 통일한다는 계산이 섰을 때부터 본격적으로 일찍이 구상하고 있던 아시아 침략에 착수하고, 시작으로 쓰시마의 소씨에게 명하여 조선 국왕의 입조入朝를 도모했다.

나중에 히데요시 스스로 밝히고 있는 아시아 침략의 목적은 "다만 훌륭한 이름을 삼국(일본 · 중국 · 인도)에 드러낼 뿐"이다. 조선은 규슈의 시마즈씨島津氏나 쓰시마의 소씨와 같이 속국시되고 있었기 때문에, 처음부터 문제가 되지 않았다. 조선 국왕을 입조시키는 것도 복속을 확인한 위에 명을 정벌하는 안내를 명령하려는 것이었다. 그러나 이것은 소씨에게는 대단히 어려운 문제였다. 무엇보다도 소씨는 당시의 동아시아의 상황을 잘 알고 있는 입장이었고, 조선의 내정에도 정통했다. 특히 조선이 쓰시마는 경상도의 속지라는 견해를 완전히 불식하지 않고 있다는 것도 알고 있었다. 게다가 소씨는 당시 조선과의 전통적 관계를 살려 무역조건의 유리한 개정을 도모하여, 천천히 옛 제도로 돌아가고 있는 때이기도 했다.

히데요시의 명을 받고 곤란한 소씨는 가신 유다니 야스히로柚谷(橘)康廣를 일본국 왕사로 위장하여 조선에 보내, 대신 통신사의 파견을 요청했지만 조선은 거절한다. 그래서 다시 승 겐소玄蘇를 정사, 소 요시도모宗義智14) 자신이

---

14) 1568~1615, 쓰시마 번주. 분로쿠(文祿) · 게이초(慶長)의 役 때는 조선과 명에 대한 선도를 교섭했다. 나중에 에도막부와 조선

부사로 조선에 건너가, 국왕 선조에게 통신사 파견을 강하게 요청했다. 그리고 조선 측이 요구한 반도叛徒 반환의 조건을 받아들였다. 이렇게 정사 황윤길黃允吉, 부사 김성일金誠一 일행이 방일하게 되지만, 히데요시의 국왕 입조 요구를 전통의 통신사 파견으로 바꿔친 것에 쌍방의 이해 차이를 숙지하고 있던 소씨의 고충이 이해가 된다.

사정을 알지 못하는 히데요시는 오다와라小田原 정벌15)에서 돌아오자 2개월 정도 뒤에 통신사를 주라쿠데이聚樂第16)에서 접견하고, 국서를 수리했다. 그는 이것을 가지고 조선이 완전히 복속한 것으로 믿어 '정명향도征明嚮導'를 명했다.

『해사록海槎錄』은 김성일1538~93이 1590년에 일본으로 건너가 약 7개월 체재하면서, 일본과의 외교 교섭 경위와 그 간의 견문을 정리한 것이다.

이 책에 의하면 히데요시를 알현한 뒤 약 20일 후, 사신은 사카이堺에서 히데요시의 답서를 받았다. "내가 일찍이 어머니가 임신하셨을 때, 태양이 어머니 뱃속에 들어가는 것을 꿈꾸었다"고 스스로를 태양의 아들이라고 선언하여, "한 번 뛰어 바로 대명국大明國에 들어가서 400여 주를 우리 풍속으로 바꾸고 제도帝都에서 억만년토록 정화政化를 시행할"예정이므로, "귀국, 먼저 입조"하라는 것이다. 김성일은 한번 읽고 "서사가 공손하지 않"고 "무례 오만"

과의 기유조약을 체결할 때도 중개를 했다.

15) 시고쿠의 조우소 가베씨(長宗我部氏)와 규슈의 시마즈씨를 항복시킨 히데요시는 간토를 지배하는 호조 우지나오(北條氏直)에게 항복을 요구했지만 응하지 않자, 1590년 대군으로 오다와라 성을 포위하고 3개월 뒤, 우지나오를 항복시켰다. 이미 다테 마사무네(伊達政宗)도 히데요시에게 복종하고 있어, 여기에서 천하통일이 달성되었다.

16) 히데요시가 만든 성곽풍의 저택, 1588년 고요제이(後陽成)천황의 行幸을 받들고, 여기에서 이에야스(家康) 이하 제 다이묘에게 히데요시에 대한 충성을 서약하게 했다.

한 것을 알고 분개했다.

먼저 조선에 무례를 범했다. 국왕에 대해서는 '전하'가 관례였는데 '합하閤下, 각하와 같은 뜻로 써서 격을 낮추고, 선물은 종래는 '예폐禮幣'였는데 '방물'이라고 되어 있다. '입조'라는 말도 익숙하지 않다. 다음은 전체적으로 '협박의 말'로 가득 차 있어, 명에 대해서도 침략적이고 모멸적인 태도로 일관하고 있다. 김성일의 국가적 체면과 사명수행을 건 필사의 싸움이 시작된다. 그는 사카이에서 두세 번에 걸쳐 개서를 요청한다. 그러나 수정된 것은 단지 '합하·방물'의 네 자였다.

김성일은 소 요시토모에게 나라의 교제에 신·의가 중요하다고 강조한 적이 있었다. 그 위에 「겐소에게 답하는 글」에서, "우리나라의 조정은 예의를 중히 여겨서 귀국과 더불어 우호를 통한 지가 거의 200년이 되었으나 일찍이 털끝만큼도 무례한 말을 한 적이 없었다. 이번에 통신사를 보낸 것도 귀국의 위세를 두려워한 것이 아니라 실로 귀국의 신의를 가상하게 여긴 것이다. 귀국이 포로로 잡아간 우리나라 백성들을 돌려보내고 우리나라를 침범한 무리의 머리를 베어 바치면서 옛날처럼 수교하기를 청했으니, 어찌 큰 신의가 아니겠는가. 우리 전하께서는 이를 매우 가상히 여기시어 특별히 사신을 보내셨으니, 이것은 실로 두 나라 사이에 전에 없었던 장한 일"인데, 병력을 과시하여, 먼저 와서 입조하라고 말하지만, 이것이 예를 가지고 하는 교제의 의라고 말할 수 있는가. 그것도 자신은 "오랜만에 이웃 나라 사신으로서 귀국에 오래 머물면서 공업功業의 성대한 모습을 직접 보니, 실로 기쁘고 축하하는 마음"이 없어지지 않는데 "위로는 대국(명)을 엿보고, 옆에 있는 조선을 협박하는"데는 "양국이 서로 존경하는 도가 아니"라고 말하고, 어디까지나 예와 의를 가지고 교린의 기본으로 해야 한다고 말하고 있다. 그러나 히데요시는 침략의 의도를 버리지 않는 이상, 이 이상의 개서에 응할 리가 없었다. 어쩔 수 없이 귀국하지만 그렇다면 히데요시의 답서의 뜻을 그대로 복명하여 경종을 울리고 국방력 강화를 진언해야 했다. 그러나 오히려 체재 중은 부사 김성일의 예리하고 주체적인 엄한 대응에 눌렸던 정사 황윤길이 "반드시 병화가 있다"고 보고한 것에 대해서, 김성일은 "신은 이와 같이 정형情形을 보지 않는"다고 말했다.

또 선조가 히데요시의 용상을 묻자 황윤길은 "그의 눈빛은 빛나고 대담하며 지혜로워 보인다"고 말한데 대해서 김성일은 "그의 눈은 쥐와 같으니 두려울 것이 없다"『선조보감』고 답하여, 그 때문에 도리어 김성일을 선사善使라고 하고, 드디어 방위력 정비를 완화하게 된다. 윤길은 서인파, 성일은 동인파로 당파가 반대였기 때문에 그 복명이 상반되었다고 하지만, 이것은 당쟁이 나라를 그르친 전형적인 예로 김성일의 체일 중의 건투를 상쇄하기에 충분할 뿐 아니라, 국토와 민족 위에 영구히 지울 수 없는 오점을 남겼다.

그러나 『해사록』을 보면 그의 민족적 주체성은 뛰어났고, 그 끈질긴 교섭은 오늘날에도 여전히 사람을 감동시킨다. 이것은 일본에 대해서만이 아니라, 중국에 대해서도 같은 것이었다. 일본인 승려 소우친宗陳이 명나라 정부의 공적 견해가 집대성 되어있는 『대명일통지大明一統志』 중의 조선 관계 기사에 대해서 질문해왔을 때, 김성일은 이 책에 반영된 중국 역대의 문헌 중에 조선 기술이 잘못된 부분에 대해, 하나하나 사실과 예증을 들어 논박『해사록』 6 「조선국 연혁고이」 「풍속고이」했다. 그 위에 소우친에게 보낸 서간 중에 "책을 전부 믿으면 책 없는 것과 같다"라는 맹자의 말을 인용하여 『대명일통지』는 유해한 책이라고 단언했다. 이것은 중화중심의 대국주의를 정면으로 비판한 것이다. 명나라에 대한 사대를 국시로 하던 당시로서는 실로 대담한 견해 표명이라고 하지 않을 수 없다. 그리고 이것이 그 후 일본인의 조선관을 바로잡는 데 도움이 되었을 것은 의심할 수 없다.

김성일은 「겐소에게 답하는 글」에서, 일본에 체류하는 동안 "공업이 성대한 모습을 직접 보니, 실로 기쁘고 축하하는 마음이 있다"고 했지만, 이것은 빈말이나 겉치레 말이 아니었다. 그들은 7월 하순, 숙소인 교토 다이도쿠지大德寺에 들어가, 히데요시가 돌아오기를 기다리는 사이 수개월간을 여기에서 보내고, 교토의 여기저기를 안내받아 견문을 넓히고 있었다. 그 때 지은 시가 상당히 있는데, 김성일은 일본의 문화적·경제적 영위를 흐리지 않은 눈으로 보고, 그 성대한 모양에 '실로 기쁘고 축하하는 마음'을 표시했다. 또한 긴 전란이 남긴 것을 보고 마음 아파했다.

　「주산舟山에 올라 왜의 국도를 보다」라는 장시를 예로 들고 싶다. 히데요시의 주거에 대해서는 "천궁은 아득히 봉새가 나는 것 같고, 황금빛 지붕이 햇볕 받아 번쩍이네, 관백關白[17])이 사는 집이 가장 우뚝하여, 12루樓나 5성城과 참으로 흡사하네"라고 노래했다. 시민생활과 관련해서는 "이와 같이 백성이 빽빽이 즐비한 집, 만천, 가게에는 보물, 얇은 옷감이 금바구니에 담겨 있네, 끝없는 판잣집들은 땅을 메우고, 사방으로 뻗은 시가는 가로 세로 통해 있네"라고 그 성대한 모습을 기술하고 있다. 전쟁이 남긴 것에 대해서는 "전사자의 숱한 뼈가 산처럼 수북이 쌓였다네, 도성 안에 고아와 과부들이 반이나 되니" 라고 노래하여 전쟁에 대해 비판적인 시각을 보인다. 이렇게 모처럼 호의적인 일본관의 소유자를 한 번에 격렬한 내셔널리스트로 변화시킨 것은 앞에 기록한 침략적이고 오만한 히데요시의 답서다. 그런 의미에서는 오늘날에도 통하는 교훈을 남기고 있지만, 적어도 일본이 일본에 대해 잘 아는 인재 한 사람을 잃어버린 것은 틀림없다.

　일본군은 통신사 일행이 귀국한 이듬해, 대거 부산을 공격했다. 선조는

---

17) 천황의 최고보좌관 또는 섭정을 말함.

일본군의 침공 소식을 듣자, 바로 김성일에게 체포령을 내렸다. 그러나 좌의
정 유성룡의 중재로 특별히 사면되어, 호송도중 초유사招諭使의 직책을 제수
받게 되었다.

그 후 그의 일상은 '서사보국誓死報國' 외에 아무 것도 없었다. 그는 경상도의
의병을 조직하는 일에 전력을 다하고, 민중에 의거하여 그 역량을 분발해서
외래 침략자에 맞서는 일에 심혈을 쏟았다. 김성일은 1593년 즉 일본군이
침공한 다음해 진주공관에서 병사했다. 이것은 곧 장렬하게 적과 칼싸움하
다가 칼을 맞아 죽는 것과 같이, 죽음 자체가 유일한 속죄라고 굳게 마음먹은
자의 최후라고 말할 수 있다.

2. 황신과 『일본왕환일기』

1596년선조 29·게이초(慶長)원, 조선은 황신黃愼을 일본에 통신사로 보낸다. 4년
전인 1592년 4월, 부산에 상륙한 일본군은 서울에 올라간 후, 두 갈래로 나뉘
어, 고니시 유키나가小西行長, 1558~1600는 평안도, 가토 기요마사加藤清正, 1562~1611
는 함경도로 향했다. 고니시 군은 6월에 평양을 공략하여 탈취하고, 가토
군은 회령에서 두 왕자를 포로로 삼아 이 일대를 제압했다. 그러나 이윽고
조선 각지에서의 의병투쟁, 바다에서의 이순신군의 활약, 명군의 참전 등의
여러 요인으로 전세는 일변했다. 일본군은 한양 근방까지 후퇴하게 되었다.
그 전에 평양에서는 명의 심유경沈惟敬과 고니시가 접촉하여, 화의 건을 논의
했다.

그리고 다음 1593년 5월, 고니시가 명군의 사자 두 사람을 히데요시의 대본
영, 히젠肥前, 나고야名護屋에 안내하여, 강화 조건을 마무리하게 되고 히데요
시는 7항목을 제시했다. 명나라 황제의 딸을 일본의 후비로 할 것, 감합勘合무

역[18])을 부활할 것, 조선 왕자와 대신 한 두 사람이 인질이 될 것 등이었다. 조선의 남반부 4도경상·전라·충청·한양을 제외한 경기의 각도의 할양안이 제4항목에 들어있었다.

히데요시는 외교에 무지하여 감합부활의 의미를 몰랐다. 그 실질은 '공貢' 이라는 이름의 무역으로, 아시카가 시대의 예에 의하면 그 전제는 명 황제에 의한 국왕책봉이다. 명 조정에서는 논의를 거듭한 끝에, 나중에 침략에 이용된다고 하여 공은 허락하지 않고, 봉封만을 허락하기로 하고, 히데요시를 일본 국왕에 봉하는 책봉사를 파견하기로 했다. 그리고 명의 책봉정사 양방형楊方亨·부사 심유경이 도일하여, 히데요시에게 조유詔諭·고명誥命·금인金印을 전달하게 되었다.

조선통신사는 이에 맞추어 파견된 것이다. 이제까지의 교섭은 당사자 조선을 도외시하여 명·일 사이에서만 이루어지고 있었다. 책봉사에 맞추어 조선으로부터도 사자를 보내도록 말한 것은 심유경과 고니시다. 영의정 유성룡은 신중하게 인선을 진행하여, 돈령도정敦寧都正, 정3품의 직에 있는 황신을 정사로 추천했다.

일행 390명은 8월에 부산을 떠나 윤 8월 18일에 사카이堺에 도착했다. 그러나 히데요시는 9월 2일, 명의 책봉사 일행을 오사카 성에서 접견했는데, 조선의 사절에게는 접견을 허락하지 않았다. 이것은 히데요시가 조선 사절의 도착이 늦어진 것, 왕자의 도래가 없었던 것, '비관卑官'을 대신 보낸 것에 화가 났기 때문이었다고 한다. 어찌되었든 히데요시가 조금 뒤에 명 황제의 고명

18) 1404년 아시카가 요시미쓰가 명과 감합(명이 무역통제를 위해 사용한 표)에 의한 조공무역을 개시. 요시모치가 조공의 형태를 싫어하여 일단 중지했는데, 요시노리가 재개했다. 수출품은 동·유황 등, 수입품은 동전·생사 등이었다. 뒤에 오우치씨(大內氏)가 무역을 독점했는데, 1551년 오우치씨가 멸망하여 폐절되었다.

에 "특히 그대를 봉해 일본 국왕으로 한다"고 되어 있는 것을 알고 격노했다고 하는 것은 유명한 이야기다. 이것은 심유경과 고니시가 히데요시와 명 조정의 의도를 정확하게 전하지 못하고 화의를 맺으려고 한 것이 파탄이 생기기까지의 일이다.

황신은 명나라 사신에게 의뢰하여 사명의 수행을 도모하려고 했지만, 그들도 히데요시에게 소외당하는 존재가 되어 있었기 때문에, 조선 사신의 요청에는 응할 수가 없었다. 이렇게 양 사절단은 회답국서도 얻지 못하고 귀국길에 나서 조선 사신은 11월 하순, 부산에 돌아왔다.

『일본왕환일기』는 그 왕래, 각지에서의 응접, 교섭 경위, 포로 조선인의 건 등을 하나하나 기록한 귀중한 사료다. 동시에 일본 사회의 사정을 관찰하여 풍속 등을 기록한 점에서, 당시 일본 사회를 엿볼 수 있는 중요 사료다. 여기서는 도일 상황, 각지에서의 응접, 일본 측과 명나라 사신과의 절충 등은 생략하고 황신이 일본을 어떻게 보았는지를 중심으로 소개하고 싶다.

대략적인 인상으로는 "대개 왜국倭國의 면적은 우리나라보다 조금 넓기는 하나, 이름 있는 산이나 큰 내가 없고, 본래 풍토와 물산이 모두 우리나라에 미치지 못한다. 후지산이라는 산이 이 나라의 동쪽에 있어 가장 큰 산이라고는 하나, 형승의 아름다움은 별로 볼 만한 것이 없다. 그 나라는 천지의 동남쪽에 있기 때문에 바람과 기후가 매우 온화하고 따뜻해 한겨울의 날씨도 마치 우리나라의 8~9월 같다. 항상 9~10월 사이에 무 등의 채소를 심어서 겨울 동안 식용으로 삼는다. 깊은 겨울(12월)이라도 얼음이나 눈이 없고, 통신사가 쓰시마 섬에 돌아와서야 처음으로 싸락눈을 보았는데, 역시 곧 녹아 버리고 얼어붙지 않았다"고 한다. 계속해서, 66주의 국명을 도별로 들고 천황에 대해 언급했다. "나라 안에는 소위 천황이란 자가 있는데, 지극히 높아 나랏일에는 참견하지 않으며, 다만 매일 세 차례 목욕하고, 한 차례 하늘에 참배할 뿐이다. 그의 장자는 그 족속에게 장가들고, 그 외의 아들은 모두 장가들지 않으며, 천황의 딸들은 모두 여승이 되고 시집가지 않는다. 대개 그 높음이 상대가 없고 시집갈 만한 사람이 없어서다."

또 관제·관직에도 언급하여 야나가와 시게노부柳川調信, 소씨의 신하에 대해서 "스스로 비서소감秘書少監이라고 칭하면서도 눈으로 글을 알아보지 못하고", 가토 기요마사에 대해서는 "스스로 주계主計라고 일컫지만, 처음부터 전곡錢穀을 관장하지 않았다"라고 비꼬고 있다. 그리고 국민 가운데 문자를 해독하는 자는 승려와 공족뿐이라고 말한다. 쇼군의 무리라도 "글자 하나를 알지 못하"고, 상인에 대해서는 "상인이 가장 부귀하여 그 이득이 배나 되기 때문에 세납이 조금 무겁다. 나라의 크고 작은 비용을 모두 상인들에게 책임을 지운다"고 했다. 농민에 대해서는 "농민은 전답마다 그 절반을 거두어들이고, 그 외에는 다른 부역이 없다"고 보았다.

또 음식물에 대해서는 전어, 도미, 전복, 소라 등을 먹었던 것 같은데 "숭어는 뼈가 많고, 은어는 기름이 적으며, 송이버섯은 향기가 없고, 소는 고기가 누린내 나고 힘줄이 많으며, 닭은 발에까지 털이 났고 고기가 굳으며, 꿩은 털이 검고 고기가 비린내가 나니"라고 하여 대체로 마음에 들지 않았다. 그러나 "과실은 많이 나는데, 귤과 석류가 가장 아름답다"고 과일은 칭찬하고 있다.

그밖에 주거, 남녀의 머리모양, 의복, 예, 식사, 술, 식기, 금의 산지, 조총 등에 언급하고 그 성정, 풍속 등에 대해 설명했다.

"사람들의 성질은 경박하나 영리하고, 또한 자못 솔직하다. 남의 말을 잘 믿는다. 말이 간곡하고 정성을 다해 아녀자와 같았다. 또한 사는 것을 가볍게 여기고, 협기를 부리며, 병들어 죽는 것을 욕으로 여기고, 싸우다 죽는 것을 영광으로 여긴다. 가정이나 처자 생각을 하지 않고, 부자나 형제 사이에도 그다지 서로 친애하지 않았고, 중이나 상인 이외의 남자는 각각 길고 짧은 두 가지 칼을 차며, 혹은 3~4개의 칼을 찬 자도 있다. 원통한 일이 있으면, 바로 칼로 배를 십자로 갈라 스스로 해명한다. 원수가 있으면 반드시 칼을 빼서 갚는다. 사쓰마薩摩 사람의 성격이 가장 흉하고 긴 칼을 잘 써, 이름을 정병精兵이라고 한다. 쓰시마나 이키 등 모든 섬의 왜인들은 국도에 들어가면 사람들에게 업신여김을 받는데 마치 우리나라 양계咸鏡道와 평안도 사람들 같다. 공장·상인의 무리는 장관將官들을 몹시 두려워한다. 따라서 반드시 뇌물을 바치고 이들과 결탁한다. 부인들은 경쾌하고 영리하며, 얼굴이 대부분 아름답다. 다만 성품이 자못 음탕하여 양가良家의 여자라도 대개가 딴 마음을 갖는다. 상인의 계집도 역시 남몰래 사사로이 지내는 자가 있다. 중 역시 부녀자를 끼고 사찰에서 사는 자가 있다. 지방의 연도沿道에는 으레 양한養漢, 여자가 정부를 두는 것의 점사店舍가 있어, 저자에서 데려다가 값을 받는데 조금도 부끄러운 마음이 없는 것은 중국의 양한들보다도 심하다. 풍속이 목욕을 숭상하여 비록 깊은 겨울이라도 그만두지 않는다. 저잣거리마다 목욕하는 집을 만들어 놓고 그 값을 받는다."

또 형법이나 취조법 등과 사형집행법도 기록하고 있다. "죄인의 형량이 가벼우면 머리를 베고, 무거우면 십자로 된 나무를 길가에 세우고서 그의 두 손과 머리털을 못질하여, 혹은 불로 지지기도 하고 더러는 창으로 찌르기도 하여 참혹한 짓을 한다. 그가 고통을 받다가 죽게 하려는 것이다. 죄를 받는 자가 죽음에 임해도 그다지 두려워하지 않아, 다만 목욕과 이발을 하고, 가부좌한 채 눈을 감고 아미타불을 염하며 목을 늘이어 칼을 기다린다. 참형을 받을 자가 있게 되면 모든 왜들은 다투어 칼을 시험해 보려고 하여, 칼을 갈아 끝에 물을 뿌리고 달려가서, 형 집행을 기다렸다가 끝나자마자 온갖 칼이 일제히 내려치며 만두의 고물같이 난도질을 한다. 측은하게 여기는 생각이 조금도 없다." 본 범위는 한정되어 있고, 또한 히데요시와의 접견도 허락되지 않아, 박대를 받고 쫓겨난 이유도 있었기 때문에 다소 낮은 평가를 했는지도 모르나 당시의 일본을 아는 데 중요문헌임은 틀림없다.

이 책에 의하면 황신은 돌아오는 길, 히젠 나고야에 도착했을 때, 일본 측 통역 '가나메 도키쓰라要時羅, 小西与四郎'의 방문을 받고, 관백히데요시이 인심을 잃은 일, 스스로도 비천한 신분에서 출세했는데도 사람의 고통과 수고를 불쌍히 여기지 않기 때문에 "많은 일본 사람들이, 모두 원한이 골수에 사무칠" 정도로 원망을 하고 있다는 점, 나아가 "일본 군사는 마땅히 먼저 지난날 진주에서와 같이 전라도를 범할 것이나, 만약 앞길을 감당하지 못한다면, 혹은 충청도로 가거나, 혹은 다시 경기도를 범할는지 알 수 없다. 그러나 반드시 전라도로 갈 것이 틀림없다"고 재침을 도모하고 있는 것을 알려주고 있다. 이 정보를 얻은 황신은 선조에게 보고하기 위해 2일 후에 부하 군관 조덕수趙德秀와 박정호朴挺豪를 먼저 떠나도록 했다. 황신은 사카이에서 물러난 후, 실로 6번에 걸쳐 국왕에게 먼저 알려야 할 것을 제의했으나, 명사明使는 이때마다 "허락하지 않았"지만, 가나메 도키쓰라가 말한 이야기의 중요성은 명사도 이해했을 것이다.

선조는 황신이 복명하기 1개월 반 정도 전에 황신과 부사 박홍장朴弘長의 비밀서장을 가져온 군관 조덕수와 박정호를 인견引見했다. 이 때 선조는 실로 여러 가지 질문을 하여 일본의 실정을 파악하려고 노력했다. "적중賊中에서 들은 것이 어떠한가? 모두 말하라"는 말에 선조의 의욕이 남다름을 알 수 있다. 도요토미 정권의 3장로三奉行[19)의 일, 접대와 교섭의 일, 기요마사·유키나가의 불화 사실, 통신사 불접견은 기요마사 때문이라는 점, 부산수비의

---

19) 이시다 미쓰나리(石田三成), 마시타 나가모리(增田長盛), 우키다 히데이에(宇喜多秀家)를 말함.

일, 나아가 지진의 일, 쓰시마·이키·나고야의 일, 각 항구의 일, 산의 일, 서민, 명사와 조선사의 교섭, 기요마사 발병發兵 시기, 신 관백히데쓰구(秀次) 패사의 일, 외아들히데요리(秀賴)의 일, 그리고 황제천황와 히데요시의 관계 등에 대해서도 보고를 받았다.

조덕수는 보고 중에 일본인이 전쟁을 싫어하는 기분을 언급하여 "대략 일본인의 아동, 심부름을 하는 하인이라도 모두 전쟁으로 고통 받아 관백을 원망하지 않는 자가 없고, 기요마사를 비난한다"고 답하고 있다.

또, 선조가 "그대는 잡혀간 사람들을 보았는가"라는 질문을 했을 때, 조덕수는 "많이 있었습니다. 혹 한 집에 열 사람이 있으면 우리나라 사람이 열 가운데 서넛을 차지하여 없는 데가 없었습니다"라고 대답하고, 그 위에 "그대는 우리나라 사람을 보고 알 수 있었는가, 모두 일본인의 종이 되었는가"라고 묻자, "신이 과연 알아보았습니다. 신이 본 바로는 잡혀간 사람이 많아서 그곳 주민의 3분의 1이나 되었는데 대부분 놈들이 노예처럼 부리면서 경중에 따라 모욕을 주고 있었습니다. 만약 양반의 자손으로 문자를 조금 아는 자는, 왜승倭僧에 의탁하여 사미沙彌, 출가가 되어 입고 먹는 것이 자못 넉넉했습니다"『선조실록』 권82, 29년 11월 6일(무술)라고 대답하고 있다. 제1차 침략 때임진·분로쿠(文祿)의역 이미 조선인이 대부분 일본에 노예로 연행된 것을 알 수 있다.

김성일이 말한 것처럼 도요토미 히데요시가 제1차 침략 개시 전, 가령 아시카가 시대 이래의 전통적 교린관계의 기본을 이루는 예와 신의 실천 요망을 알고 있었다고 해도 실행할 리가 없었다는 것은, 그의 침략 의지가 굳은 것에서 보더라고 분명하다.

여하튼 김성일은 사명을 완수할 수 없었을 뿐만 아니라 결국에는 피침략 책임의 일부를 지게 되었다. 그러나 일본에 체재하는 동안 민족적 이익을 중시한 외교관으로서의 그의 민족적, 주체적 태도는 평가해도 좋다고 생각한다.

 황신의 일본관은 박대를 받고 사소한 감정적인 점은 보이지만, 자세하게 읽어보면 상당히 정확하게 당시의 일본 사회를 비추고 있는 점을 알아차릴 수 있다. 특히 할복자살의 풍습에 붓이 미치고 있는 것은 외국인으로서는 처음이 아닐까 생각된다. 그는 기이 이상의 알 수 없는 두려움을 느낀 것이라고 생각한다.

 황신은 전라감사로 제2차 침략군과 싸우고, 뒤에 공조·호조판서를 제수받았다. 그는 임진 위성衛聖공신 2등에 기록되고 회원부원군檜原府院君에 봉해졌는데, 사건에 연좌되어 유배당하고 귀양살이 5년만인 1619년 유배지에서 죽었다.

3장 에도 시대 · 조선 사신들의 일본관

1. 도쿠가와 막부와 강화

에도기에서의 조선인의 일본관은 아시카가기·도요토미기 사신의 보고, 두 번에 걸친 일본군의 잔인한 침략행위에 대한 중대한 일본 이해를 전제로 한다. 따라서 도쿠가와 이에야스德川家康[20]의 평화외교방침이 실행에 옮겨진 뒤의 조선인의 일본관은, 통신사가 도쿠가와 막부의 평화 외교정책의 실정에 관한 정보를 가져온 것이다. 또한 부산 왜관에서 쓰시마인 등과 접촉해 얻어진 것 등을 기초로 해서 형성되기는 했어도, 상당히 복잡한 굴절을 더듬어 가는 것은 당연할 것이다. 다만 이에야스의 국교회복 의도에 대해서는 조선이 응하지 않을 경우, 출병도 있을 수 있다고 암시하는 자료도 있기 때문에 전적으로 긍정적으로 보는 것을 주저하게 한다. 그러나 그가 세키가하라關ヶ原[21] 이후 1603년게이초8 2월, 정이대장군 우대신征夷大將軍 右大臣이 되어 도쿠가와 막부를 열고나서는 막부의 국내 통치체제를 확립하는 위에서도 조선·명과의 외교관계를 정상화할 필요성에 몰리고 있었던 것은 사실이다.

그러나 조선과의 국교정상화를 누구보다도 강하게 바라고 있었던 것은 조선과의 관계조정에 사활을 걸고 있던 쓰시마였다. 쓰시마는 일본군의 철수 후, 바로 강화를 향해 움직여, 유정惟政 등이 쓰시마에 파견되기까지 5년간

---

20) 1542~1616, 초대쇼군(재직 1603~05년). 오카자키(岡崎) 성주 마쓰다이라 히로다다(松平廣忠)의 장자로, 나중에 도쿠가와로 성을 바꾸었다. 막부를 창설했고, 슨부(駿府) 은퇴 후에도 대어소(大御所)로서 실권을 장악했다.

21) 1600년, 도요토미 정권의 전도를 걱정한 이시다 미쓰나리(石田三成) 등 서군이 도쿠가와 이에야스의 동군과 싸워서 패배한 전쟁. 도쿠가와의 패권이 확립된다.

여러 형태로 11회나 복교와 관련한 사자를 보내고, 사로잡힌 조선인도 돌려보냈다.

그래서 일본의 진의타진과 탐정적의 상황을 시찰을 위해 쓰시마에 유정과 손문욱孫文彧을 보낸다. 그들은 이에야스에게 초대받아 후시미성伏見城에서 접견하고 이에야스의 국교 회복 의지를 듣고 귀국하여 복명한다. 유정호는 松雲, 혹은 四溟은 선종 승려이지만, 두 번의 침략 때에 승병을 이끌고 용명을 떨쳤다. 또 울산의 진중으로 가토 기요마사를 4번에 걸쳐 방문하여, 담판을 계속하고 일본군의 동정을 살핀 것은 유명하다.

유정이 이에야스를 만나 강화를 대강 마무리하고, 사로잡힌 조선인 3400명을 데리고 돌아갔기 때문에 교린은 크게 진전되었다. 그가 일본에서 체류할 때 지은 시가『사명당대사집四溟堂大師集』 권7에 있어, 그의 일본관을 엿볼 수 있다. 그 하나로 히데요시에 대한 시가 있다. 히데요시는 사람을 죽이는 것을 좋아하고, 이에야스는 좋아하지 않는다는 이야기를 듣고 "다른 사람의 아버지를 죽이고 형을 죽이면, 그 사람 역시 그대의 형을 죽인다. 어째서 바로 그대에게 돌아온다고 생각지 못하고, 다른 사람의 아버지를 죽이고 형을 죽이는가" 하고 인과응보적으로 히데요시에게 엄격했다. 그로서는 히데요시만이 아니라 그 엄격함을 일본인 전체로 넓히고 싶었던 감회였을지도 모른다.

통신사의 파견은 초기 3회의 회답 겸 쇄환사刷還使를 포함하여 도쿠가와 전기 12회로, 1회에 대해 1 내지 3의 기행기가 만들어진다. 여기에 근거하여 에도기 조선인의 일본관을 대별하면, 세 가지의 경향을 확인할 수 있다. 하나는 초기의 사신에 보이는 것처럼, 쇄환 문제를 위주로, 교린하면서도 커다란 경계심을 잃지 않고, 일본 탐정을 계속해 가는 경향이다. 두 번째는 제7차 이후의 사신들에게 현저한데, 여러 학자와 교류하는 일본 유학의 성대한 모습과 우수한 시문을 쓰는 학자·문인의 존재를 알고, 일본의 평화 우호정책에 마음을 열어가는 경향이다. 세 번째는 18세기 전반의 대학자 이익李瀷의 언설에 보이는 것처럼, 일본에서의 국학의 융성과 특히 존황론의 대두에 전통적인 교린의 붕괴를 예감하여 새로운 대응을 모색하려는 경향이다. 에도 전기의 조선인의 일본관은 이 세 가지 경향이 시기와 상황에 의해 짙음과 옅음의 변화를 보이면서 여러 가지가 섞여 마지막까지 영향을 끼쳤다. 굵은 붉은 선과 같이 관류하고 있는 것은 역시 일본에 대한 불신감과 강한 경계심이다.

2. 경섬의 『경칠송해사록』

1607년선조40·게이초 12 3월, 정사 여우길呂祐吉, 부사 경섬慶暹, 종사관 정호관丁好寬의 3사는 460여 명의 대사절단을 이끌고 쓰시마를 경유하여, 윤 4월 에도에 도착했다. 다음 달 에도성에서 2대 쇼군 히데다다秀忠, 1579~1632에게 국서를 제출하고, 돌아오는 길에 슨부駿府22)에서 이에야스에게도 인사했다. 『경칠송해사록慶七松海槎錄』은 경섬이 이때 쓴 기행일기다. 이 일행은 회답 겸 쇄환사라는 명칭으로 알려진 것처럼, 사로잡힌 사람들의 쇄환에 강한 관심을 가졌고, 일기에는 그것과 관련된 기사가 많다.

또 복잡한 교섭경위가 기술되어 있는 것은 당연하지만, 히데요리秀賴, 1593~1615가 생존해 있을 때의 일이기 때문에, 도요토미로부터 도쿠가와에게로의 권력 이행기의 미묘한 상황도 서술되고, 나아가 당시의 풍속 관찰도 예리한 것이 있다. 경섬 일행이 아이노시마藍島에 머물고 있을 때, "지쿠젠筑前 태수가 예물로 은자銀子 각 5편, 환도環刀, 각 한 자루와 술과 반찬, 소와 돼지 등을

---

22) 스루가노쿠니(駿河國 현재의 시즈오카현)의 國府가 있던 도시.

보내왔는데 사양하고 물리쳤다. 가케다다景直, 야나가와 시게노부(柳川調信)의 아들가 재삼 간청하기에 다만 술 한통, 돼지 한 마리만 받고 남은 것은 모두 돌려보냈 다"고 하는 것에 당시 조선인의 심정이 표출된 것을 볼 수 있다.

효고兵庫나 오사카의 번성에는 솔직히 놀랐지만, 교토의 코무덤에서는 히 데요리가 "너희들에게 죄가 있는 것이 아니라, 너희 나라의 운수가 그렇게 된 것이다"라는 비를 세운 이유를 기록했다. 또 요도기미淀君에 대해서는 "히 데요리의 어미가, 간부와 간통하여 히데요리를 낳았다"고 전해지고 있는 것을 기록해 당시의 도쿠가와, 도요토미 양가의 미묘한 관계를 엿볼 수 있게 했다.

승 쇼타이承兌에 대해서는 그가 교토쇼시다이京都所司代23)의 이다쿠라 가쓰 시게板倉勝重나 이에야스 측근 의승 요우안養庵에게 조선 사신은 "병기를 살피 러 온" 탐정이므로 대접을 박하게 하라고 진언하는 것을 이다쿠라가 "쇼군의 뜻이 아니다"라고 물리친 것을 알고서, "탐심 있고 음흉한 자로 경인년1590, 선조 23에 서계書契를 불손하게 한 것과 병신년1596, 선조29 황신 때에 조사詔使를 협박한 것이, 모두 이 중에게서 나온 것이라 했다"고 헐뜯는다.

그의 일본관에 관한 것에는 지세 · 관제 · 농민 · 양병養兵 · 공성攻城 · 성씨 · 술 · 일반 풍속 등 소개할만한 것이 많다. 그중에서도 놀라움을 금할 수 없는 것은 소 요시도모宗義智의 종이 할복자살한 것과 단오날과 관련된 무투武鬪 풍습일 것이다. 처음에는 아동의 투석전을 "우리나라의 씨름놀이"로 보는 여유가 있었다. "오후에는 원근의 장정이 귀천을 가리지 않고 모인다. 창과 칼을 메거나 들고, 분주히 모여들어 수천 명이 떼를 지어 진을 치고 상대한다. 그 나아가고 물러나고 앉고 일어서며, 모이고 헤어지고 유인하는 형세는 한

23) 에도시대 교토의 치안유지를 담당.

결같이 전법戰法에 의거하여, 각기 정예精銳를 내보내 칼로 교전한다. 나아가기도 하고 물러서기도 하며, 서릿발 같은 칼날은 햇빛이 쏘는 것 같다. 서로 다투어 치고 죽인다. 죽음을 봐도 멈추지 않는데 해가 저물어야 끝이 난다. 죽은 자가 많게는 40여 명이나 되고, 그 나머지는 어깨가 잘리고 다리가 베이는 등 상해를 입는 자를 다 기록할 수 없을 정도다. 살인의 많고 적음을 가지고 승부를 결정한다. 칼을 맞아 죽은 자가 몸이 땅에 떨어지지 않으면 뭇 칼이 번갈아 쳐서 백 조각으로 가른다. 그것을 시검試劍이라 한다. 어떤 사람이 그의 아들이 죽었다는 말을 듣고 즉시 몸을 일으켜 싸워, 여러 사람을 죽여 복수했다. 이날은 살인한 자도 죄가 없다. 그러므로 조금이라도 원한이 있으면 반드시 이날 보복한다. 일본 66주 사람들이 곳곳마다 모두 이렇게 싸우게" 되면, "참으로 놀랄만한" 것이었다. 그래서 그는 이 항목을 "일본의 국속은 사람 잘 죽이는 것을 담용膽勇으로 삼는다. 그러므로 살인을 많이 하는 자는 비록 시정의 천한 사람일지라도 성가聲價가 곧 배로 오른다. 두려워서 회피하는 자는 비록 권귀의 자제일지라도 온 나라가 버려서 사람들에게 용납되지 못한다. 그 삶을 가벼이 여기고 죽기를 즐겨하는 풍속이 이와 같다"고 맺는다.

또 일본인이 성을 용이하게 바꾸는 것은 상당히 기이해 보였던 것 같다. "사람은 정해진 성이 없어 조선祖先에게서 받지 않고, 비록 길가의 사람일지라도 길러서 자식으로 삼으면 그의 성을 이어 받는다. 아침에 원성源姓이 되었다가 저녁에 평씨平氏가 되어"라고 하는 것은 성을 불변으로 하고, 이성을 양자로 삼지 않는 조선인이 보면, 파천황破天荒(아무도 하지 못한 일을 처음으로 해냄)에 다름없다. 그런데 "천황의 아들은 그의 일족에게 장가든다"고 하는 혈족결혼에는 동성을 취하지 않는 나라에서 온 사신에게 있어 이 이상 놀랄만한 것은 없었을 것이다.

이렇게 이색적인 풍속에 눈을 크게 뜨고 본 경섬이지만, 이 기행기의 마지막에 이렇게 썼다. "강항姜沆이 포로되어 온 지 5년 동안 형체를 고치지 않고 의관을 바꾸지 않으면서 방에 조용히 앉아 책이나 보고 글을 짓기만 일삼고 왜인들과 상대해서 입을 연 적이 없었다. 송상현宋象賢의 첩은 굽히지 않고 수절(송은 동래성을 지켜 고니시 군에게 살해당했는데, 그 첩도 절개를 지켜 죽었다)하여 죽기를 스스로 맹세했다. 왜인들이 귀히 여기고 존경하여 집한 채를 지어 우리나라의 여자 포로로 하여금 호위하고 시중들게 했다. 유정 일행이 오게 되자 절조를 지키고 돌아갔으므로 원근에 떠들썩하게 전파되어 아름다운 일로 일컫는다 했다. 대개 일본 나라는 오로지 용맹과 무만 숭상하여 인륜을 모르지만, 절의한 일을 보게 되면 감탄하여 일컫지 않는 자가 없었으니, 또한 천리天理인 본연의 성품을 알 수 있는 것이다." 조선·일본의 상호이해의 원점을 민족주체성에 두고, 인격의 존엄성에 구한 것은 매우 시사적이라고 말할 수 있다.

3. 제2차 통신사 기행기

제2차는 1617년광해군 9·겐나(元和) 3으로, 정·부·종사관의 3사 모두 기행기를 저술하고 있다. 국서는 후시미성伏見城에서 히데다다秀忠에게 제출되었다. 일본을 조선 측의 원수로 보는 관점이 뿌리 깊고, 이에 더하여 일본 측도 대응에 독선적인 것이 있어서, 때로는 충돌하게 된다. 국서를 제출한 2일 후, 로주老中24) 안도 쓰시마 태수安藤 對馬守, 도이 오이노 태수土井大炊守, 사카이 우다노가미酒井雅樂頭 등이 술을 사신의 숙소교토 大德寺에 46통이나 보내자, 사신은 이것을 "하인 일행에게 나누어 주"었다. 이날 밤, 일본인 문위門衛와 술에 취한

---

24) 막부의 정무를 총괄하는 최고직으로 4~5명 정도가 있음.

조선인 종자 사이에 싸움이 있어, 칼을 뺀 문위에게 여러 명의 종자가 상처를 입는 사건이 일어났다. 소씨 측이 "어젯밤에 난동을 부릴 적에 칼을 뽑았던 왜자倭子는 즉각 참형을 당할 것입니다"정사·오추탄(吳楸灘),『동사상일록(東槎上日錄)』라고 한 것을 "그 죄는 통렬하게 다스려야 하나, 너희 나라에 딴 형벌이 없으니 죽이기까지 하는 것은 너무 지나치므로 모름지기 사신의 뜻을 알아 용서함이 마땅하다"종사관·이석문(李石門),『부상록(扶桑錄)』고 오히려 목숨을 구해줄 것을 부탁하고 있다. 분쟁의 원인은 알 수 없지만, 오랜만의 술에 오랜 세월의 분을 씻었던 것일지 모른다.

또 로주 혼다 고즈케 태수本多上野守 마사즈미正純가 방문했을 때, 두세 번에 걸쳐 사로잡힌 사람들의 쇄환 문제를 제기하여 "고즈케 태수라는 자가 문득 불평한 기색으로 일어나서 말하기를, 일본은 사람이 매우 많으니 조선 사람 5~600, 1000명『부상록』에는 5~6000이 무슨 관계가 있습니까? 다만 바라지 않는 자를 어찌 추방할 수 있습니까"라고 말하기 때문에 "조선 역시 사람이 적지는 않소. 다만 우리나라 백성을 어찌 오랫동안 딴 나라에 버려두겠다. 일본도 이웃나라의 백성은 돌려보내지 않으면 안 된다"『동사상일록』고 했다. 그리고 귀무덤의 유래를 듣고는 "애통함을 금할 수 없다"『부상록』고 쓰고, 히데다다에게 알현한 날, 무관 정충신鄭忠信은 안도 쓰시마 태수가 그를 전장에서 보았다는 지적을 받고 귀관歸館하는데, "이 원수인 적에게 절했다. 처음부터 몰랐던 것은 아니나, 여기에 와서 무릎을 꿇고 나니 마음과 쓸개가 찢어지는 듯했다. 이석문은 돌아와서 먹는 것도 폐하고 정충신과 서로 대하여 눈물을 흘린다. 강개스러움과 통분함을 견디지 못한다"고 그 심정을 토로하고 있다. 『부상록』에는 마지막에 종합 소견을 기록하고 있다. "대개 땅이 메마른 까닭에 산골짜기에는 초목이 무성하지 못하고, 들판에는 곡식이 성하지 않았다"고 한 것은 편견에 지나지 않는다. "예리한 칼은 비젠備前, 현재의 오카야마현에서 산출

된다"고 하여 무기생산지에 대한 관심을 보이고, "감은 익지 않은 것을 먹어도 맛이 떫지 않은 것이 있었다"고 하여 홍시가 신기했던 것이다.

또 할복자살할 때 "손으로 오장을 끄집어내어 죽으면, 보는 사람들이 좋은 사람이라 칭찬해 주고, 그 자손의 이름도 세상에 높아지는 것"은 도저히 이해가 되지 않았을 것이다. '의복제도'에서는 속옷의 착용법에 대해서도 기록하여, "남자는 한 폭 포백布帛으로 허리를 한 바퀴 두르는데, 뒤쪽에서 앞으로 감아서 허리에 질러 넣고 그 나머지를 드리워 배꼽 밑을 덮는다. 여인은 포백 두 폭을 연달아 대략 치마 제도와 같이 하여 배꼽 아래를 가린다"고 되어 있다.

4. 제3차 통신사 이후의 기행기

제3차 통신사는 1624년인조2·간에이(寬永)원에 파견되었다. 3대 이에미쓰家光의 습직襲職 축하와 사로잡힌 사람 쇄환刷還이라는 명분상의 일도 있지만, 북변금, 나중의 청국의 대두가 현저해짐 방위 문제도 있고, 일본으로부터는 병기, 특히 조총과 도검을 조달하는 것도 그 임무였다. 정사는 정립鄭岦, 부사는 강홍중姜弘重으로, 일행은 8월에 한양을 출발하여 이듬해 3월에 복명하고 있다. 이 사이의 일을 강홍중은『동사록東槎錄』에 정리하고 있다. 쇄환 포로인은 146명밖에 없었지만, 증정하는 "물품과 보패寶貝를 하나도 받지 않았고, 은화는 모두 쓰시마 도주에게 되돌려주고 돌아왔다. 대개 신하가 국경을 나갔을 때의 의리를 잃지 않은 것이라고들 했다"『인조실록』3년 3월 23일고 한 것을 보면 사명은 완수했다고 할 수 있다.

이『동사록』의「견문총록」에서 여러 가지에 걸친 소견을 기술하고 있다. 그 2, 3가지를 보면, 일본의 호전성에 대해서 "두어 살 된 아이도 반드시 단검을 차고 연습했다. 그 잔인하고 혹독한 성품은 참으로 시랑豺狼, 승냥이와 이리이나 사훼蛇虺 뱀의 일종와 다름이 없었다"고 기술했다. 또 "나라 풍속이 싸움을 좋아한다. 집집마다 군사를 기르고 병기가 날카롭고 기예가 정련되었다. 군량이 산더미처럼 쌓여 있고, 전함이 바다에 가득하여, 항상 진을 임하여 적을 대하는 마음이 있기 때문에 무릇 군사를 동원할 적에는 명령에 따라 즉시 출동했다. 그러나 근년 이래, 군사를 오랫동안 쓰지 않아 군사는 늙어가는데 공이 없으므로, 여러 고을 장군들이 모두 답답한 마음을 품어, 항상 전쟁을 일으켜 공을 세울 것을 생각한다"고 군사적 관심을 보인다. 더구나 "생명을 가벼이 여기며 죽음을 두려워하지 않아 의기義氣를 서로 흠모하니, 참으로 무적無敵의 강병이라고 하겠다"고 했다.

또 풍속과 관련해서는 "남녀가 구별이 없고 음란한 것이 풍속이 되어 가까운 친척끼리도 서로 정을 통한다. 간부奸夫를 둔 집이 곳곳에 있었다. 소위 유식하다는 집에도 또한 내외를 분별하는 범절이 없고, 음란한 행동이 많았다. 혼인에서는 동성을 기피하지 않아 사촌 남매끼리 부부가 되기에 이른다. 아우의 아내를 형이 취하지는 않으나 형이 죽고 후사가 없으면 아우가 형수를 데리고 살아 제사를 받든다. 이것은 그 나라의 풍속이었다. 금수의 행동은 더러워서 차마 들을 수도 없다. 습속이 이미 젖어 괴상하게 여기지 않았다"고 말하고 있다. 이 습속의 차이는 지금도 이해하기 어려운 요인이다.

제4차 이후의 사절을 정식으로 통신사라고 한다. 이때는 임광任絖이 정사, 김세렴金世濂, 호는 東溟이 부사로 1636년인조14·간에이 13에 파견되었다. 중국에서는 전사前使와 금사今使의 사이에 명에서 청으로 왕조 교체가 최종기를 맞이하고 있는 시기다. 만주(청)는 친명의 조선에 대해 두 번이나 침입하여, 임광 등의 체일 중에 인조가 항복하는 국난기였다.

이러한 동아시아 정세의 대변동과 맞물려, 이에미쓰가 조선 사신의 내빙을 요청한 것은 내외 양 면에 걸치는 속셈이 있었다고 생각된다. 대외적으로는 중국 정세의 정보수집과 국방의 관점에서 인국 조선과의 관계를 보다 안정화시켜 조선의 국제적 지위의 불안정을 내다보고, 일정한 외교적 양보를 끌어내려고 했다.(종래는 없던 '대군' 칭호의 사용이나 사신의 닛코日光 참배 강청) 대내적으로는 통신사 도래를 가지고 전통적인 조선관인 조공국으로 하는 견해를 정착시켜 아울러 막부의 권위를 국내적으로 높이는 것에 이용하려고 노린 것이다.

이때의 기행기로 임광은『병자일본일기丙子日本日記』, 김동명은『해사록』, 종사관 황만낭黃漫浪은『동사록東槎錄』을 남기고 있다. 역시 사로잡힌 사람들을 데리고 오는 일을 강하게 신청하고 있었고, 조선인으로서 최초로 한 닛코 견문도 재미있다. 또 김동명은『해사록』의「문견잡록」에서 일본에 관한 종합 소견을 기술했다. "남녀가 함께 목욕을 한다. 알몸으로 서로 가까이 하면서도 부끄러워하지 않는다"고 하는데, 유교 모범국의 손님에게는 상상도 할 수 없는 일이었다. "이른바 언문가나이 있는데, 그 나라의 홍법대사弘法大師가 만든 것이고, 48자로 나누어 왜의 언문을 만들었다. 우리나라의 언문과 매우 닮았다", "이 나라 안에서 인쇄하여 간행하는 책판冊版은 흔히 우리나라의 서적을 가져다가 되풀이 간행하는 것인데, 태반이 임진년에 서쪽으로 침입했을 때에 얻은 것이다. 저자의 가게에 서적이 가득 찬 것도 또한 많고, 당본唐本은 책값이 매우 높다"고 하는 것을 보면, 일본에서 문자가 보급된 모양과 그 해의 출판 사정이 조선본과 관계가 깊은 것을 알 수 있다.

『동사록』에는 각지에서 이미 시문의 응수에 바쁜 모양이 기록되어 있다. 그러나 시문응수가 성사를 맞이하는 것은, 1682년숙종 8·덴나(天和) 2의 5대 쓰나요시綱吉, 1646-1709 습직시의 제7차 사신부터일 것이다. 사신 방일 때마다, 체재하는 오사카·교토·에도의 숙소를 비롯해, 왕복 길가에서도 그 숙소에서도 사람이 많이 방문하여, 제도·학술·문물·인물·식물 등에 대해서 질문하고,

시의 창화를 요구하고, 휘호 등을 구하는 것이다. 그 중에는 당시의 일본 유학의 융성을 반영하여 일류의 학자, 문인도 적지 않고, 막부 측도 사람을 엄선해서 시문의 응수에 임하게 했다. 그들이 사신단과 교환하는 모양은 일찍이 마쓰다 고우松田甲가 『일선사화日鮮史話』, 『속일선사화續日鮮史話』에서 그 일단을 소개한 적이 있지만, 장관이라는 한 마디밖에는 없다.

아라이 하쿠세키新井白石 등도 젊은 시절, 텐나天和기의 제술관 성완成琬 등 삼학사三學士와 만나, 자신의 시집에 서문을 써서 받고 있다. 에도기의 조·일 문화교류의 실태와 이것이 일본의 사회·문화·학술에 끼친 거대한 영향에 대해서는 20세기 말에 이르러 상당히 연구가 깊어져, 교과서에도 취급하고 있으나, 아직 그 전모가 밝혀져 있지 않고, 앞으로의 연구를 기다리는 부분이 크다. 그러나 이 우호친선적인 시문 응수의 성행도 쇼토쿠正德기의 하쿠세키가 조선은 일본을 문화적 후진국으로 본다는 멸시적 태도로 대하고 있다고 하여, 신사접대의 개악으로 임하고, 조태억과 충돌하고 있는 것에서 알려진 것처럼, 저류에 있는 쌍방의 국가적 체면을 건 흥정의 허실을 무시할 수는 없을 것이다. 특히 10대 이에하루家治, 1737-86 습직 때 방일한 조엄趙曮 사절단제11차이 돌아오는 도중, 오사카에 들렀을 때, 도훈도都訓導 최천종崔天宗이 쓰시마의 전어관傳語官, 小通詞 스즈키 덴조鈴木傳藏에게 살해당한 사건이 있었다. 『해사일기』趙濟谷에 의하면, 덴조는 거울을 잃어버린 천종에게 의심을 받아, 말의 채찍으로 맞았기 때문에 "심한 분노에 견디지 못하고" 척살했다고 한다. 그러나 그렇다면 알고 있었을 텐데, 찔린 최천종은 수 시간은 살아서 말을 하고 있었다. "나는 이번 사행使行에 왜인과 다투었거나 원망을 맺을 꼬투리가 없다. 왜인이 나를 찔러 죽이려 하다니, 실로 그 까닭을 모르겠다"라고 말해 범인을 지적하고 있지 않다. 마음에 짚이는 것이 없는 것이다. 즉 동기 불명의 살인사건이라고 할 수 있다. 조·일관계가 언제 어디서 어떤 형태로 폭발할지도 모르는 잠재적 위험성을 상징한 것과 같은 사건이었다.

5. 일본의 동향에 새로운 위기감

그러나 이러한 전통적 경계감과는 다른 경계감을 보인 지식인도 있었다.

이익은 18세기 전반을 대표하는 대학자로 유형원柳馨遠의 실학사상을 계승해서 발전시킨 실학자다. 그의 제자 안정복安鼎福이 분류한『성호사설유선星湖僿說類選』에는 일본 관계 기사가 적지 않다. 「헤이 도젠平道全」,[25] 「쓰시마정벌」, 「겐소의 선정善偵」, 「조선을 치는 논의」, 「히데요시 상국을 범하다」, 「양부하梁敷河」,[26] 「왜구시말」, 「일본사」, 「일본충의」 등이 있다. 이 가운데 「일본충의」는 일본에 대한 경계심을 새로운 관점에서 설명한 뛰어난 논저로, 일찍이 나카무라 히데다카中村榮孝는 이 글에 착목하고『일본과 조선』가운데 이것을 번역하여, 그 선견성을 평가한 적이 있다. 이익은 "생각건대 교활한 풍속은 우리나라가 더욱 심하다"고 하여 자민족의 결점을 숨기지 않고, 일본의 출판계나 유학의 발전을 칭찬하고 있다. 야마사키 안사이山崎闇齋,[27] 그의 문인 아사미 게이사이淺見絅齋[28] 등의 이름을 든다. 특히 아사미의 제자 와카

---

25) 세종원년 왜인이 침범하자 윤득공에게 명을 내려 이를 토벌하도록 하고, 일본인 헤이 도젠에게 싸움을 도와주라고 했으나 그가 힘써 돕지 않았기 때문에 평양에 안치되었다.

26) 동래 사람. 임진왜란 때 27년간 일본에 억류된 후 돌아와 95세로 사망했다.

27) 1618~82, 난가쿠(南學)파의 유학자·신도가, 다니 지추(谷時中)에게 난가쿠를 배우고, 요시카와 고레다리(吉川惟足)에게 신도를 배운 뒤, 신유(神儒)융합의 스이카(垂加) 신도를 창시했다. 교토에 사숙을 만들어, 많은 제자를 양성하고 기몬(崎門)학파를 형성했다.

28) 1652~1711, 야마사키 안사이의 제자. 오미(近江) 출신, 안사이의 사상을 충실히 계승했는데 신도설은 취하지 않고, 기몬 주자

바야시若林新饒, 호는 寬齊는 존황의 뜻이 두텁고, 도부東武, 에도에 비해 서경교토의 쇠약을 분개하여, "항상 서경을 다시 일으킬 뜻을 품으니 실로 훌륭한 선비다"라고 말한다. "관백은 가장 동쪽 끝에 있으면서 일찍이 왕이라고 일컫지 않고, 정이대장군이라고 했다. 왜황倭皇이 권력을 잃은 것이 또한 6~700년에 불과한데 국민이 원하는 바가 아니다. 차차 충의의 인사가 그 사이에 생겨서, 천황을 복권시킨다는 명의가 정당하고 말이 옳다. 뒤에는 반드시 용감한 자가 있어서, 만일 하이蝦夷[29]와 연결한 다음 그 천황을 끼고 제후에게 호령한다면, 반드시 대의를 펼 수 있을 것이다. 66주의 태수太守들이 어찌 서로 호응하는 자가 없겠는가? 만일 이렇게 되면 저편은 천황이요 우리는 왕이니, 장차 어떻게 처리할 것인가? 죽은 아들 맹휴孟休가 일찍이 말하기를, "통신사의 경우, 그 서書·폐幣와 문자에 있어 우리의 대신으로 하여금 항례抗禮, 대등한 예절로 함이 가하다. 나랏일을 계획하는 자정치가가 먼 생각이 없고 목전의 미봉책만 생각했으며, 또 관백이 왕이 아닌 줄 알지 못하고 이에 이르렀다"고 한다. "그들은 황이라고 하고 우리는 왕"이라는 파악과 위구는 이익의 사후 104년에 현실로 나타난다. 조선에의 침략적 개항과 직결하는 만큼, 일본 국내의 동향을 빨리 파악해서 대책을 구하는 예민한 감각과 통찰력은 아무리 평가해도 충분하지 않을 정도다.

그러면 새로운 경계심을 품은 것은 이익뿐이었을까. 앞에 나온 조제곡은 『해사일기』에 다음과 같이 기술했다. "국왕 칭호를 요시무네吉宗[30]부터는

학을 계승했다.

[29] 에조치(蝦夷地), 에미시(蝦夷)가 살고 있는 지방. 마쓰마에(松前) 지방을 제외한 홋카이도, 지시마(千島), 가라후토(樺太)의 총칭. 마쓰마에번의 지배에 있었는데, 다누마(田沼) 시대부터 탐사가 이루어졌다. 1807~21년까지 일시 막부직할이 되었다.

[30] 1684~1751, 8대 쇼군(재직 1716~45). 기이(紀伊) 번주 미쓰사다(光貞)의 제4자. 기이 번주로서 번정개혁을 실시했다. 쇼군이

일본대군日本大君31)으로 고쳐 일컬었다. 우리나라가 이미 부득이해서 교린한다면 왜황과 동등한 교제를 해야 옳다. 임금도 신하도 아닌 관백과 그 예의를 동등하게 하는 것은 더욱 수치스럽고 분한 일이다." 정사가 메이지 유신의 백년도 전에 이 일을 쓰고 있는 것은 특필할만하다. 이익과 조제곡의 공통점은 양자 모두 실학자 유형원에게 사숙하여, 전자는 그 학통을 계승하고, 후자는 유형원의 저서에 있는 제도製圖대로 좌조창左漕倉을 부산포에, 우조창右漕倉을 진주 가산포駕山浦에 설치하여 조운의 폐단을 고쳐 실적을 올린 것이다. 이 두 사람이 우연히 새로운 일본관으로 같은 결론을 낸 것이지만, 이익이 죽은 1764년에 조제곡은 일본에 파견되었다. 기묘한 인연이다.

되어 교호(享保)개혁을 단행하고 식산흥업에 노력했으며 쌀값 안정에도 힘써 쌀 장군으로 불렸다. 막부 중흥의 영주로 불리고 있다.

31) 대외적인 쇼군의 호칭. 간에이(寬永) 년간의 조선 국서에 처음 사용되었다. 하쿠세키는 이것이 조선의 왕자 가운데 적자(嫡子)를 가리키는 것이라고 하여 일본국왕이라고 고쳤는데, 교호 이후는 다시 옛날로 돌아갔다. 막말에는 미가도(천황)에 대비하여 구미외교관이 많이 사용했다.

4장 메이지 시대 · 조선 사신들의 일본관

1. 김기수와 『일동기유』

1876년고종 13·메이지 9 5월, 조선 정부는 김기수金綺秀를 수신사로 일본에 보냈다. 이익은 메이지 유신이 이루어지기 백년도 전에 일본에 충의의 무사가 일어나 천황을 도와, 정권을 잡을 것이라고 예언했다. 그 즈음은 당사자 일본인조차 몇 사람을 제외하고는 꿈같은 일이었다.

그러나 이 예언은 맞았을 뿐만 아니라, 그가 가장 우려한 "그들 황이고 우리 왕"이라는 사태가 정말로 발생한 것이다.

메이지 정부는 성립하자마자 소 요시아키라宗義達로 하여금 조선의 예조참의에게 서계를 보내도록 하여 '대정일신大政一新'을 통고했다. 그 서계에 '황실' '칙' 등, 종래 없던 문자를 사용했기 때문에 조선 측이 전통적인 항례의 예를 부수고, 자국을 상위에 두는 불손한 말로 받아들여 거부하는 것은 당연한 일이었다. 이것을 계기로 일본에서는 '정한론'이 맹렬하게 불을 뿜었다. 그러나 사이고 다카모리西鄕隆盛[32] 등이 물러난 뒤 오쿠보 도시미치大久保利通[33] 정권이라고 해도, 본질은 정한론자였기 때문에, 조선 근해의 불법 측량 등의 실력을 행사하여 운요호 사건을 도발하고 군함·군대의 무력 위협 하에 강화

---

[32] 1827~77, 사쓰마 번사. 하급무사로 존양운동에 활약하고, 사초(薩長) 연합을 맺었다. 보신(戊辰)전쟁의 참모를 지내고 1870년 참의가 되어 廢藩置縣에 힘썼다. 그러나 정한론에 의해 하야하고 1877년 세이난(西南)전쟁을 일으켜 패배하자 자살했다.

[33] 1830~78, 사쓰마 번사, 사초 연합·왕정복고에 활약했다. 폐번치현을 하고 이와쿠라 사절단에 참가했다. 정한론에 반대하여, 참의 겸 내무경으로 식산흥업에 진력했다. 번벌정부(사쓰마와 조슈 출신자가 정부의 요직을 독점한 상태의 정부)의 중심으로 권력을 휘둘렀는데, 도쿄에서 암살당한다.

도조약을 맺었다.

　이 조약은 12조로 이루어져, 제1조에 조선을 자주국이라고 하여 일본과 평등한 권리를 갖는다고 규정했다. 이것은 조선과 청국과의 전통적인 관계를 부정하는 것에 목적이 있다. 그 후의 「부록」과 「통상장정」을 합쳐서, 조차지의 설정, 관세권의 부인, 일본 화폐의 유통권, 해안 측량의 자유, 치외법권의 인정 등등, 실은 막말 일본이 미국의 무력에 굴복하고 맺은 불평등조약을 그대로 입장을 바꾸어 조선에 강요한 것이다. 그리고 이것이 조선 완전 점령의 첫 번째 착수가 되었다.

　수신사 김기수 일행의 도일은 강화도조약 때의 구로다 기요다카黑田淸隆34) 전권, 부대신 이노우에 가오루井上馨35) 일행에 대한 회례사의 형식을 취했다. 일본 측에는 근대적으로 변모해 가는 일본의 모습을 보여서, 청국 의존 체질을 고치게 하고, 일본의 영향력을 높이려는 생각이 있었다. 조선 사신에게는 국왕 고종이 말하는 일본의 물정을 상세하게 정탐하는 임무가 부여되어 있었다. 특히 고종은 들은 바를 빠트리지 말고 기록하도록 엄명하고 있다. 일본은 양이의 풍속에 쓰였으므로 양이와 다르지 않다는 의견과는 별도로 저 일본의 변화에 대한 관심이 높은 것을 알 수 있다.

　『일동기유日東記游』는 정사 김기수의 일본 기행기록이다. 일본은 여하튼 근대화의 길을 진행시키고 있고, 이전 에도통신사 시대의 조선의 문화적 우

---

34) 1840~1900, 가고시마 출신. 고료가쿠(五陵郭) 공략전을 지휘하고, 홋카이도 개척 차관, 장관을 지내고 참의가 되었다. 1876년 조일수호조규를 체결했다. 1888~9년 수상 때, 대일본제국헌법을 발포하고 뒤에 추밀원 의장을 역임했다. 원로의 한 사람이다.
35) 1835~1915, 야마구치 출신. 외무경, 제1차 이토내각의 외상으로서 조약개정에 진력했다. 서구화정책을 취하고, 외국인 판사임명을 개정안에 넣어 정부 내외의 비판을 받고 1887년에 사직했다. 그 후 장상·원로를 역임했다.

위성은 잃어버렸다. 그러나 저 "우리가 이것을 은혜로 따라오게 하고, 옳음으로써 이것을 제어하고, 바름을 가지고 복종시키고, 믿음을 가지고 이들과 맺어지면, 순치脣齒의 관계가 되어 우리를 해치지 못할 것이며, 우리나라에서 번병藩屛과 방벽이 될 것이라"고 전통적 교린관을 보이는 시대인식에, 서세동점의 진정한 모습을 파악하지 못하는 조선 통치계급의 어리석음을 보지만, 이것은 사명使命에의 자기규정에도 나타난다. 김기수는 「상략육칙商略六則」 중에서 "'수신修信'이란 구호舊好를 닦고 신의를 두터이 하며, … 과격하지도 맹종하지도 않으며, 태도를 장중근신莊重謹愼케 하여, 임금의 명령을 욕되지 않게 해야 거의 적당하게 될 것이다"라고 매우 소극적이다. 이것으로 고종의 기대에는 부응할 수 없었다.

　그러나 모리야마 시게루森山茂가 "세 손가락을 세워 보이며 내게 말하기를, '우리나라와 귀국과 중국이 이같이만 된다면3국 동맹을 말함 어찌 구라파를 두려워하겠습니까?"라고 어느 사람에게 말하고 있는 것을 소개하는 것은 주목된다. 그는 도쿄에서도 이노우에 가오루에게 러시아 동병動兵설을 듣고 있기 때문에 당시의 일본 최대의 외교적 관심사는 알고 있던 것이 된다. 그래서인가 김기수는 역시 봐야할 곳은 보고 있었다. 일본 측의 안내를 받아서이기는 하지만, 화륜차, 철도, 육해군의 군제, 대포, 병기, 농기, 전신, 전보, 공장, 학교, 의사당, 박물원 등의 근대적 영위의 소산도 보고 있다. 태정대신 산조 사네토미三條實美36) 이하의 여러 인물과도 만나, 그 인상도 쓰고 있다. 신문에 대해서도 "공사公私의 문견聞見과 길거리의 이야기도 입에 침이 마르기도 전에 사방으로 빨리 전해졌으니", 빠름과 편리함에 혀를 내둘렀다.

36) 1837~91, 公卿. 8월 18일의 정변으로 실각한다. 왕정복고 후, 議政이 되고 1871~85년 태정대신이 되었다. 정한론 수습에 고심하고, 1884년 공작이 된다. 1885년 이후는 내대신을 역임했다.

또 그는 「육군성 정조국精造局을 관람한 기록」에서 커다란 공장에서 기계를 운전하는 모양을 자세하게 기록하여, "한 개의 화륜으로써 천하의 능사能事를 다 만들게 된다. 기교가 이럴 수가 있겠는가! 공자께서 말씀하시지 않은 괴이怪異이니, 나는 이것을 보고 싶지 않다"고 한걸음 몸을 빼면서도 "기기 음교奇技 淫巧도 또한 말로는 이것으로 이용후생한다고 하니, 이용후생하는 것이라면 이를 배워야 하는 것인데"라고 조심스러워하면서, 근대적 과학기술을 습득할 필요가 있음을 말한다. 따라서『일동기유』가운데 애매한 김기수의 표현은 주자학 하나만을 밀고 나가 이를 거스르면 '사문난적'으로 단죄당하는 당시의 조선 사회에서의 고뇌에 찬 조국 근대화에의 제언이라고 이해할 수 있을 것이다.

『일동기유』의 「행중문견별단行中聞見別單」은 일본에 관한 종합 소견으로 여러 곳에 메이지 초기의 숨소리가 전해지는 것 같다. 조선인으로서 처음 천황을 알현한 인상을 "그들의 이른바 황제는 25세인데, 보통의 체구였습니다. 얼굴은 희나 조금 누렇고 눈에는 정채精彩가 있었으며, 생김새가 고왔습니다"라고 평한다. 또 이제까지의 항례의 상대였던 도쿠가와 쇼군에 대해서 "옛날의 관백도 지금은 종4위從四位의 관직으로 봉록만 받고 에도에 있으나 또한 감히 원망하는 기색과 윗사람을 엿보는 마음은 없다고 합니다"라고 지금과 옛날의 느낌을 깊게 했다.

그는 이 기록의 「후서」에서 귀국한 이듬해 상산부사象山府使가 되어 이 글을 쓴 것을 기록하고, "상산 고을은 만첩 산곡萬疊山谷 중에 있다"고 했다. 조선 정부는 모처럼 근대문명의 일단에 접하고, 완곡하게 그것을 채용해야 함을 역설한 유망한 인물을 깊은 산중에 가두어버렸다. 『일동기유』의 일본관에서 보는 선진성 때문인가 혹은 그 보수성 때문인가는 판단이 불가능하다. 그러나 국왕과 집정자들은 그 보고에서 일본이 부강한 까닭을 어슴푸레 하게 나마 이해했을 것이다.

2. 김홍집과 『수신사일기』

일본 정부는 강화도조약 후 하나부사 요시모토花房義質[37)를 변리공사로 한성에 보내, 조약 중에 있는 부산항 외에 2항의 개항 문제로 원산진을 열고, 다음에 제물포인천의 개항을 강경하게 압박했다. 일본은 조선의 앞과 뒤에 교두보를 쌓으려고 시도한 것이다. 그밖에 관세 배상 문제, 미곡 금수 해제 요구 등을 제기했다. 그래서 김홍집金弘集 일행이 1880년 7월 제2차 수신사로 파견되어, 조약 개정과 관세 개정, 인천 개항 요구 문제 등을 상의하게 되었는데, 일본은 조선 측의 문제제기를 교묘하게 피했다. 한편 이 수신사행에 부과된 임무 중 하나는 일본의 개화 정세를 상세하게 탐사하는 것이었다.

김홍집은 이노우에 가오루, 모리야마 시게루 등의 관계자나 일본주재 청국 공사 하여장何如璋, 참찬관 황준헌黃遵憲과 가끔 접촉하고, 세계의 대세, 여러 외국의 사정, 아시아 문제, 일본의 국내 사정과 근대화 과정, 러시아의 침략기도, 이들에 대한 조선의 대책, 외교통상상의 지식 등에 대하여, 실로 광범위하게 견문을 넓혔다. 귀국 후 바로 복명하게 되는데, 이 때 조선이 취해야 할 외교정책을 논한 황준헌의 『조선책략朝鮮策略』을 국왕에게 바쳤다. 이 소책자의 요점은 러시아의 조선 침략을 역설하여, 이것을 막기 위해서는 "중국과 친하고, 일본과 결탁하고, 미국과 연합하여 자강을 도모할 뿐"이라는 점에

---

37) 1842~1917, 메이지 시대의 외교관. 1867년 구미 유학. 귀국 후 공사관 서기관으로서 러시아에 주재. 1872년 조선과의 무역교섭에 임했고, 1879년 조선변리공사가 되어 원산·인천 개항에 진력. 1882년 임오군란 때는 전권으로서 제물포조약을 체결했다. 뒤에 러시아특명전권, 농상무차관, 궁중고문관, 제실회계심사국장, 궁내차관 등을 역임했다.

있다. 그러면 김홍집은 일본을 어떻게 보았는가를 그의 복명서에서 몇 가지 골라 보자.

"요즘 에도에는 어학교를 세워 각국의 언어문자를 널리 가르치고 있고, 이미 조선어 학교도 세워져 있었다. 무릇 사기事機를 알지 못하고 언어가 통하지 않고는 변화에 대응하고 스스로 지킬 수 없기 때문이라고 했다", "요즈음 일본이 사사로이 하나의 단체를 만들었는데 이름을 흥아회興亞會라고 했다. 청나라 공사 및 중국 인사들이 여기에 많이 관여하고 있다. 그들의 뜻은 청과 일본 및 우리나라와 마음을 같이 하고 힘을 같이 하면, 유럽에게 모욕을 당하지 않을 것이라고 한다"라고 한 기술에, 일본의 조선에 대한 침략과 연대의 두 가지 자세를 느끼고 있는 모습이 있다. '연대'를 침략의 숨겨진 수단으로 보는 견해도 가능하다. 당시의 조선인에게는 종래의 단선적인 화이사상에 기초한 일본관으로는 다룰 수 없는 국제적 확대가 느껴졌을 것이다.

"무에 능한 사이고 다카모리가 우리나라를 칠 것을 제의했는데, 지금의 우대신 이와쿠라 도모미岩倉具視38)가 반대했다. 이에 불만을 품은 사이고는 그의 무리들을 선동하여 난을 일으켰다. 서로 싸움을 하여, 오래 끌다가 곧 토벌되어 평정되었다"고 했다. 후일, 이토 히로부미는 사이고의 논의에 반대한 것을 가지고 스스로를 비정한론자라고 했지만, 당년의 일본인 관계자도 이 논을 원용했을 것이라는 것은 상상하기 어렵지 않다. 그러나 조선인에게는 '정한에 반대'한 일본인의 존재는 하나의 발견이었을지도 모른다.

"육군 제도는 도쿄 밖 6진鎭, 40영營에 항상 수효가 3만여 명이 된다고 한다.

---

38) 1825~83, 막말·메이지의 정치가. 公家. 공무합체(조정과 막부의 제휴에 의한 정국안정책)를 세우고, 나중에 討幕論으로 전향했다. 사초 토막파와 결탁하여 왕정복고에 진력했다. 메이지 정부의 우대신이 되고, 1871년 견외대사로 구미시찰, 귀국 후에는 정한론에 반대하고, 천황제 확립에 노력했다.

훈련 때, 앉고 서며, 찌르는 동작이 군대의 규율에 맞는다. 이것을 들으니 새로 교련을 하여 불과 4개월 밖에 안 되었다고 하는데, 이와 같이 능숙하게 되었다. 해군은 포를 실은 배 24척이 있다. 대개 해군은 영국의 제도를 사용하고, 육군은 프랑스의 제도를 사용한다"고 군제에 언급하고 경찰, 형법에도 미친다.

"경졸警卒이 있어, 속칭 순사라고 칭한다. 마을에 나누어 배치되어 관련된 자를 체포한다. 그러므로 사신이 지나갈 때, 잘 정돈되고 떠들지 않는다. 혹은 싸우는 자가 있으면, 바로 잡아서 법관에게 보낸다. 그 형법, 때리는 것을 소송으로 다스린다. 반드시 그 죄에 벌금을 부과하여, 중한 자는 붉은 옷을 입히고, 공적으로 일을 시키며, 그 범죄에 따라 연한이 길어진다. 요즈음은 그 때문에 죄를 범하는 자가 적고, 거의 옛날과 같다."

객관적인 기술이면서 군제, 경찰제도, 사법제도의 근대화의 이점을 설명하고 있다. 또 천황을 언급하며 "일본 왕, 오로지 부강에만 뜻을 두고 조금도 게으르지 않으며, 말 달리고 칼을 쓰는 일에 이르기까지 익숙하지 않은 것이 없다"고 하는데, 고종은 자신과 비교했을까.

고종은 김홍집에게 여러 질문을 하고 있다.

고종: 군(천황)은 대충하지 않았다고 하는데 과연 그러한가?
김홍집: 그 사람됨이 자못 영명한 것 같았습니다.
고종: 러시아, 도문강(圖們江)에서 바로 산동으로 향하려고 한다. 만일 일이 일어나면, 정말로 오래 끌지 못하는가?
김홍집: 그 사람들이 이렇게 말하고 있기에 청사(淸使)에게 물으니, 중국에 관한 일은 거의 마무리되었다고 합니다.
고종: 일본은 널리 각국 어학교를 세우고 그것을 관장한다는데, 그 규모는 과연 어떠한가?
김홍집: 신, 아직 가서 그것을 보지 못했지만, 각국의 언어에 대해, 모두 학교를 설치하여 학생들을 가르치고 있습니다.

고종: 우리나라의 역학과 같은가?

김홍집: 그렇습니다, 그 나라 관리의 자제를 모두 취학시키고 있습니다.

고종: 사람을 파견하여 외국어를 배우는 일을 사신이 조정에다 보고했는가?

김홍집: 이 일 대개 우리나라를 위해 행동을 해야 하며, 시행 여부는 다만 조정의 처분에 있고, 귀국 보고하면 응답하지 않을 수 없을 것입니다.

고종: 이 일은 비록 즉시 시행되지 못하더라도 귀국해서 보고하는 것이 좋겠다.

여하튼 김홍집의 복명은『조선책략』을 들여온 것과 얽혀 전국 유생의 맹렬한 반대를 초래하고, 국론은 비등하여 그는 신변의 위험을 느껴 한동안 언동을 조심할 정도였다. 그러나 조선의 근대적 개혁 문제에 관하여, 공식적이고 적극적인 행동을 취한 역사적 의의는 크다. 이후 구체적인 개혁안이 점진적이기는 해도 일정에 올라, 그도 중심인물의 한 사람으로서 관련을 맺게 되었다.

3. 박영효와『사화기략』

조선은 김홍집의 복명 후 2년간 대 격동을 체험했다. 정부는 관제의 근대적 개혁을 도모하고, 외교를 관장하는 통리기무아문統理機務衙門을 창설하여 군제도 5영을 2영으로 개편했다. 나아가 근대적 무기에 의한 별기군別技軍을 만들고, 일본군 소위 호리모토 레이조堀本禮造를 고용하여 훈련에 임하게 했다. 또 일본에는 신사유람단紳士遊覽團이라고 칭하는 대 시찰단62명을 보내, 제반의 제도·시설을 상세하게 조사시켰다. 청국에도 김윤식金允植을 영선사領選使로 60여 명의 유학생을 보내 신식무기나 화약·탄약 등의 제조법 등을 수습시켰다. 그리고 1882년에는 이홍장李鴻章의 주선으로 미국과 조약을 맺었다.

그러나『조선책략』의 내용과 그 후의 초보적인 근대적 개혁의 시도에 반대하는 유생들의 위정척사론은 전국에 충만했다. 영남경상도에서는 이퇴계의 자손, 이만손李晚孫을 소두로 하는 만인소萬人疏가 나오고, 각지에 퍼진 벌집을 건드린 것과 같은 소동이 일어난다. 국왕의 폐립을 노리는 이재선李載先 사건을 계기로 탄압을 받아, 수그러들게 되었다. 그러한 때 임오군란1882년 7월이 돌발한 것이다.

군제개혁으로 실직당할 위기에 놓인 군인들은 불량미 배급 건이 발단이 되어 폭동을 일으켰다. 대신 3명과 호리모토 소위 등 일본인을 죽이고, 일본 공사관을 습격했기 때문에 일본 측은 스스로 공사관에 불을 지르고 물러났다. 기회를 노리고 있던 대원군은 복권하여 1개월 정도 집권하지만, 청국군에 납치당해 청국에 보내지고 청국에 의해 군란은 진압되었다.

이 때 조선·일본 사이에 맺어진 것이 제물포조약이고, 50만 엔의 배상금, 일본 군대의 한성 주둔 등도 정해졌다. 사죄사를 일본에 파견한다는 항목도 있어, 이에 근거하여 1882년메이지 15 9월, 박영효 일행의 일본 방문이 이루어졌다. 이 사행에는 부사 김만식金晚植, 종사관 서광범徐光範 외에 민영익閔泳翊, 김옥균金玉均 등도 수행했고, 특히 김옥균, 서광범은 두 번째 방문이었다.

『사화기략使和記略』은 박영효朴泳孝가 이 때 기록한 것이다. 조선의 정치외교 자료로서도 중요한 의미를 갖지만, 조선의 개화파 인사의 일본관 형성에 커다란 영향을 끼친 일본 측의 대응도 흥미를 끈다. 사신에의 대응이 종래보다는 더욱 정중하게 되었다. 시모노세키下關에서 "민가에서 각기 국기를 단 것이, 언덕 위에 물결쳐서 밀려오는 파도가 홍일등처럼 환하게 빛이 나는 듯했다. … 10여 발의 축포 소리를 들었다. 두 나라의 강화를 축하하기 위한 것이었다"고 했다. 효고兵庫에서도 "두 나라가 화친하는 기쁨을 축하하기 위하여, 밤이 새도록 등불을 켜고 창 놀이[槍戲]를 베풀었는데, 남자와 여자가 몰려들어 매우 시끄러웠다"고 했다. 그러나 그는 경계심과 반성을 잊지 않았다. "지난번에 일본이 군대를 동원할 즈음에 검을 쓰는 무리들이 의병이라

일컫고는 하루도 되지 않아 모여든 것이 1만여 명에 이르렀다. 그들은 돈을 모으고 군량을 내어 한 번 싸우는 것을 영광으로 삼고 있었다. 일본 정부가 이를 허락하지 않은 까닭에 모두 마음에 불만을 품고 흩어져 가버렸다고 한다. 이 말을 들으니 마음이 섬뜩했다. 우리나라를 살펴보건대 백성의 기개가 유순하고 나약하여 일찍이 적개의 기풍이 있는 것을 볼 수가 없다. 매우 부끄러운 마음이 있을 뿐이다"고 있는 것이 그것이다.

일행은 도쿄에서 천황을 비롯하여 친왕, 대신 등 여러 인물과 만나고, 청, 영, 미, 네덜란드, 하와이, 이탈리아, 독일 공사의 방문을 받고 있다. 또 포병공창이나 조폐국, 육군사관학교, 연병, 공부工部대학교, 전신국, 전기기계창 등의 견학과 사창회射槍會, 도야마戶山경마장, 격검, 관국觀菊, 연회 등에도 초대받았는데, 이전 두 사신과 같이 거절하는 것이 거의 없었다. 노가쿠能樂[39])를 보고서는, "노가쿠란 것은 일본의 고조古調다. 집의 짜임새가 기이하고 교묘하게 빙 돌아 어울린 것을 이루 형용할 수가 없었다"고 감상을 말하고 있다.

요코스카橫須賀, 에노시마江ノ島, 가마쿠라鎌倉에도 가고, 아타미熱海에서는 후지야富山屋에 머무는데, "대개 온천이 바다로 들어가 바다물이 따뜻해지기 때문에 열해熱海란 명칭을 얻게 된 것이었다"고 했다. 이런 가운데 배상금 연한의 연기, 유학생의 배치, 조선에서의 첫 근대적 신문의 발간 준비 의논, 요코하마 쇼킨橫浜正金은행[40])으로부터의 차관과 배상금 제1차분의 납입 등의 실무적인 일도 병행하고 있었다.

---

39) 가면극의 일종. 가사·반주 음악·무용으로 구성되어 있다. 헤이안 시대 社寺의 제례에 봉사하는 사루가쿠(猿樂)와 민간에서 발전한 덴가쿠(田樂)를 원류로 하여 무로마치 시대에 완성되었다.
40) 무역금융을 목적으로 1880년에 설립된 은행으로 1887년 특수은행이 된다. 1931년 금본위제 이탈 후는 爲替統制의 중심기관. 1946년 보통은행으로 개조하여 東京은행으로 재발족되었다. 1996년부터 東京三菱은행으로 개칭했다.

하여간 박영효 사절단이 일본의 실정을 보고, 또 조이노우에 가오루, 요시다 기요나리(吉田淸成) 등, 야후쿠자와 유키치(福澤諭吉), 고토 쇼지로(後藤象二郎) 등의 사람들과 이야기하면서 가장 감명을 받은 것은, 일본이 유신으로 서구문명을 받아들이고, 자본주의의 길로 나아가면서 일대 부강국가를 향해 그것을 건설하고 있다는 사실이었다. 이것은 일찍부터 박규수朴珪壽・오경석吳慶錫・유대치劉大致 등의 개화사상을 계승하여, 조선에서의 자주적인 부르주아 개혁을 기도하고 있던 김옥균 등 개화파에게 마음 든든한 '모범'으로 받아들여져, 그 확신을 더욱 강하게 하는 것이 되었다.

4. 김옥균과 『갑신일록』

김옥균 등은 1884년메이지 17 12월 조선에서 처음으로 부르주아 혁명운동인 갑신정변을 일으켜 실패하고, 일본으로 망명한다. 망명 전, 김옥균은 3번 도일하는데, 3회 모두 조선의 근대화에 도움을 주기 위한 것으로, 최초는 시찰 여행, 두 번째는 박사절단의 수행, 세 번째는 일본에서 3백만 엔을 도입하기 위한 차관의 밀사였다. 그는 1년 가까운 차관 교섭이 일본 정부의 불신으로 수포로 돌아가자, 일본을 믿을 수 없다고 귀국하여 자주적인 개혁운동의 구체화에 착수한다.

그렇지만 우연히 청프전쟁에서 청국이 불리하다고 본 일본에 편승하여, 결국은 한성 주재 일본군을 왕궁 수비로 붙이기로 하고 정변을 일으켜, 일단 권력을 장악했다. 그러나 압도적인 청군의 개입으로 3일 천하로 끝나, 박영효, 서광범, 서재필 등과 함께 일본으로 망명했다.

그는 얼마 안 있어 유명한 『갑신일록甲申日錄』을 써서 일부 지우에게 보여, 이것이 몇 책인가 사본이 되어 전해지게 되었다. 이것은 제2차 방일에서 제3

차 방일에 걸친 경위와 갑신정변 전후의 움직임을 일기식으로 서술한 것이다. 일본에서는 몇 종류인가 부분 번역이 나오고 있어, 내용이 상당히 알려져 있다. 『갑신일록』에서의 그의 일본관은 메이지 정권 당사자에 대한 철저한 불신감으로 시종하고 있고, 그 때의 배신행위를 구체적으로 폭로해 가는 필치는 극히 신랄한 것이었다.

이 책이 조선의 부르주아 혁명의 견지에서 거대한 의의를 가진 것은 당연하더라도, 당시의 일본 위정자의 이른바 침략의 출구를 밝히고 있다는 점에서도 얻기 힘든 자료라고 할 수 있다. 그러나 이 책에 나타난 그의 일본관은 이상의 지적에 그치고 이후의 일본관을 신문 기타의 자료에 의해 몇 개 소개하고 싶다.

조선 정부는 김옥균이 망명한 후 자객 지운영池運永을 일본에 보낸다. 일본 정부는 이에 어떠한 항의를 하지 않을 뿐 아니라 도리어 김옥균을 국외로 퇴거 처분한다. 이즈음 김옥균은 국왕 고종에게 상주문을 발표하고, 이 가운데에서 일본에 대하여 "이홍장이 일본 정부와 약속하여 자객을 보내 신을 해치려고 모의하는데, 일본 정부는 이것을 방관하여 막지 않았을 뿐 아니라, 도리어 그 자객을 보호하려는 상황인 것은, 그 증거가 이미 명료하다고 말하는 자가 있지만, 신은 이것을 믿을 수는 없습니다. 왜냐하면 설령, 일본 정부로 하여금 먼저 조선의 일에 간섭한 것을 후회하고 신을 죽여 그 입을 막으려고 하는 뜻이 있다고 해도, 당당한 한 나라의 정부로서 이러한 어린아이 장난 같은 조약을 할리가 없을 것입니다. … 바야흐로 지금, 조선을 위해 도모하는 데 청국은 본래 믿을 바가 못 되고, 일본도 그렇습니다. … 일본은 지난 해 이래 무슨 생각인지 일시 열심히 우리나라의 국사에 간섭하더니, 한번 패한 뒤에 바로 그것을 버리고 돌보지 않는 것입니다. 또 믿기에 부족 합니다"라고 통렬하게 말한다. 일본 지배층에 대한 불신이 그의 일본관의 핵심을 이루고 있다.

이윽고 일본 정부는 김옥균을 개척한 지 얼마 안 되는 오가사와라小笠原島에 유배 보낸다. "날씨가 무척 덥다. 매일 모진 바람이 오기를 두 세 차례, 많은 비가 오면 곧 추워서 견딜 수 없던 것을 기억한다. 땀을 흘리며 기침을 하고, 갑자기 또 깊게 덮어서 옷을 겹쳐 입는다. 지병인 류마티스가 점점 더 심해진 다. 의약은 이것을 중한 병으로 여기지만 다만 명목만 있을 뿐 가축의 병을 고쳐 낫게 하는 것과 같은[어려운] 일이다.… 매일, 하늘은 새벽이 되면 곧 파리의 소리, 우레가 우는 소리 같고, 무리지어 날아 하늘을 덮는다. 기세가 매우 위험하다. … 다만 좋은 식사는 거북이다. 토착인, 날마다 바다에서 일하고 이것을 잡는다. 하루는 어떤 사람이 한 마리를 지고 와서 그것을 사라 고 요청한다. 이것을 보면 그 큰 것이 원반대 같고, 등의 문양은 태양에 반사해 서 아름다운 빛을 발한다, 눈을 크게 해서 나를 응시한다. 살려달라고 호소하 는 것 같다."

김옥균은 오가사와라 섬에서 2년을 지낸다. 그에게는 일본 정부에 대한 울분과 섬사람과의 소박하고 마음이 훈훈한 교류가 뒤섞인 나날이었다. 일 본 정부는 김옥균의 전지 요양의 청을 들어주는 형태로 혹서의 땅에서 이번에 는 혹한의 홋카이도로 옮긴다.

김옥균의 홋카이도에서의 주거는 삿뽀로札幌에 있는 지금의 홋카이도北海道 대학 구내였다. 그가 병을 치료하기 위해 두 번째로 상경했을 때 기자에게 홋카이도 관에 대해 질문을 받는다. "러시아와 같은 대국이 있어 항상 급급하 여 틈을 엿보고 있는 것이 아닌가. 러시아는 시베리아 등에 식민지를 두고 도모하는 곳이 있다고 해도, 식료가 크게 부족하고 항상 지나로부터 곡식류 를 수입한다고 한다. 이때에 정부에서는 홋카이도 개척에 주목하여, 우선 보리류를 경작하고, 5억만 평에서 수확할 수 있는 것을 오다루小樽로부터 직접 시베리아로 수출해서 돈을 일본에 들여온다. 또 홋카이도로 하여금 충분한 강세를 갖는 지역을 만들면, 지금부터 얼마 지나지 않아 홋카이도는 일본이 위급할 때 중간 역할을 하게 될 것이다."

김옥균은 홋카이도를 당시 일본인 지식인의 대표적 견해인 국방 하나만으로는 보고 있지 않았다는 것이 재미있다. 후에 김옥균은 자객에게 유인되어 상하이에서 암살된다. '친구' 와타나베 하지메渡邊元는 김옥균의 일본관과 그의 죽음에 관해 다음과 같은 이야기를 남기고 있다.

> 김옥균이 상해에서 횡사한 것은 자신을 위해서나 일본을 위해서 차라리 잘 된 일이라고 생각한다. 왜냐하면 그의 조선에 대한 이상은 그곳을 중립지로 하여 동양의 공원으로 하고 싶었던 것이었다. 일본이 강하게 나오면 러시아로 달리고, 러시아가 강하게 나오면 일본에게 의지하는 식으로 러·일 양국을 조정해서 조선의 독립을 유지하는 외에 방법이 없다고 생각하고 있었던 것 같다. … 그러므로 상해의 흉변이 없었다면, 다른 날 혹은 일본인의 손에 의해 죽었을지도 모른다 (『김옥균』, 민우사 판).

김옥균에게 러시아에 의존할 생각이 있었는지 없었는지는 확실하지 않지만, 다른 날 일본인에게 살해되었을지도 모른다고 본 것은 일종의 탁견일 것이다. 그것도 여러 종류의 자료는 이 암살사건이 조·청·일 삼국의 암묵의 공모라는 것을 증거하고 있다. 특히 일본 지배층은 암살 계획을 2개월 전에 명확하게 파악하면서 모르는 체 하여, 자객의 손에 맡긴 책임은 크다.

메이지 최초의 수신사 김기수는 후일 중앙에 돌아가, 참판까지 되었다. 김홍집은 갑오년1894·메이지 27 영의정이 되어 근대적 개혁에 임하지만, 일본의 개입으로 친일파로 간주되어 민중에게 참살 당한다. 박영효는 일본의 '한국병합' 때, 침략자 일본에게 후작을 받고, 변절자·매국노의 길을 걷고, 1939년 병사했다.

  메이지기의 일본관 형성에 영향을 미친 조선 사신의 최후는 각각의 시기의
민족의 운명을 극적으로 상징하고 있었다고 해야 할 것이다.

1장 위정척사론자의 일본관

1. 기정진, 이항로의 서양관

조선인의 일본관이 새로운 기원을 열게 되는 것은 근대에 들어서부터고, 특히 조선은 일본의 무력에 의해 강제로 개항 당하게 된 사정이 있다.

개항 전후의 조선과 일본의 관계는 앞 장의 「메이지 시대·조선 사신들의 일본관」에서 약간 다루고 있기 때문에 중복은 피한다. 조선인의 일본관이라는 면에서 보면, 앞 장에서 조선 사신들의 일본관은 주로 개화파를 대표하는 인물들의 일본관이었다.

그러나 이 장에서는 개화파의 대극을 이루는 위정척사파의 사람들과 일본의 침략 자세가 현저하게 됨에 따라, 민족 자위적 경계심을 높인 사람들의 일본관을 주로 소개할 예정이다.

1875년메이지8 일본 군함 운요호가 조선 연안에 대한 불법 측량 등으로 도발한 군사 충돌은 막말, 유신 이래의 정한파인 기도 다카요시木戸孝允[1]와 사이고 다카모리조차 일본에게 잘못이 있다고 인식하지 않을 수 없는 것이었다. 정한파로 정권에서 물러난 사이고 등과 본질은 다르지 않은 '비정한'파의 오쿠보大久保 정권은 이 사건을 구실로 군사력을 배경으로 조선에 개항을 강요한 것이다. 그리고 이듬해 2월, 강화도조약이 맺어진다.

이 전후, 조선 국내에서는 조약 체결에 의한 개항과 일본이나 열강과의

---

1) 1833~77, 조슈의 번사. 요시다 쇼인(吉田松陰)에게 배웠다. 사이고 다카모리·오쿠보 도시미치 등과 사초 연합을 맺고, 토막운동에 활약했다. 유신 후는 참여·참의가 되고, 版籍奉還(1869년 제(諸) 번주가 토지와 인민을 반상(返上)한 개혁)·폐번치현 등에 진력했다.

대외교린 관계를 거부하는 대응과 그런 한편으로 조약 체결과 개항을 어쩔 수 없다고 생각해, 오히려 자주적으로 유럽의 선진자본주의 문화를 받아들이자고 하는 대응이 생겼다.

전자를 위정척사파, 후자를 개화파라고 한다. 이 양자의 사상적 대립은 그 때 그 때의 복잡한 정치적 상황을 넣고 짜면서 오랫동안 조선의 운명을 계속해서 흔들었다.

강화도조약과 개항 그것에 반대하는 위정척사파 유학자들의 공격의 창끝은 물론, 일본을 향한 것이다.

위정척사의 위정衛正이란 정, 즉 정학을 지킨다고 하는 것이다. 여기서 말하는 정학이란 공자·맹자·정자의 학을 주회가 대성시킨 이른바 주자학을 말한다. 본래 위정척사파란 유학 이외에 일체의 학론을 사학邪學, 이단으로 배척하는 것이다. 조선왕조는 이 주자학을 유일 절대의 정학으로 삼아 견지해 왔다. 조금 멀리 거슬러 올라가 보면, 이 위정척사론이 대외 문제와 연결되어 조선 지배층의 문제가 되는 것은, 병자호란1636~7에서 인조가 청의 태종에게 항복해 신하의 예를 취하게 되는 사태가 되었을 때다. 명에서 본다면 청은 주변 민족에서 일어난 이적夷狄이다. 조선에서 본 명은 한민족의 지배 국가였을 뿐 아니라, 유학의 본류를 지키고 있는 나라이고, 히데요시군의 침략 때에는 구원의 대군을 보내 구해준 큰 은혜가 있는 이웃 나라이기도 하다. 조선에는 명은 중화로서 존숭하기에 충분한 대국가이고, 스스로는 공·맹·정·주의 가르침을 준수하는 소중화小中華라는 자부가 있었다. 따라서 중국에서 명에서 청으로 왕조 교대가 있어도, 이적인 청을 존경할 생각은 없고, 하물며 이적에게 항복했다는 굴욕감이 있다.

청을 위정척사의 견지에서 이적시하는 관점은 청의 침략에 굴복한 사건을 병자호란이라고 부르고 있는 것에도 나타나고 있다. 호란의 호는 '에비스ㅗ ㄷ

ㅈ'로 북방계의 민족을 말한다. 청에 신하의 예를 취하고 있던 시기에도 역사적 호칭에서는 청을 호라고 위치지운 사실은 어느 의미에서는 민족성의 만만치 않음이기도 하지만, 확고한 화이사상華夷思想의 입장에서 내가 정正을 지키는 존재라는 것을 계속해서 천명했다는 점에서도 특필할만한 것이다.

19세기에 들어서 유럽 열강의 군함 등이 조선에 접근하고, 침입이 빈번하게 된다. 그들은 통상을 요구할 뿐만 아니라, 감히 불법으로 연안을 측량하는 행위도 하게 되었다.

영국은 1840년 청국에 아편전쟁을 일으키고, 1842년 남경南京조약에서 홍콩을 할양받고 5개 항구를 열게 하여, 아시아에서 첫째가는 대국을 반 식민지화 시켰다. 이렇게 서구자본주의는 힘으로 아시아의 여러 지역을 식민지로 취해가면서 조선, 일본에 밀어닥쳐, 일본도 1850년대 미국에게 「화친조약」, 「통상조약」을 강요당했다. 이 정도로 '서세동점'의 물결은 격렬하게 조선의 연안을 쓸고 있었던 것이다. 특히 1866년이라는 해는 조선의 유럽과의 관련이라는 점에서 중요한 해다.

1866년에는 미국의 무장 상선 제너럴셔먼호가 대동강을 거슬러 올라가 대포를 쏴 주민을 살상하여 조선 관민의 분노를 사고, 불 공격을 받아 격침을 당했다. 또한 프랑스 극동함대가 최초는 군함 3척, 다음은 7척으로 두 번에 걸쳐 조선을 공격하기도 했다.

프랑스함대의 공격은 조선에 잠입하고 있던 프랑스 선교사 12명 중의 9명과 많은 조선인 교도를 처형한 것에 발단된 것이다.

프랑스군은 물치도勿淄島와 강화도를 점령하고 한강을 거슬러 한성을 침공하려고 했으나 관민의 거국적인 반격을 만나 큰 손해를 입고 퇴거한다. 이것을 병인양요丙寅洋擾라고 부른다.

이 시기, 위정척사의 입장에서 개항 및 양교洋教에 반대하는 유학자의 상소자 중에 기정진奇正鎭, 1798~1876, 이항로1792~1868의 양 대가가 있었다. 이항로의 제자로 나중에 의병장이 되는 유인석柳麟錫, 1842~1915은 위정척사의 명확한 세계관과 관련하여 다음과 같이 규정한다.

천하의 커다란 시비·분별은 세 가지가 있는데, 첫째는 화(華)와 이(夷)의 구분이고, 둘째는 왕(도)와 패覇(도)의 구분, 셋째는 정학과 이단의 구분이다(「소의신편(昭義新編)」).

기정진은 1866년의 프랑스 함대에 의한 병인양요 때 상소문을 올린다. 상소문의 내용은, 외교법, 연병법練兵法, 외적제압법 등의 여러 방면에 걸쳐 있다. 그는 대외인식과 서양관과 관련하여 다음과 같이 말한다.

"이 오랑캐(여기서는 프랑스를 가리키지만, 아마도 유럽 일반의 학교[學敎]를 가리킨다)는 즉 천지간에 비상한 요기(妖氣)로, 천지와 일월을 속이고 강상(綱常, 삼강오상, 즉 사람이 밟아야 할 큰 길)과 윤리를 멸망시키며, 어리석은 백성을 유혹하여 그들의 음욕(淫慾)을 채웁니다. 계책을 쓰고 뜻을 얻어 온 천하가 그들의 손아귀에 들어갔습니다.

조금 청결한 곳은 홀로 조선의 한 조각 강토뿐입니다. 저 교활한 야만인의 생각은 이것을 가지고 눈엣가시로 삼았습니다. 저들이 백방으로 방법을 모색하여 반드시 우리와 통상하려는 것이 어찌 다른 까닭이 있겠습니까.

저 깊은 욕망은 우리 국가를 식민지로 만들려고 하는 것입니다. 우리나라의 자원을 창고로 만들려는 것이며, 우리 바른 문화를 노예화하고, 우리 미녀들을 엽색하려는 것이며, 우리 백성을 금수로 만들려는 것입니다(『노사집[蘆沙集]』 권3).

기정진의 생각으로는 서양의 오랑캐와 교통하면, 머지않아 우리 백성은 금수화 된다는 것이다. 서양은 금수라는 도식은 이 시기의 위정척사론자의 일반적 이해였다. 이 기본적인 대외인식에서는 같은 병인양요 때에 상소한 이항로도 다르지 않다.

이항로는 그 학식을 인정받아 승정원承政院 동부승지同副承旨에 등용되어, 목하 시세에 따른 대책을 임금에게 올렸다. 프랑스의 침략에 대해서는 화를 배척하고 싸움을 주로 해야 하는 기본에 근거하여 국왕 자신이 먼저 외적에 대하여 확고한 태도를 취해야 한다는 통렬한 말을 올리고 있다. 이 상소문에 서 이항로의 유럽 인식과 관련하는 것은 다음 부분이다.

오늘날의 국론은 교제해야 한다는 설과 싸워야 한다는 두 가지 설이 서로 다투고 있다. 서양 적과 싸우자는 것이 우리나라의 입장에 선 사람의 말이고, 서양 적과 강화하자는 것이 적의 입장에 선 사람의 말입니다. 앞의 말을 따르면 나라 안에 전해 내려 온 문물제도(요·순 등의 성천자가 행한 의상[衣裳] 정치, 즉 군주의 인덕에 의한 정치)를 보전할 수 있지만 뒤의 말을 따르면 인류가 금수와 같은 지경에 빠지게 될 것이니, 이는 커다란 분별입니다(중략).

대신을 삼가 믿어 체통(체면 또는 제도)을 높이고, 삼사(홍문관, 사헌부, 사간 원) 이외에 언로(군주 및 정부에 대한 언론의 장)를 넓게 열고, 장군을 뽑고 무비 (武備)를 수리하되 인망을 지닌 사람들을 최대한 등용해야 합니다. 조선 팔도 안에서 각각 본도의 가장 인망이 높은 한 사람을 골라, 호소사(의병 소집관)로 삼아 그에게 가령 권위를 부여하고, 높이는 뜻을 나타내어 영화로운 작록이 그의 부관(호소사의 보좌역)들에게까지 미치도록 해야 합니다.
그로(호소사 및 부관) 하여금 충의와 기절(氣節)을 지닌 사람들을 모아서, 의병 으로 삼아 관군과 서로 응원하도록 하고, 적이 오면 적의 칼날을 꺾고 적의 모욕 을 막아내어 왕실을 호위하도록 하고, 적이 가면 인류를 닦고 밝혀 사교(邪敎)를 잠재우고, 전화위복의 계기를 또한 이에서 얻을 수 있을 것입니다.

이항로도 서양 적과 화친하면 금수의 영역에 들어가는 것이라고 하여, 적이 물러난 뒤에도 유교의 방식을 취하고, 사람이 밟아야 하는 길을 닦고, 사교를 물리친다고 하는 것이다. 대유大儒 이항로도 서양은 곧 금수라고 보고 있다.

조선 정부는 이 병인양요와 셔먼호 사건에 대한 보복을 목적으로 미 함대가 강화도를 공격한 것을 격퇴한 신미양요를 기회로 한성을 비롯하여 많은 도시에 척화비를 세우고, 유럽열강의 침략을 배격한다는 점에서 국민의 의사 통일을 도모했다.

척화비에는 "양이가 침범했을 때 싸우지 않으면 화친이 된다. 화를 주로 하는 것은 나라를 파는 것이 된다"고 새겨져 있다. 이 때 마침 국왕 고종의 아버지 대원군정권 시대다. 대원군의 쇄국양이책은 당시의 강대국 프랑스와 미국의 함대를 격퇴한 실적과 증거에 의해, 확고한 전 국민의 것이 되어갔다. 이 철저한 양이정책의 사상적 배경이 앞의 기정진, 이항로를 비롯한 전국 유림의 위정척사론에 있다는 것은 용이하게 보고 알 수 있을 것이다.

2. 최익현의 일본관

1875년메이지8 9월의 군함 운요호에 의한 강화도 사건의 도발과 이듬해 1876년의 구로다 기요다카, 이노우에 가오루, 정부正副 양 전권이 군함을 이끌고 한 문자 그대로의 포함砲艦외교는 군사적 위협을 배경으로 한 개항조약 체결 요구로, 조선의 조정과 민간은 그 시비를 둘러싸고 크게 들끓었다.

이 때, 최익현崔益鉉, 1833~1906은 조약 반대운동의 선두에 서서 행동하고 있었다. 최익현은 이항로의 제자다. 스승 이항로는 위정척사파의 입장에서 서양 오랑캐 프랑스를 규탄했다. 최익현은 스승과 같은 입장에 서서 일본과의 조약에 반대하여, 대원군 실각 후의 민씨 정권과 대결한다.

그는 도끼를 지고서 조약을 반대하는 유자 50명을 이끌고 궁궐 앞에 엎드려,

상소문을 올렸다. 이 상소문이 유명한 「지부복궐척화의소持斧伏闕斥和議疏」[2]다. 부는 상소 주지가 받아들여지지 않으면 도끼로 목을 쳐달라고 하는 의미다. 결국, 조선 봉건정부는 일본의 무력을 두려워하여, 강화도조약을 체결하고, 마지못해 개항에 응하고, 최익현은 흑산도로 유배되었다.

　이때의 상소문에는 최익현은 물론 전국 유림의 위정척사에서의 일본관이 응결되어 있다고 생각한다.

> 엎드려 삼가 아룁니다. 선정(선대의 현인) 문열공 신 조헌(趙憲)이 상소한 일로써 길주(吉州)로 귀양을 가는데, 영동역(嶺東驛)에서 왜인들의 사단이 크게 우려되는 것이 있음을 듣고 다시 피끓는 소를 진달(陳達)했습니다.

　상소문의 머리 부분이다. 최익현은 상소문의 맨 처음에 조헌의 고사를 인용하여, 말하려는 주제를 선명한 형태로 던진다. 조헌은 조선시대의 학자다. 과거에 급제 후, 몇 개의 관직을 역임하지만 도요토미 히데요시가 사자 겐소玄蘇를 조선에 보냈을 때, 조헌은 상소한 겐소를 벨 것을 제기했다.[3] 얼마 안 있어 일본군의 침략이 시작되자, 조헌은 의병을 조직하여, 일본 침략군과 크게 싸우게 된다. 그리고 드디어 침략군의 대군과 만나서, 부하 700명과 함께 장렬히 전사하게 된다. 그는 고경명高敬命, 김천일金千鎰, 곽재우郭再祐 등과 함께 임진 4충신의 하나로 손꼽히는 인물로 민족의 사표가 되는 존재다. 최익현은 일본과의 조약에 반대하는 상소문의 머리에, 조헌의 고사를 가지고 온 것이다.

2) 도끼를 가지고 궁궐에 엎드려 화의를 배척하는 상소.
3) 1591년 조선에 온 겐소 등이 명나라를 치기 위해 길을 빌리자고 청하여 조선침략의 속셈을 드러냈다. 이 때 조헌은 겐소의 목을 베라는 상소를 올린 것을 말한다.

이 상소문의 주지는 일본의 침략성을 역사적 관점에서 군사·경제·문화·사상·심리의 각 측면에서 분석하고 강조하여, 조약체결을 거부하도록 요구한 것이다.

그가 이 조약에 반대한 이유는 다섯 가지인데, 당시 그의 일본관을 알아보기 위해, 관련 부분을 가능한 한 원문에 따라 번역해 본다.

신은 삼가 듣건대, 강화가 저들(일본)의 애걸에서 나왔다면, 강함이 우리에게 있어서, 우리가 저들을 제압할 수 있으니, 그러한 강화는 믿을 수 있습니다. 강화가 우리의 약점을 보여서 나왔다면 이는 주도권이 저들에게 있어서, 그들이 도리어 우리를 제압할 것이니, 그런 강화는 믿을 수가 없습니다. 신은 감히 이번의 강화가 저들의 애걸에서 나온 것인지, 아니면 우리가 약점을 보여서 나온 것인지 모르겠습니다. 우리가 안일하게 지내느라 방비가 없고, 두렵고 겁이 나서 강화를 청하면, 목전에 닥친 일을 우선 종식시키려는 계책을 세우는 것입니다. 이것을 사람들이 모두 보고 있으니, 비록 속이려고 하지만 될 수 없습니다. 저들은 방비가 없고 약점을 보이는 실지를 알고 있는데 우리와 강화를 맺는다면, 향후에 한없는 욕심을 무엇으로 채워 주겠습니까? 우리의 물건은 한계가 있지만 저들의 요구는 이미 끝이 없습니다. 그들의 뜻에 한 번이라도 부응하지 못하면 사나운 노기가 뒤따르며, 우리를 침략하며 유린할 것입니다. 이것은 우리가 앞에 세웠던 공로를 모두 버리게 될 것입니다. 이는 강화가 난리를 부르고 우리를 망하게 하는 까닭이 되는 첫 번째 이유입니다.

일단 강화를 맺으면 적들이 욕심내는 것은 물화(物貨)를 교역하는 데에 있습니다. 저들의 물화는 모두 지나치게 사치하고 특이한 노리개이니(송상도[宋相燾]의 『기려수필(騎驢隨筆)』에서는 최익현의 이 항목에서 음사기완[淫邪奇玩]이라고 했다), 손에서 생산되어 한이 없습니다. 우리의 물화는 모두 백성들의 땅에서 생산되니, 한계가 있습니다. 한계가 있는 진액(津液, 피와 땀)과 고유(膏腴, 비옥한 땅의 산물)는 백성들의 생명이 달린 것을 갖고서 한없이 사치하고 기괴한 노리개와 바꾸니, 마음을 좀먹고 풍속을 해치는 것인데, 1년만에 반드시 거만(巨萬)으로써 헤아리게 될 것입니다. 그러면 수년 후에는 동토(조선) 수

천리에 황량한 땅과 쓰러진 집들이 있게 되니, 다시 지탱하여 보존하지 못할 것입니다. 나라는 반드시 뒤따라 멸망하게 될 것입니다. 이는 강화가 난리를 부르고 우리를 망하게 하는 까닭이 되는 두 번째 이유입니다.

저들이 비록 왜인의 이름을 칭탁했으나 실은 양적(洋賊)입니다. 강화가 한 번 이루어지면 사학(邪學)의 서책과 천주의 상이 교역하는 속에 뒤섞여 들어오게 될 것입니다. 조금 지나면 선교사와 신자가 전수를 받아 온 나라에 가득할 것입니다. 포도청에서 기찰하여 체포하고 처벌하려 한다면, 저들(일본)이 사납게 노하고 게다가 강화한 지난 맹세가 허사로 돌아갈 것입니다.

이것을 내버려 두고 불문에 부치게 되면 조금 지나서는 집집마다 사학을 하고 사람마다 사학을 하게 됩니다. 아들은 아비를 아비로 여기지 않고 신하는 인군을 인군으로 여기지 않게 됩니다. 그러면 의상(衣裳, 황제[黃帝], 요, 순의 덕치를 말함)은 시궁창에 빠지고 인류는 변하여 금수가 될 것입니다.

이는 강화가 난리를 부르고 우리를 망하게 하는 까닭의 세 번째 이유입니다. 강화가 이루어진 뒤에는 저들은 육지로 내려와 서로 교역하고 왕래하기를 바라고, 혹은 집을 짓고 강토에서 살려고 할 것인데, 우리가 이미 강화했으므로 거절할 도리가 없습니다. 거절할 수 없어서 내버려 두면 재물이나 비단과 부녀들의 양탈(攘奪), 약탈을 하고 싶은 대로 할 것입니다. 누가 그들이 하고자 하는 바를 막을 수 있겠습니까. 또한 저들은 사람의 얼굴을 하고 있는 짐승으로, 조금만 뜻에 맞지 않으면 사람을 죽이거나 잡아 넘기는 데 기탄이 없습니다. 열부(烈婦)나 효자가 애통스러워 하늘에 호소하며 복수해 주기를 구하지만, 위에 있는 사람들은 강화를 깨뜨릴까 두려워 감히 송사를 처리하지 못할 것입니다. 이와 같은 따위는 온종일 말하여도 모두 열거할 수 없습니다. 사람의 도리가 땅에 떨어져 백성들이 하루도 살아가지 못할 것입니다. 이는 강화가 난리를 부르고 우리를 망하게 하는 까닭의 네 번째 이유입니다.

함부로 이 강화를 주창하는 사람들이 걸핏하면 병자호란(인조 때의 청의 침략) 때의 남한산성 일(여기서 말하는 남한산성이란 인조가 이 성에 난을 피하여, 45일 만에 항복한 것을 가리킴)을 끌어다가 말하기를, "병자년에 강화한 뒤에 피차가 서로 좋게 지내어 삼천리 조선의 강토가 오늘에 이르도록 반석 같은 안정을 보존했으니, 오늘날 그들(일본)과 강화를 맺어 우호하는 것이 어찌 유독

옳지 않다고 하는가" 하는데, 신은 이들의 말이 아동들의 소견과 다름이 없다고
여깁니다.

병자년의 강화는 크게 의리를 해친 것입니다. 그러므로 덕과 예의를 아는 사람
은 천지 사이에 설 수가 없었습니다. 이러므로 문정공 김상헌(金尙憲)과 충정공
홍익한(洪翼漢, 김상헌은 인조 때, 청의 국서를 찢고 강화에 반대. 홍익한은 청제
앞에서 연행되어도 무릎을 굽히지 않아 살해당했다) 등이 배척을 주창하여,
여러 번 죽는다 해도 고치지 않았습니다. 그러나 청나라 사람들의 뜻은 중국의
황제가 되어 사해(四海)를 무마(撫摩)하는 데에 있었기 때문에 오히려 대략이라
도 중국의 맹주들을 모방하고 인의에 근사한 짓을 가장했습니다. 이는 다만
이적일 뿐입니다. 그러므로 도리가 어떠함은 물을 것이 없고, 작은 것으로 큰
것을 섬기기만 하면, 피(청)차(조선)가 모두 사이가 좋아져서 지금까지 왔습니
다. 비록 그들의 뜻에 맞지 않는 것이 있더라도, 관대하게 받아들이는 아량이
있어 침해하거나 학대하는 염려가 없었습니다. 그런데 저 적(일본)들로 말하
면, 재화와 여색만 알고 다시 조금도 사람의 도리를 분별하는 일이 없습니다.
진실로 금수일 뿐입니다. 사람과 금수가 강화를 맺어 우호를 이루어 같이 떼
지어 있으면서 근심과 염려가 없기를 보장한다는 것을, 신은 무슨 말인지 알
수 없습니다.

이는 강화가 난리를 부르고 우리를 망하게 하는 까닭이 되는 다섯 번째 이유입니
다.(『면암선생문집[勉菴先生文集]』卷之三)

　최익현의 상소문은 또 계속된다. 그렇지만 그의 상소문에 일관하는 것은,
화이사상에 기본을 둔 위정척사론의 자기 및 자민족, 정치제도, 풍속의 우위
성에의 절대적 확신일 것이다. 말할 것도 없이 최익현은 보수성이 강한 인물
이다. 어느 의미에서 그의 '완고 고루'함을 비웃는 것은 쉬운 일이다. 그러나
일본에 관한 문제에서 그가 열거한 다섯 가지 문제점을 비웃기란 어려울 것이
다. 그 후의 역사는 기독교 관련 부분에서는 고려의 여지를 남긴 것이지만,
그가 지적한 것이 거의가 맞았기 때문이다. 일본은 먼저, 일이 있을 때마다

군사적 압박을 강요해 왔다. 다음에 교역 등의 경제적 측면에서는 부등가 교환이나 보다 이하의 약탈행위를 하여, 부당한 수탈을 탐냈다. 아름다운 조선의 부녀를 약탈한다는 지적은 '위안부'로서 10만 명 이상을 연행한 사실 만으로 충분할 것이다. 마지막에 청과의 비교에서, 청은 이적이고 일본은 금수이므로 평화는 유지할 수 없다고 하는 문제는, 금수 운운은 별문제로 하더라도, 평화를 유지하기는커녕, 군사적 위협에 의해 나라 그 자체를 빼앗아 버리고 말았다는 사실이 있지 않는가.

또 일본을 금수라고 부른 문제에 대해서도 일본 자신이 일찍이 그것도 그리 멀지 않은 시기, 미국과 영국을 '귀축미영鬼畜米英'이라고 부른 적이 있다. '축'은 짐승이고, '귀'는 인간을 먹는다. 따라서 일본인이 금수라고 불려 화내거나, 그 견식이 없음을 비웃거나 할 자격이 있는지 없는지는 의논의 여지가 없을 것이다.

최익현은 이 상소문에서 다음과 같이 말한다.

> 옛날의 왜인들은 이웃 나라였으나 지금의 왜인들은 구적(寇賊)입니다. 이웃
> 나라와는 강화할 수 있지만 구적과는 강화할 수 없습니다. 왜가 구적임을 과연
> 무엇으로 진실로 알 수 있는가 하면, 그 양적의 앞잡이가 된 것을 가지고 입니다.

여기서 말하는 '옛날의 왜'라는 것은 에도 시대의 일본을 가리키는 것이다. 그 교린국 일본이 조선을 침략하는 적이 되었기 때문에 조약을 거부하라고 한다. 적이 된 이유는 양적의 앞잡이가 되었기 때문이라고 한다.

이런 의미에서는 일본 자신을 반드시 능동적인 침략자로 파악하고 있지 않은 것이라고 할 수 있지만, '양적의 앞잡이'란 일면, 제대로 된 파악이기도 하다.

조약 교섭의 전권부사 이노우에 가오루는 일본을 출발할 때, 주일 미국공사 빙엄J. A. Bingham에게, 미국인 테일러가 쓴『페리의 일본원정소사ペリ-の日本遠征小史』를 받았다. 이것은 빙엄이 페리가 무력적 위협을 배경으로 일본에게 불평등조약을 강요한 실례를 인용해 조선을 침략하는 외교적 수법을 전수한 것이다. 또 프랑스, 미국의 군사 공격으로 이루지 못한 조선의 개항과 굴복을 일본을 대리인으로 내세워 숙망을 이룬 것이기도 했다.

최익현은 이러한 사정을 전부 알지 못했지만 일본이 한 '양적의 앞잡이' 역할을 간파하는 예리한 눈을 가지고 있었다.

3. 이만손, 홍재학, 송병선의 일본관

강화도조약 체결 이후의 위정척사파에서 나온 상소문은 드물게는 서양에 관한 것도 있는데, 주로 일본의 침략을 규탄한 것이다.

1880년 7월, 김홍집이 제2차 수신사로 일본에 파견되어, 조약 개정과 관세 개정 등을 일본에 제기하는데 일본 측은 가볍게 받아 넘겼다. 김홍집 일행은 일본 관계자나 주일청국공사 등과 접촉하여, 일본의 사정뿐만 아니라, 세계 정세의 대략을 널리 견문하고 귀국한다. 이때의 그의 일본관은 앞장에서 소개했다. 그는 주일청국공사관의 참찬관 황준헌이 쓴『사의조선책략私擬朝鮮策略』을 국왕 고종에게 헌상했다. 이 소책자의 요점은 앞에도 소개했지만, 러시아의 조선 침략의 위험성을 지적하고, 이것을 막기 위해서는 "중국과 친하고, 일본과 결탁하며, 미국과 연합하여, 자강을 도모할 뿐"이라는 부분에 있었다.

그러나 황준헌의『조선책략』은 전국 유림의 맹렬한 반대를 받았다. 특히 이 소책자를 가져온 김홍집에 대한 비난은 처참했다. 그래서 위정척사의

입장에서의 상소가 계속 이어지게 된다. 여기서는 먼저 대표적인「영남만인
소嶺南萬人疏」의 내용을 보자.

만인소의 소두疏頭는 대유 이황李滉의 직계 자손인 이만손李萬孫이다. 영남은
소백산맥 중의 조령, 추풍령, 죽령의 남쪽에 위치하는 지역을 말하는 것으로,
경상도를 가리킨다. 이 지역의 많은 유자들이 이만손을 선두에 세워 상소한
것이다.

"엎드려 생각건대 신들은 모두 영남의 소원한 백성의 종적으로"로 시작하
는 이 글은 "수신사 김홍집이 받아 가지고 온 황준헌의『사의조선책략』이라
는 한 책이 세상에 유전한 것을 보니, 깨닫지 못하는 사이에 머리털이 쭈뼛해
지고 담이 떨리며 이어서 통곡하여 눈물이 흐릅니다"고 하여, 조선이 예부터
요, 순, 주공, 공자, 정자, 주자 등의 가르침을 지켜왔기 때문에 유지하고 있는
것이고, 이것과 어긋나는 것, 예를 들면 '야소사교耶蘇邪敎'와 같이 "바다 밖의
오랑캐 종족에서 나온" 것을, 받아들이면 "바로 금수"라고 했다. 그리고 "병인
년1866 심도沁都, 강화도의 변고는 저프랑스 스스로 목숨을 바쳤고, 우리가 계획을
세우고 하늘이 벌을 내려 크게 토벌하시매, 여러 추악한 무리들이 놀라서
달아났습니다. 이미 밝은 일성日星이 아직 어둡지 않은데, 이로부터 10년이
못 되어 흉악하고 추한 말이 많이 퍼졌습니다"라고 했다.

그 위에, "신등, 또 이른바 조선책략에 대해서, 조목에 따라 분별하겠습니
다"고 하여, 8개조에 걸쳐 이것을 논한 것이다. 여기서는 일본관에 관한 부분
을 중심으로 보기로 한다.

"조선책략은 그 말에 이르기를 오늘날 조선의 급선무는 러시아를 막는 것
이다. 러시아를 막는 계책은 중국과 화친하고 일본과 결탁하여 미국과 연합
하는 것보다 먼저 할 것이 없다고 했습니다.

중국은 우리가 신하로 섬겨 온 나라입니다. 해마다 요동을 거쳐 비단을

보내고 신의를 삼가 지키고 번국의 직을 따른 것이 거의 200년이나 되었는데, 하루아침에 황이라 하고 짐朕이라는 두 존귀의 칭호를 사양하지 않고 받으며, 그런 사람을 용납하고 그런 글을 받아 두었다가, 만일 중국이 이것을 잡고 힐문하여 꾸짖고 책한다면 국왕 전하께서 어떻게 해명할 수가 있겠습니까. 이것이 이해利害가 명백한 하나입니다.

일본은 우리가 견제하고 있는 나라입니다. 삼포4)의 지난 일이나, 임진왜란 때의 숙원이 아직 풀리지 않고 있습니다. 또 일본은 관문과 요새의 험하고 평탄함을 이미 익숙히 알고 있으며, 우리나라의 수륙의 요충지를 저들이 이미 점거하고 있습니다. 일본인은 우리와 같은 종족이 아니므로 반드시 다른 마음을 갖고 있을 것입니다. 다른 날 일본과 조선이 목적하는 바가 다른 것입니다. 그때 일본이 조선을 반드시 공격할 것입니다. 만에 하나라도 우리나라의 대비가 없음을 엿보고 제멋대로 쳐들어온다면 장차 어떻게 저지할 수 있겠습니까. 이것이, 그 이해가 명백한 둘입니다.”

이하 세 번째는 미국의 일이다. “미국은 우리가 평소 잘 모르는 바입니다”, 갑자기 와서 “만에 하나 우리나라가 비었음을 엿보고”있다면 어떻게 할 것인가.

네 번째는 러시아인데, 본래 러시아와 우리나라는 “혐의가 없”는 것이다. 그런데 “먼 나라는 사귀고 가까운 나라를 치는 것은 조처가 전도된” 것이다. 그렇다면 거꾸로 “이것을 구실삼아 틈을 만들어 전쟁의 단서가 이어지는” 일도 있지 않겠는가고 말한다.

또 다섯째는 “러시아와 미국과 일본은 똑같은 한 오랑캐라서 그 사이에 후하고 박한 차이를 두기가 어렵다”고 한다.

---

4) 삼포왜란. 조선왕조 중종 5(1510)년 제포, 부산포, 염포에 거류하는 일본인이 대거 난을 일으켜, 조선군에게 진압된 사건.

여섯째는 세계에는 미국이나 일본과 같은 나라는 헤아릴 수 없을 정도로 많을 것이다. 만일 "제각각 흉내 내어 땅을 청하고 재화를 청하는 것을 일본이 했던 것과 같이 한다면" 장차 어떻게 막을 수가 있겠는가 라고 한다.

일곱째는 "오랑캐의 종족은 본래 성질이 욕심이 많은 것은 지금이나 옛날이나 같고 남도 북도 같다." 만일, 앞뒤로 합세하여 우리나라에서 어부지리를 도모한다면 어떻게 할 것인가.

여덟째는 이 일조선책략의 전래이 있은 이래, "민심, 이미 어지럽고 나라의 형세는 이미 깎이게"된 상황이고, 일본도 외국도 우리나라를 엿보고 있다. 국왕전하여, 왜 이렇게 백해무익한 일을 하려는 것입니까 라고 말하고 있다.

그리고 『조선책략』을 지은 "저 황준헌이라는 자는 자칭 중국 태생이라고 하면서 일본의 유세객이 되어 예수를 선한 신이라 하여 난적亂賊의 효시가 되니, 금수와 같은 과에 들어간다"고 깎아내린 것이다. 또 이 책을 가져온 김홍집의 처분을 요구한다. 이 시기 이후, 개화파 및 정부의 점진적 개화정책은 일본과의 관련에서 이해되어, 보수적 유림층과 광범한 농민층을 주체로 하는 민중에게 반감과 반발의 대상으로 오랫동안 계속해서 배척을 받아온 것이다.

그러나 당시의 민씨 정권은 도리어, 이만손과 강진규姜晉奎, 상소문의 원작자를 먼 섬에 처분해 버린다. 그러나 이만손 등의 「영남만인소」에서도, 위정척사파 선인들의 서양 오랑캐는 곧 금수, 왜의 서양화 즉 금수화라는 서양관, 일본관은 변함없이 계승되고 있는 것을 알 수 있다.

이 외에, 이 시기 많은 유학자의 상소가 이어진다. 그중에서도 홍재학洪在鶴의 상소문은 민씨 정권 내부의 사학기독교을 용인하는 자를 언급하고, 아울러 국왕을 규탄했다고 하여 참형에 처해졌다.

김홍집이 황준헌의 『조선책략』을 가지고 들어온 것은 1880년의 일이다.

이듬해 신사년은 이른바 공전의 상소가 쇄도하여, 이만손, 홍재학 등도 그 하나였다. 본래 위정척사론에서 나온 상소문과 반대로 개화파로부터의 상소문도 있지만, 척사파의 상소가 압도적으로 많다. 그 때문에 국왕 고종은 강화도조약 교섭 때에는 왜를 제어한다, 서양을 물리친다고 하지만, 일본과 서양이 일체가 되어 있다는 확실한 증거는 없고, 만일 일체라고 해도 응변의 방도는 있다는 강경한 태도였다. 그러나 1881년의 신사 상소 때는 견딜 수 없게 되어 국왕윤음을 발표하여 척사의 태도를 명확하게 하고, 유림의 진정화를 기도한 것이다. 그래도 척사상소는 그치지 않았다.

홍재학은 본보기로 삼기 위해 참형에 처했다고 생각된다. 홍재학의 상소는 옛 성왕, 옛 성현의 가르침을 따라야 한다는 종래의 설을 답습해가면서도 "근년 이래 사교邪敎의 설이 제멋대로 묘당에서 이루어져, 이로써 짐승의 발자국, 새의 발자국을 이루고, 나라 안에 횡행하여 흉교凶敎와 이언異言이 도하都下에 낭자하니, 선조의 종묘사직, 삼성의 성덕, 대업이 신하에게 좌우되어 실권이 없어져 위험하게 되었다"고 한다. 또 이 장문의 상소문에는 「미부尾附」라는 부록이 있어서, 이제까지 위정척사의 입장에서 상소한 사람들의 이름을 들어, 이들의 상소 주지가 올바름을 언급하여, "전하, 친히 만기를 총람하신 이후, 하루라도 척사 위정의 정치가 있었는가. 사학의 당은 일찍이 어느 때나 현실의 문제를 따르고, 이것을 준비하고 정략을 세우나 그것을 해결할 수 없었다. 이렇게 교서의 사책史册을 보이면, 천하, 후세 과연 전하를 어떠한 군주로 보겠는가"라고 실로 파고든 대신이나 국왕의 비판이라고 말하기 보다는 규탄을 하고 있다. 이 때문에 홍재학은 잡혀서, 서소문 밖에서 '능지처참'을 당한다. '능지'란 고대의 극형으로, 산채로 목을 떼어내고, 사지를 자르고, 동체를 칼로 토막 내는 형벌로, 조선에서 이 형벌은 아직 살아 있었다. 상소문 중에 홍재학은 하나부사 공사의 일을 '일본이 양洋'이라고 말하고 있다. 즉 일본은 서양 오랑캐와 등질화한 사설邪說의 무리라는 파악이다. 또, 「미부」에서 "옛날 화호할 때 과연 일본이 황제를 거짓으로 칭하여 우리에게 무례를 가한 적이 있으며"라고 하고, "지금 교린은 조종祖宗의 땅을 베어서 주고 백성의 고혈을 빨게 하는"것이라고 말한다. 그의 대일관은 조금도 흔들리지 않고 있다.

지금, 이 시기의 척사 상소문을 하나 소개하고 싶은데, 이 상소문은 세상에 그다지 알려져 있지 않았다. 당시, 일본인에 의한 재 부산항 상법회의소가 순간旬刊으로 발행하고 있던 『조선신보』 제9호메이지 15(1882)년 4월 15일자에 「산림 송병선 상소山林宋秉璇上疏」라는 제목으로 3회로 나누어 그 전문을 싣고 있다. 이것에 의하면 송병선은 충청도 회덕현에 거주하고, 관직은 이조참의다.

처음에, "왜와 화의를 물리치고, 사교를 끊는다. 신, 은근히 말하기를 교린은 나라를 유지하는 중요한 일, 그러므로 지금의 이른바 이웃은 융적戎狄, 西戎北狄의 약칭이다"라고 한다. 여기서는 일본을 융적으로 취급한다. 그리고 그와 교린해서는 안 되는 이유를 다음과 같이 말한다.

> 신, 시험 삼아 그들의 뜻이 무엇인지를 물으니, 모름지기 이와 같다. 하나는 서양인의 접근을 이끈다. 하나는 서양인 같이 해변이나 항구의 얕고 깊음, 나라의 허실, 산천의 험이를 알기를 바라고, 이로써 그 계획을 이룬다. 이상하고 음란한 무용지물을 가지고 우리의 통화, 곡물의 좋은 것을 다 가져갈 것이다.

지면 관계상, 이 시기의 상소문 중의 서양관, 일본관의 소개는 이것으로 마친다. 그러나 돌이켜 말하려는 내용을 검토해 보면, 유생들의 반발은 시세에 어둡고, 세계적 조류, 당시의 정치 상황을 미세하게 파악하지 못한 측면은 있지만, 본질적으로는 민족적인 위기의식에서 나온 애국적인 것이다. 이 높은 민족적 위기의식은 참으로 자주적인 개화사상이나 그 운동과 연결될 때, 누구도 멈추게 할 수 없는 커다란 에너지로 전화할 수 있는 것이었다.

이 양자의 결합을 모색하고 실현할 수 없었던 것이 조선에게는 불행이었다는 것을 역사는 가르쳐주고 있다.

2장 동학도의 일본관

1. 동학의 사상 '인내천'

청일전쟁의 직접적 계기를 만든 것은 1894년, 즉 갑오년에 일어난 갑오농민 전쟁이다. 당시 일본에서는 이것을 동학당의 난이라고 부르고 있었다. 동학 이라는 종교를 믿는 단체가 우매한 농민을 선동하여 일으킨 쟁란이라는 정도 의 이해다.

그렇지만 일본인의 동학에 대한 이해는 일본 지배층의 조선 간섭 여부에 따라, 크게 둘로 나뉘는 '국익' 우선의 형편주의를 드러내고 있다.

1894년메이지 27 전반기까지는 여러 신문의 동학당 기사는 '군기 엄정', 또는 '대오 정정隊伍整整'『국민신문』 6월 21일자 등으로 써서, 대략 호의적이다.

핫도리 데쓰服部徹(圖南)의 『소설 - 동학당』메이지27년 3월 17일, 岡島寶文館 刊과 같은 것은, 그 「자서」에서 "동학당은 조선의 혁명당이다. 존양파다. 진푸렌神風連5) 이다. 분화갱이다. 폭열탄이다"라고 써서, 암살 직전기의 김옥균과 연결하 여, 동학당은 개화주의자, 진보주의자로까지 치켜세우는 것이다. 그러던 것이 청일전쟁이 일어난 후 9월 하순에는 동학당을 폭도『국민신문』 9월 27일자로 불러, 여러 신문도 이 시기 이후 폭도로 부르는 것으로 일관한다.

동학이란 경상도 경주인, 최제우崔濟愚가 창시한 가르침이다. 오지영吳知泳 의 『동학사』가지무라(梶村秀樹) 역주, 평범사 동양문고본에 의하면, 서학에 대항하는 의 도에서 나온 것이라고 한다. 가르침의 내용은 유·불·도를 합일화한 것으로 이해하면 그리 크게 잘못된 것이 아니다.

5) 1876년 10월 24일 존왕양이를 주장하는 구마모토 불평사족의 반란인 敬神黨의 난을 말함.

동학의 가르침에는 교의에 관한 것과 이른바 정치에 관한 것의 두 가지 요소가 있는 것으로 생각된다.

예를 들면 '시천교侍天敎'란 인간 자체 가운데 신이 존재한다는 것이고, '조화'란 아무 것도 하지 않고 변화노자의 사상하는 것으로, 이것은 전자에 속한다. '광제창생廣濟蒼生, 포덕천하布德天下'나, '보국안민輔國安民'이라는 것은 후자에 속하는 것이다. 그러나 나중에 제3세 교주 손병희는 동학의 중심사상을 한마디로 잘라 '인내천'이라고 했다.

'인내천'이란 당시의 봉건체제라는 조건 아래, 엄격한 계급지배가 이루어지던 조선에서, 사람은 모두 태어나면서 평등하다는 평등사상을 완전히 무권리 상태에 있는 사람들 가운데 가지고 들어가는 것이 되고, 이것은 정말로 혁명적인 사상이고 가르침이다.

이 '인내천'은 후쿠자와 유키치福澤諭吉가, "하늘은 사람 위에 사람을 만들지 않고, 사람 밑에 사람을 만들지 않았다"고 써서, 많은 일본인의 눈을 뜨게 한 것과 비교가 되지 않는 거대한 충격을 주었다고 생각한다.

이 시기 왕실·양반 귀족들의 봉건지배의 부패는 극도에 달해, 해체 과정에 있던 왕조 봉건권력은 정말로 붕괴직전의 양상을 드러내고 있었다. 처참한 가렴주구와 수탈은 대다수 빈농의 생활기반을 잃게 하고 생산력 발전의 싹은 여지없이 빼앗겼다. 구조적이라고 할 수 있는 거듭되는 학정은 계급모순의 격화를 초래하여, 당연히 민란을 야기했다. 민란은 각지에서 일어났다. 세상은 민란의 시대다.

거기에 '사람이 곧 하늘' 이라는 동학의 가르침이 널리 펴져갔다. 그러므로 봉건지배층은 동학도의 움직임에 예민할 수 밖에 없었다. 단지 유학이 아닌 이단의 학을 단속하는 것만이 아니라, 왕조 권력에 칼을 향하는 용서할 수 없는 반역으로 철저하게 탄압책으로 임한 것이다.

동학의 가르침은 경상도, 전라도, 충청도에서 퍼져, 최제우를 따르는 자가 수만 명이라고 한다. 왕조 정부는 사람을 경주에 파견하여, 왕명으로 최제우를 체포하고, 대구 감영에 보내, 이듬해 1864년 3월, 참형에 처했다. 죄명은 '혹세무민惑世誣民'이었다.

2. 보은집회에서의 '척왜양창의'

동학의 2대 교조는 최시형崔時亨이 되었다. 포교는 관헌의 눈을 피해 은밀하게 계속되어, 함경도를 제외한 조선 전도에 발자취를 남기고, 문도門徒가 수만 명에 달했다고 한다. 교세는 매년 확장되어, 지방 관헌과의 알력도 눈에 띄게 되었다. 탐학적인 지방 관리는 동학을 나라에서 금하고 있다는 것을 들어 서학의 여파로 지목했다. 그리하여 함부로 양민을 동학도라고 혐의를 씌워 사로잡고, 금전이나 재산을 빼앗아, 결국에는 그 몸에 형을 가해 상처를 내죽게 하는 일도 자주 있었다.

동학도 사이에서 동학 합법화를 요구하는 목소리가 높아지는 것은 당연하여, 여기서 교조 최제우의 신원억울하게 죽은 것을 풀어달라는운동이 부상하게 된다.

동학 기록에 의하면 이 교조신원운동과 관련해서는 이른바 삼례집회1892년, 전라도 삼례역에 수천 명이 모였다. 경복궁의 광화문 앞에서의 '복합상소'1893년에는 대표 40명이 삼일 밤, 통곡 애원했다. 그리고 보은집회1893년, 충청도 보은군에 수만 명 참집가 개최되는데, 이 보은집회에서 '척왜양창의斥倭洋倡義'일본과 유럽열강을 물리쳐, 의를 부르짖는다가 중심 슬로건으로서 제기된 것이다. '창의'란 의병을 호소하는 것이다.

교조신원에서 왜 '척왜양'인가 하는 문제에 대해서 생각해 보고 싶다.

삼례집회에서 교조신원을 충청도 감사조병식(趙秉式), 전라도 감사이경직(李耕

植)에게 호소하지만, 양 관찰사監司는 모두 중앙에 속하는 것으로 자신의 권한 밖이라고 거부했다. 왕성 앞에서 '복합상소'도 시도했지만, 왕명으로 마치 후일 들어주겠다는 것처럼 하여, 결국 한성에서 퇴거당했을 뿐 상소주지는 무시당했다.

보은에서의 「척왜양창의」제기는 ① 보다 강대한 신원운동을 일으킬 것을 결의했지만, 교조신원 요구만의 대규모 운동으로는 정부 권력의 강력한 탄압을 초래할 수밖에 없었다. 그래서 「척왜양창의」를 주창하여 관이나 지방 유력 양반층의 움직임을 미연에 막는다는 예방 조치로서의 의미일 것이다. ② 이 슬로건에는 사람들 사이에 있는 반일의식에 호소하고 아울러 동학 운동에 많은 사람들의 동조를 얻을 수 있다는 통찰력도 있었다고 생각한다. ③ 머지않아 반일의병운동을 일으키자는 적지 않게 무시할 수 없는 현실감을 가진 동학도의 의견이 반영된 것으로 보인다.

보은집회에서의 '창의'문을 관통하는 대일인식에 관한 부분은 다음과 같다.

인사의 어려움이 세 가지 있다. 절의를 세우고, 충성을 다하여, 나라를 위해 죽는 것이 신하의 어려움이다. 힘을 다하고 정성으로 효도하여 어버이를 섬기다가 죽는 것은 자식의 어려움이다. 정절을 지키고, 열녀를 본받아, 남편을 따라 죽는 것은 아내의 어려움이다. 살고 죽는 것은 사람의 떳떳한 도리다. 일이 있고, 일이 없는 것은 때가 정한 것이다.

라고 첫머리에 충효의 의를 설명하고 나서 본론에 들어간다.

지금 왜양의 적이 심복에까지 들어와 있으니, 어지러움이 극도에 이르렀다. 진실로 오늘의 한성의 형편을 보면, 오랑캐의 소굴과 같다. 가만히 임진년의 원수와 병인년의 치욕을 생각한다. 어찌 차마 말할 수 있으며, 어찌 차마 잊을 수 있으리오. 지금 우리 동방 삼천리 지역은 모두 짐승의 발자국이 되었다. 오백년의 종묘사직은 폐허가 되기에 이르렀다.

인의예지와 효제충신이 지금 어디에 있는가. 하물며 왜적은 도리어 회한의 마음을 두어 화의 씨를 품고, 방금 그 독을 펴려 하매 위태로움이 조석에 있으나, 관은 이것을 편안하게 본다. 지금 형편이 마치 불더미 위에 앉은 것과 무엇이 다르랴. (중략) 저들동학도 몇 만 명이 죽기로써 힘을 같이 하여 왜양을 소탕하고 나라에 크게 보답하는 의리를 다하고자 한다.

이 '척왜양창의'를 가지고 관민 누구나 동조하지 않을 수 없는 전통적 반일 감정에 호소하여, 교조신원, 동학포교의 공인을 끌어내려고 하는 것이었다는 견해도 성립한다. 그러나 문제는 메이지 이래의 조선침략정책이 반일의 저류가 있는 곳에 군사적·경제적으로 현저하게 되어, 광범한 사람들에게 그 위험성을 실감시키고 있던 것과 밀접하게 연결되고 있는 것이다. 어찌되었든 동학운동은 교조신원을 넘어 전 민중을 끌어넣는 일대 정치운동으로 내셔널리즘을 고양시키는 일대 민족운동으로 모습을 바꾼 것이다.

3. 전봉준의 일본관(갑오농민전쟁기)

1894년 2월, 전라도 고부군에서 일어난 농민들의 반란은 이제까지 각지에서 일어났던 민란과 크게 다르지 않은 그 지방에 국한된 민란으로 생각했다. 그러나 이 고부민란이야말로 조선, 청, 일본의 동아시아 삼국을 격동시킨 갑오농민전쟁의 출발점이었다.

고부군수 조병갑趙秉甲의 가렴주구에 발단된 지방에서 일어난 농민들의 민란이 조선왕조 오백년의 봉건 정부의 토대를 흔들게 된다. 이렇게 된 배경에는 오랫동안 누적된 봉건양반지배의 학정에 대한 농민들의 반발이 가장 크다. 이 민란의 중핵이 된 동학도에게는 교조 참형을 비롯한 동학교단에의 거듭되는 탄압, 이에 대한 반항의식도 강한 토대가 되었다. 고부민란의 전파는 동학이라는 강고한 종교조직이 매체가 되어 광범하게 퍼진 점과 반란의 지도자로 교단 조직 내에서는 지위가 낮은 지방 말단 조직의 간부에 지나지 않는 전봉준全琫準이라는 뛰어난 인물을 얻은 것에 있을 것이다.

앞에 나온 『동학사』에 의하면 전봉준의 아버지 전창혁全彰赫은 이전, 조병갑 군수의 세미稅米 재 징수에 반대하는 농민 수만 명을 대표하여 올린 상소장의 대표자가 되었을 때, 잡혀서 고부의 옥사에 감금되어 옥중에서 장형杖刑으로 받은 상처 때문에 죽었다. 그러한 아버지를 둔 전봉준이 갑오농민전쟁의 지도자로 이 중대 국면에서 등장한 것이다.

고부군에서 민란이 일어난 직접적 계기는 수리세水利稅의 부당징수 때문이다. 군수 조병갑은 관개시설을 농민의 부역으로 고치면서도 농민들에게 높은 수리세를 부과하여, 개인의 배를 채웠다. 그 외에도 잡다한 명목으로 세를 거둔다. 전봉준은 농사를 짓는 한편 자제 교육에도 관계하는 서당 교사로서 이웃 사람들에게 두터운 신뢰를 얻고 있었다.

그런 그가 동학의 동지들과 결기한다. 1894년 2월 중의 일이다. 농민군은 순식간에 고부의 읍성을 포위하여 이곳을 함락시켰다. 군수 조병갑은 허둥지둥 도망하고 관리 병졸은 항복했다.

농민군은 악질관리 수명의 목을 쳤다. 그리고 군기고를 열고, 총 등의 무기를 확보하여, 총이 없는 자에게는 죽창을 들게 했다. 3일 후에 점호하자, 무려 8000명의 농민이 각 부대의 통솔 아래에 있었다. 여기서 군의 재편성이 이루어져, 중의에 따라 전봉준이 대장이 되었다. 이 사이에도 농민군의 수는 많아졌다. 이렇게 절대적인 존재로 생각하고 있던 봉건정부에게 직접, 대결하는 농민군의 대 집결이 이루어져, 조선 근대 사상, 민중 스스로가 역사적 대변혁을 수행하는 당사자로서 그 거대한 모습을 드러낸 것이다.

지금 이 농민전쟁을 상세하게 설명할 여유는 없다. 여기서는 전봉준의 대일관에 과녁을 맞추어 그와 그에게 지도받은 농민군의 대일 인식을 보기로 하자.

봉건정부는 고부에서의 사태에 놀라 이용태李容泰를 안핵사로 임명했다. 안핵사란 임시 관직으로, 지방에 사건이 발생하면, 그 경위를 조사하기 위해 파견된다. 그런데 이 인물은 처음부터 농민에게 잘못이 있다고 하여 (유무를 말하게 하지 않는) 강경책을 가지고 대했다.

이제까지 고부의 백산白山에 집결한 농민군은 전봉준을 총대장으로 손화중孫化中, 김개남金開南을 총관령으로 해서 관군과 정면에서 싸웠다.

이 때 전봉준은 호남창의소를 설치하여, 3인의 이름으로 창의문을 발표하고, 이어서 거병명의擧兵名義 4개조를 발표했다.

1. 不殺人, 不殺物
사람을 죽이지 말고, 물건을 손상시키지 말라
2. 忠孝雙全, 濟世安民
충효를 다하여 세상을 구제하고 백성을 편안하게 하라
3. 逐滅倭夷, 澄淸聖道
일본 오랑캐를 쫓아 없애고, 왕의 정치를 깨끗이 하라
4. 驅兵入京, 盡滅權貴
군대를 몰고 서울로 들어가 권세가와 양반귀족을 모두 없애라

이 4개조에 동학 거병의 대의명분이 법률 3개조6)처럼 요약되어 있다. 그 중에서도 축멸왜이逐滅倭夷와 진멸권귀盡滅權貴는 민족적 모순과 계급적 모순

---

6) 한나라 고조가 진을 망하게 했을 때, 진의 엄격한 법을 폐지해서 공포한 것으로, 살인죄는 사형, 상해와 훔치는 것을 처벌한 것.

의 해결을 가리킨 것으로 반봉건·반침략이라는 농민군의 투쟁목표를 명확한 형태로 나타냈다.

즉 전봉준은 이 때, 반권력 투쟁과 반일 침략투쟁을 결합시켜 사람들에게 호소하고, 농민군 역시 이것을 신조로 싸워나간 것이다.

농민군과 정부군은 여러 번 싸웠는데, 그때마다 농민군이 승리하여, 5월 31일에는 드디어 전라도에서 가장 중요지인 전주성을 함락시켰다. 전주는 국왕 이씨의 본관지이기도 하다.

봉건정부는 자력으로 대처할 능력을 잃고, 농민군 진압을 위해 청국에게 청국군의 '차병借兵'을 요청하게 된다.

지난해부터의 동학도의 움직임을 지켜보던 일본 정부는 청군 출병 사태를 예상하고 일찍부터 군사동원 태세를 준비하고 있었다. 6월 2일, 한성 주재 스기무라 후카시杉村濬 대리공사로부터 청군 '차병' 요청의 보고를 듣고 바로 출병을 결정하여, 청군을 훨씬 상회하는 대군을 조선에 보낸다. 일본은 조선 확보를 위해 어떻게 해서든 청국을 도발하여 전쟁을 일으키려고 했던 것이다. 일본은 이때의 조선 출병의 법적 근거를 1882년의 제물포조약과 1885년의 텐진조약에서 구했는데, 쌍방 모두 부당한 출병이다. 어느 쪽이나 조선에게는 불청객이다.

6월 10일, 농민군과 봉건 정부는 12개조로 이루어진 전주화약을 맺었다. 이것은 농민군의 반봉건적 여러 요구인 폐정개혁안을 정부가 전면적으로 받아들여 사태를 끝맺은 것이다. 이 개혁안 12조는 10년 전의 갑신정변 때의 「정강」과 함께 조선의 근대화에 있어 커다란 의의를 가진다. 제1차 갑오농민전쟁은 여기에 집결한 것이다. 주목할 만한 것은 이 개혁안 12조 중의 10조 "왜와 내통하는 자는 엄벌에 처한다"는 것이다.

농민 측은 개혁 12조를 집행하기 위한 '집강소執綱所'를 전라도에 53곳을 세웠다. 이 지방에는 농민군과 정부 권력의 이른바 이중 권력 상태의 자치제가 유지되지만, 조선 정부는 무엇보다도 전주화약의 성립으로 민란은 진압되었다고 하여 청일 양군에게 철수를 요구한다. 민란이 수습되었다면 외국군 주류의 구실은 완전히 없어지기 때문이다.

그러나 일본은 새로이 조선의 '내정개혁' 요구라는 구실을 만들어 군대 철수 요구를 거부했다.

또 조선이 청국의 속방이 되어 있다는 이른바 '종속' 문제를 제기하여, 무리인 것을 알면서 어찌되었든 청일전쟁으로 끌고 갈 생각이었다.

일본은 청에게 전쟁을 도발하여 드디어 8월 1일 선전포고를 한다. 그 9일 전인 7월 23일 불법적으로 경복궁을 군사 점령하여, 국왕 고종을 포로삼고, 필사로 항전하고 있던 왕궁수비대에게 국왕 명령으로 저항을 그만두게 했다. 그리고 부패했지만 반일적 성격을 가진 민씨 정권을 근대적 개혁을 지향하고 있었지만 친일적 성격을 가진 김홍집 정권으로 바꾸었다. 국왕을 중심으로 하는 정치권력기구는 압도적인 일본군의 병력 앞에 커다란 제약을 받게 된 것이다.

전봉준은 전주화약의 성립으로 농민군 참가자를 귀농시키고 있었다. 그러나 일본군의 왕궁 점령과 국왕의 포로 상태, 그리고 민족주권, 국가주권이 크게 손상되어 있는 것을 알고 2차 봉기에 나서게 된다.

이때의 전봉준의 대일관은 그가 「양호창의영수兩湖倡義領袖」 명의로 충청도 관찰사에게 보낸 「호서순상湖西巡相에게 보내는 고시문」『전봉준상서』에 수록에 분명하게 기록되었다. 즉 양호란 호남과 호서를 가리킨다.

양호창의영수 전봉준, 삼가 백배하고, 호서순상에게 글을 보낸다. 천지간에
사람은 기강이 있어서 만물의 영장이라고 일컫는 것이니, 식언하고 마음을 속

이는 자는 사람의 한 가지로 논할 수 없다. 장차 나라의 어려움과 근심이 있는데 어찌 감히 외식과 내유로써 천하 백일 아래 목숨을 가지고 숨을 쉴 수 있단 말인가? 일본 침략자들이 험담을 만들고 군대를 움직여, 우리 군부를 핍박하고 우리 민중을 근심케 하니, 어찌 말을 참을 수 있겠는가?

옛날 임진란에 오랑캐가 침략하여, 궐묘(闕廟, 왕궁)를 불태우고 군·친을 욕보게 하고 백성을 죽였다. 신하와 백성들 모두가 분하게 여겨 아주 오랜 세월동안 잊을 수 없는 한이다. 초야에 있는 필부와 몽매한 어린애까지도 답답한 울분을 풀지 못하고 있다. 하물며 합하(閤下, 각하)의 녹봉과 충공은 평민 소부보다 몇 배나 더 하지 않겠는가? 오늘날의 조정 대신은 망령되이 보신만을 도모하여, 위로는 군부를 협박하고, 아래로는 백성을 속인다. 동쪽 오랑캐일본에게 마음을 걸고 남민(南民)에게 원한을 이루고 친병(親兵)을 함부로 움직여 선왕의 적자를 해치고자 한다. 참으로 무슨 뜻이며, 무엇을 하려는 것인가?(이하 생략)

전봉준의 2차 봉기의 의미와 그의 대일관이 명확한 만큼 이 상서를 받은 쪽도 상당히 괴로운 생각을 했다고 생각한다.

2차 갑오농민전쟁은 1894년 가을에 시작된다. 전봉준은 나중에 체포되어 일본군에 의해 한성으로 압송되고 재판을 받게 되었다. "왜 다시 병사를 일으킨 것인가"라는 질문에 대해서 "일본군이 병사를 이끌고 한성으로 들어가 야반에 왕궁을 습격"했기 때문이다. "분개함을 견딜 수 없어 의병을 규합하여 일본인과 접전"「전봉준공초全琫準供草」하려고 한 것이라고 답했다.

일본군의 왕궁 불법점령에 반발한 '의려義旅'가 거병 동기라면 정말로 나중에 수차례 걸쳐 일어난 장대한 의병운동과 연동하는 선구적, 혹은 전기적 형태의 의병투쟁이다.

슬로건도 제1차에서는 정부 권력에 반대하는 반봉건 투쟁과 일본의 침략에 반대하는 반침략 투쟁이었지만, 제2차의 경우는 확실히 '척왜', 왜를 물리친다고 하는 일본의 침략에 반대하는 반침략 투쟁에 목표를 정하고 있다.

이 시기 일본은 청의 준비 부족을 타고 연전연승하여 이미 청일전쟁의 대세는 결정되고 있었다. 그래서 일본군은 경군京軍, 정부군과 연합한 형태를 취하고, 그 주력을 농민군 공격에 돌렸던 것이다. 각 거점에서의 농민군수는 1천 5백에서 1만 명 정도로, 『동학사』에 총 수십만이라고 기술하고 있다. 물론, 총대장은 전봉준이다.

농민군은 몇 전투에서 승리하여, 12월 초 충청도 공주에서 일본군·정부군과의 대격전이 이루어지는데, 일본군의 근대 병기 때문에 패하게 된다.

전봉준은 이후 12월 28일 전라도 순창에서 체포되고 이듬해 1월 2일, 일본군이 한성으로 압송하여, 5차례의 '심문' 끝에, 4월 24일 다른 동지와 함께 교수형에 처해졌다.

전봉준을 지도자로 하고 동학도를 중심으로 하는 갑오농민전쟁은 여러 조건과 제약성 때문에 패하기는 했어도 조선의 역사에서는 실로 거대한 의의를 가진 싸움이었다.

하나는 종래의 농민봉기와 비교되지 않는 참으로 미증유의 규모의 크기가 있고 봉건 권력의 토대를 흔들었다.

다음으로 반봉건, 반침략의 깃발 아래 계급투쟁과 민족투쟁을 처음으로 결합시켰다. 나아가 민족운동과 내셔널리즘 고양의 바탕을 만들었다. 거기에 집강소 설치와 운영은 민중의 자치 능력이 확실함을 나타냈다. 그리고 이 농민전쟁은 망국기의 저 장대한 반일의병운동의 출발점이 되었다.

일본은 이러한 역사적 의의를 가진 조선 민중의 사회적·정치적 변혁의 자발적인 목적의식적인 운동과 흐름을 군사력으로 압살한 것이다.

여기서 전봉준이 체포된 후의 일본관을 살펴보자.

그는 일본군에 의해 한성으로 압송되어, 일본공사관에 유치되었는데, 일본공사의 심문에 한마디도 답변하지 않았다. 그는 일본의 관할 아래에 있는 공사관 안에서 무언부답이라는 행위로 일본관을 표명한 것이다.

그의 신병은 부득이 법무아문에 인도되어, 권설權設재판소라는 고등재판소에 해당하는 곳에서 5차례의 심문을 받게 된다.

이 심문에는 법무대신 서광범 등의 참가는 물론이지만, 일본영사 우치다 사다쓰치內田定槌도 참가하고 있다. 마치 당시 상하이에서 청국이 외국인과 하고 있던 회심아문會審衙門, 立合재판소과 같은 형식을 흉내 내고 있었다.

제1회 심문이 상당히 진행되었을 때, 우치다가 제2차 기병의 이유를 물었다. 전봉준의 답변은 "그 후 들으니 귀국이 개화를 칭하고 처음부터 일언반구도 없이 민간에 전포하여, 격서도 없이 군대를 이끌고 도성에 들어가, 야반에 왕궁을 격파하고 왕을 경동시키려고 했다. 그러므로 초야의 농민들은 충군애국의 마음에서 강개에 견디지 못하고 의병을 규합하여 일본인과 접전하고 이 사실을 1차, 힐문하려고 했다"라고 하는 것이다. 또 제2회 심문 때, "재차 기병을 행하려고 하느냐"라고 묻자, "궁궐을 침범한 이유를 힐문하려고 한다"라고 답했다. 이어서 "그렇다면 일본병과 각국인으로 한성에 머무는 자를 모두 구축하려고 하느냐"라는 물음에 "그렇지 않다. 각국인은 다만 통상일 뿐이다. 일본인은 곧 군대를 이끌고 한성에 주류했다. 그러므로 우리나라의 영토를 침략하는 것이라고 의심하는 것이다"라고 답했다.

이상에서 갑오농민전쟁의 지도자 전봉준의 일본관은 그 개인의 일본관에 머물지 않고, 또 농민전쟁 참가자만이 아니라, 정부 측에 몸을 두고 있던 인물을 포함하여, 거의 전 국민의 일본관이었던 것을 알 수 있을 것이다.

3장 을사보호조약 체결기의 일본관

1. 제1기 반일의병투쟁기와 독립협회 활동기

조선 근대사에서 일본 문제로 인해 크게 격렬하게 일어나는 것은 1905년 11월 을사보호조약 체결 때와 이후의 제2기부터 시작하는 반일의병투쟁기다.

그렇지만 그 전 단계에 위치하는 1895년 10월 명성황후 암살사건과 계속되는 단발령의 강행에 반발한 제1기 반일의병투쟁과 1896년 4월 발간된 「독립신문」, 6월 조직된 독립협회 활동기의 일본관도 뺄 수는 없지만, 여기에서는 이 시기의 일본관만 잠시 언급하겠다.

전봉준의 체포와 사형으로 제2차 갑오농민전쟁은 종결되지만, 1895년 10월 8일의 미우라 고로三浦吾樓 일본공사에 의한 명성황후 암살사건과 같은 해 11월의 김홍집 내각에 의한 단발령의 강행은 다시금 조선 민중의 일본 비판을 강하게 하여, 일본에 대한 의병투쟁을 일으키게 했다. 의병은 충청도, 강원도, 경상도, 전라도 등의 각지에서 일어났다. 의병장은 대략 해당 지방의 유력 학자로, 어느 쪽이나 위정척사사상의 실천자였다. 이 시기부터 평민 출신의 의병장도 출현하고 있다. 그리고 의병 참가자는 일반대중인 것은 물론인데, "불량배 몇 천 명 혹은 몇 백 명이 무리를 이루고, 모두 의병이라고 칭했다. 심지어는 동학의 비도匪徒로 활동하는 사람들 중에 안면을 바꾸어 의병을 따르는 사람들이 절반이 되었다"「매천야록」 권지2, 건양원년 병신고 되어 있는 것처럼 갑오농민전쟁에 참가해서 유병화流兵化된 농민군 출신자도 이시기 이른바 제1기 의병투쟁에 순조롭게 이행하여 결집하고 있었다.

의병은 각지의 군수나 관찰사를 처단하고, 원래 관병과 싸우지만 일본군과도 싸웠다. 김윤식은 "들으니 충주에 주둔하는 일본병이 비도匪徒의 전선을 끊고, 일본인을 해치는 것을 가지고 충주의 비도의 성에 있는 자를 공격하여, 셀 수 없이 포살한다. 비도의 나머지 무리는 제천으로 향했다"고, 『속음청사 續陰晴史』에 기술하고 있다. 동시에 그는 각지에 의병이 많고 그 영향이 심각하여 "변란이 없는 곳이 없어, 놀랄만하다"라고 쓰고 있다.

이 시기 의병의 일본관은 병사를 일으키는 행동으로 구현시키고 있다는 지적에만 그치고 격문을 소개 하는 것은 생략하고, 주요한 의병장의 이름만 들기로 한다.

문석봉文錫鳳, 이소응李昭應, 유인식柳麟植, 이강년李康年, 이춘영李春永, 안승우安承禹, 김백선金百先, 권세연權世淵, 홍사구洪思九, 허위許蔿, 노응규盧應奎, 기우만奇宇萬, 김복한金福漢, 이설李偰, 안병찬安秉瓚, 홍건洪楗, 유진덕兪鎭德, 금봉열琴鳳烈, 유중락柳重洛, 권대형權大亨, 유진규兪鎭圭, 민용호閔龍鎬, 심상희沈相禧 등이다.

『독립신문』의 발간과 계속되는 독립협회의 발족과 그 활동은 봉건적 틀로만 생각하고 근대적 사상의 초보적 이해조차 없었던 조선 민중에게 이른바 자유민권사상을 한 번에 광범한 민중의 선으로 끌어들여, 정착시켰다는 점에서 조선 근대사상 획기적인 사건이었다.

역사는 때때로 기적에 가까운 아이러니를 드러내는 것이 있다. 『독립신문』의 발간도 약간 이것에 가깝다고 생각된다.

『독립신문』과 독립협회의 창립자는 서재필이다. 그는 1884년의 갑신정변 실패 후, 김옥균과 함께 일본에 망명하고, 나아가 미국에 건너가 고학으로 워싱턴대학에서 의학을 공부하여, 미국 시민권을 획득하고, 의원을 개업하고 있었다. 조선에서의 갑오개혁1894년에서 갑신정변 때의 대역 죄인에 대한 사면이 이루어지고, 또 정권을 잡은 개화파 요인으로부터 귀국 요청을 받아서, 1895년 12월 하순에 귀국했다. 신문 발간에 필요한 자금은 당시 김홍집

내각의 내무대신 유길준이 국고에서 보조금으로 5000엔을 약속했기 때문에 이것으로 충당하기로 했다. 그 수일 후 고종은 러시아 공사관으로 파천하게 되어, 김홍집 내각이 무너지고 김홍집 총리와 각료 정병하鄭秉夏, 어윤중魚允中은 참살당하고, 유길준은 일본으로 망명하게 되는 대사건이 일어난다. 이것이 1896년 2월의 일이다.

그런데 『독립신문』은 국고보조금을 바탕으로 4월 7일에 창간되었다. 이 경위와 『독립신문』의 역할과 독립협회의 운동 내용에 대해서는 『독립협회 연구』신용하, 일조각 등의 상세한 연구에 양보한다. 요컨대 개화파와 대립하는 수구파정부가 이 신문의 발간을 허락하고, 나중에 그 정부를 공격하는 날카로운 기세를 두려워하여 신문과 독립협회의 운동을 모든 폭력과 비열한 책동으로 부숴버렸다는 아이러니에 있다. 본래 이 '기적'의 저류에는 민중의 자각적인 정치 참가가 있었던 것이다.

이 시기의 일본관과 관련해서는 국왕이 러시아공사관으로 피난가서 만 1년에 걸치는 생활을 한 것은 러시아의 '보호'만이 아니라, 미국도 이것을 지지하고 있었기 때문에, 이 상황의 반영이기도 한 것일까, 이 시기 조선의 이권은 이른바 열강의 생각대로 먹이가 되어 있었다. 『독립신문』과 독립협회는 이 현상을 폭로하고, 대대적으로 열강의 이권침탈과 이것을 허락하는 정부를 공격하여, 점점 여론을 환기시켰다. 물론 러시아, 미국, 영국 등도 두드렸지만 일본도 그 많은 이권에 대하여 조선의 자주적 독립을 침해하는 것으로 규탄 당했다. 특히 일본 상인의 상권 침해는 청국 상인의 그것과 함께 전국 각지에서 그 불법 상행위는 문제가 되었다.

또 일본인이 도검으로 조선인을 살상한 사건은 다른 외국인과는 비교할 수 없을 정도로 많이 나타나고 있다. 신문기사에도 그것이 보도되고 있다.

이 의미에서 『독립신문』과 독립협회의 4년 가까운 활동기간 중, 그 일본관을 호전시키는 것은 불가능했다고 할 수 있다.

2. 장지연의 「시일야방성대곡」

1905년 11월 일본은 이토 히로부미를 한성에 보내고 군대를 한성 시내와 궁중에까지 배치하여, 국왕과 대신들에게 협박과 정치적 공갈로 '을사보호조약'을 강제로 체결했다. 현재 이 '보호조약'이 유효인가 무효인가로 쌍방 간에 쟁론의 씨앗이 되고 있다. 1969년 채택한 「조약법에 관한 빈 조약Vienna Convention on the Law of Treaties」의 제51조에는 "나라의 대표자에 대한 강제"의 결과 맺은 조약체결은 "어떠한 법적 효과도 갖지 않는다"고 되어 있다. 즉 강제에 의한 조약체결은 무효라는 인식은 빈 조약 채택 이전도 국제법의 이해로서는 엄연히 통용되고 있고, 현재도 국제적 상식이라는 것이다.

일본은 이 불법, 부당한 보호조약으로 조선의 외교권을 완전히 빼앗았다. 한국통감부와 일본인 통감을 두는 것을 정하고, 실질적으로 식민지로 전락시켜 결국에는 조선 완전 점령의 병합조약에 이르는 법적 기초를 만든 것이다.

이 때 조선인이 얼마나 분격했는가, 그 일례를 언론인 장지연張志淵의 언설을 통해 보자.

다음 글은 보호조약 '조인' 직후 장지연이 집필하여 『황성신문』 11월 20일자에 발표한 글이다.

> 시일야방성대곡(是日也放聲大哭, 이날, 소리 높여 크게 곡함)
>
> 지난날 이토(伊藤) 후작이 한국에 왔을 때, 어리석은 우리 국민이 서로 보며 말하기를 "후작은 평상시에 동양 3국의 안전과 안녕을 스스로 맡아 주선하던

인물이다. 금일 내한함에 반드시 우리나라의 독립을 공고히 부식할 방략(方略)을 권고하리"라 하여, 항구로부터 한성에 이르기까지 관민상하가 크게 환영했더니, 세상 일이 예측하기 어려운 일이 많다.

전혀 예상하지 못한 5조건은 어떠한 근거에 의해 제출했는가. 이 조건은 비단 우리나라뿐만 아니라 동양 3국의 분열을 양성하는 조짐을 만들어낸 것인즉, 이토 후작의 원래 의도가 과연 어디에 있었던가. 그러나 우리 대황제 폐하의 성의로 이것을 강경하게 거절함을 마지 아니하셨으니 이 조약이 성립되지 못함은, 이토 후작 스스로 알고 스스로 파기해야 할 것이다.

아. 저 돼지와 개만도 못한 소위 우리 정부 대신된 자가 영리를 바라고 거짓 위협에 겁을 먹어, 놀랍게도 매국의 도적이 되어 삼천리 강토와 오백년 종사를 타인에게 갖다 바치고, 이천만 국민을 무리하게 타인의 노예를 만들었다. 저 돼지 개만도 못한 외부대신 박제순(朴齊純) 및 각 대신은 깊이 책망할 것도 못되나, 명색이 참정대신인 자는 정부의 수석대신이라 단지 '부(否)'자로, 책임을 궁색하게 면하여 명예를 지키려고 도모했다. 김청음(金淸陰)의 책을 찢는 통곡도 불가능하고, 정동계(鄭桐溪)의 할복도 불가능하고, 여전히 생존하여 세상에 다시 서니, 무슨 면목으로 황상폐하를 대하고, 무슨 면목으로 이천만 동포를 대하리오.

아아 분하도다! 남의 노예가 된 우리 이천만 동포여! 살았는가! 죽었는가! 단군 기자 이래 4천년의 국민정신이 하룻밤 사이에 졸연히 멸망하고 말 것인가! 원통하고 원통하다! 동포여! 동포여!

한번 읽으면, 나약한 사람을 치는 기개에 가득한 이 문장은 당시의 사람들의 마음에 강렬한 충격을 주었을 뿐 아니라, 오랫동안 일제 지배 아래에서도 널리 조선 민중에게 전해져 이 문장을 읽고 통곡하지 않으면 조선인이 아니라고 까지 말해졌다. 집필자인 장지연은 그 날로 체포되고 투옥되었다.

인용문 중 '김청음'의 부분은 인조 때 청군이 쳐들어와서 묘당이 화의를 의논했을 때, 청음이름은 尙憲이 손으로 청에 보내는 국서를 찢고 여러 공신이 어찌 차마 이런 일을 할 수 있는가 하고 통곡하여 여러 신하를 꾸짖은 고사에 의한다. 또 '정동계'의 부분은 같은 인조 때, 청과의 싸움에 동계이름은蘊가 적극적으로 화의를 배척했는데, 화의가 바야흐로 이루어진다고 듣자 격분하여 군을 욕되게 하는 것이 이에 이르렀으니, 신하가 감히 죽음을 아까워하겠는가 하여 차고 있던 칼로 배를 찔렀다는 고사에 의한다.

이 글에서 장지연의 일본관의 대상은 이토로 좁혀져 있다.

이토에 대하여 "이토는 평상시, 동양 3국의 안정과 그 안녕을 스스로 주선해 온 인물"이라고 말하고 있다.

메이지 천황은 청국에 대한 선전 조칙에서 '동양의 평화'를 구가하고, 러시아에 대한 선전조칙에서도 '동양의 평화', '극동의 평화', '한국의 안전'을 언급해왔다. 이토는 이 보호조약의 건에서 고종에게 "한국의 독립은 누구의 선물인가"고 협박하고 있다. 이토와 일본 위정자는 입만 열면 "조선의 독립을 지켜왔다"고 말하는데, 장지연은 독립 그것을 빼앗은 것에 대해서 일본과 이토의 이러한 언동의 모순을 지적하고, 대일 불신감을 나타낸 것이다.

그렇다고 해도 1943년 11월의 '카이로선언'은 조선의 독립문제와 관련해서 "조선 민중의 노예상태에 유의"라고 표현했다. 장지연은 이 때 이미 일본의 조선 지배의 본질을 알아맞히고 있었던 것이다.

3. 민영환의 유서

민영환閔泳煥은 임오군란 때, 폭동 군인들에게 살해당한 병조판서 민겸호閔謙鎬의 아들이다. 명성황후와 핏줄이 가깝고, 태어나면서부터 귀인이라고 불렀다. 주미공사와 군부대신 등을 거쳐, 유럽 각국도 방문하고 참정대신도 되었다. 그런 그가 시종무관장 시절, 보호조약의 강제조인을 보고, 조병세

趙秉世 등과 함께 조약을 반대하는 상소를 했지만, 왕의 윤허가 없자, 결국 단도를 가지고 자결했다. 그 때 국민에게 보낸 「경고한국인민」과 각국 공사관에 보낸 「각국 공관기서」라는 제목의 유서를 남겼다.

경고한국인민

아아. 나라의 수치, 인민의 치욕은 바로 이러한 지경에까지 이르렀습니다. 우리 인민은 장차 생존 경쟁 속에서 죽게 될 것입니다. 무릇 살려고 하면 반드시 죽고, 기필코 죽으려고 하면 살게 되는 것입니다. 여러분께서 어찌 이 점을 잘 모르시겠습니까? 다만 영환은 한번 죽기로 결심함으로써, 황제 폐하의 은혜에 우러러 보답하고, 우리 2천만 동포 형제에게 사죄드리고자 합니다. 영환은 죽어도 죽은 것이 아닙니다. 기어이 저승에서 여러분을 도울 것입니다. 다행히 우리 동포 형제들이 천만 배나 더 힘을 내서, 의지와 기개를 굳게 하고, 자기 학문에 힘을 써서 마음을 합하고 힘을 모아 우리나라의 자유와 독립을 회복한다면, 죽은 이 사람도 당연히 어두운 저승에서 기뻐하며 웃을 것입니다. 아! 조금도 실망하지 마시기 바랍니다. 우리 대한제국, 2천만 동포들께 작별 인사를 고합니다.

각 공사에게 보내는 글

영환은, 나라를 위해서 좋은 일을 하지 못하여 나라의 형세와 인민들의 형편이 바로 이러한 지경까지 이르렀습니다. 다만 한 번 죽음으로써 황제 폐하의 은혜에 보답하고, 우리 2천만 동포들에게 사죄를 드리고자 합니다. 죽은 사람은 그만입니다. 이제 우리 2천만 인민들도 생존 경쟁 속에서 죽고야 말 것입니다. 귀 공사들이여, 어찌 일본의 행동을 모를 리 있겠습니까? 귀 공사 각하여 다행히 세계의 공의를 중히 여기신다면, 돌아가 귀 정부와 인민들에게 보고하여 우리 인민의 자유와 독립을 도와주신다면, 죽은 이 사람도 당연히 저승에서 기쁨의 웃음을 지으며 고맙게 여길 것입니다.

아! 각하, 다행히 우리 대한을 가볍게 보거나 우리 인민을 오해하지 마시기 바랍니다. (『대한매일신보』1905년 12월 1일자)

4. 조병세의 유서

보호조약의 강제체결 소식을 듣고 민영환 외에도 통분한 나머지 자결하는 사람이 많이 나왔다. 전 참판 홍만식洪萬植, 학생주사 이상철李相哲, 전의병장 이설, 평양징상대平壤徵上隊 상등병 김봉학金奉學, 서울의 무명 인력차부, 전 대사헌 송병선, 주영대사 이한李漢, 법·학부주사 안병찬安秉瓚 등의 이름이 기록되어 있다. 그중에서도 충격을 준 것은 특진관 조병세의 자결이다.

조병세는 양주 사람으로 1859년 문과에 급제 후 중추원 의장, 의정부 의정 등을 역임하고, 1894년 가평에 돌아와 은거하고 있었다. 1905년 11월 일본의 보호조약 강제조인을 듣고 통분하여 "나라가 이미 망하니, 우리 세신대대로 국가에 벼슬하는 신은 이에 순직해야 한다"고 왕성에 이르러 국왕에게 알현을 요구하고, 통곡하며 말하기를 "나라는 한 사람, 한 집안의 사유가 아니다. 그러므로 임금이라고 해도 중요한 일을 독단해서는 안 된다"고 했다. 그 위에 조약에 '가'를 표명한 대신은 "나라를 가지고 적에게 주는가, 그 법을 멸하는 자는 매국의 죄로 만 번 죽여도 오히려 가볍다"『기려수필』고 했다. 국왕은 목이 아프다는 것 때문에 "배알하지 못"하게 된다. 그는 상소도 윤허가 없고, 알현도 허락되지 않자 드디어 약을 먹고 죽는다. 그때 그는 국민 앞, 각국 공사 앞, 일본공사 하야시 곤스케林權助 앞으로 보내는 글을 남기고 있다.

여기서는 각국 공사 앞으로 보내는 글을 요약해서 소개하고 싶다. 조병세는 이 가운데에서 보호조약이 무효라는 이유를 대체로 다섯 가지로 정리하고 있다. 이것은 현재 조선·일본 간에 문제가 되고 있는 것을 대략 전부 지적하고 있고, 그 문제의식의 깊이와 예리함에는 놀라게 된다. 그 내용의 첫째는 바간 馬關조약[7] 및 러·일의 개전 조칙, 그것에 '한일의정서' 등에서 한국의 독립과

---

[7] 1895년 4월 청일전쟁 전후 처리를 위해 맺어진 시모노세키 조약을 말한다. 일본 측 전권은 이토 히로부미·무쓰 무네미쓰(陸奧宗

영토보전을 약속하고 있는 것에 반대하고 있다. 둘째는 국왕은 이 조약을 준허準許, 비준도 윤허도하고 있지 않다. 셋째는 한규설韓圭卨 참정대신은 찬성하고 있지 않다. 넷째는 위협, 강제하의 조약은 국제법상 무효다. 다섯째는 외부外部의 도장은 일본인에게 빼앗겨 날인한 것이다 라고 '공법회통公法會通', 즉 국제법에 전거해서 무효를 주장하고 있는 것이다. 『매천야록』 이 다섯 가지야말로 현재에 이르는 보호조약의 문제점을 정확하게 지적한 것이고, 자결과 함께 그의 일본관을 총결한 것이기도 하다.

光), 청국 측 전권은 이홍장이었다.

4장 반일의병투쟁기의 일본관

1. 최익현의 「창의격문」과 「기일본정부」

보호조약의 강제체결은 적지 않은 사람을 자결하게 만들었고, 보다 많은 사람들을 반일로 대상을 좁힌 의병투쟁에 나서게 했다.

이 시기 노유 최익현의 기병은 사람들에게 가장 심각한 영향을 주었다. 그러나 그 전에 '의병'이란 무엇인지 살펴보자. 조선의 의병은 일본에서 메이지 초기부터 중기에 걸쳐 성황을 이뤘던 '의용병열義勇兵熱'과는 상당히 양상이 다르다. 일본의 경우는 국가의 군사력을 대외전쟁에 동원하는 선도적 역할을 담당하지만, 조선의 의병은 다른 나라, 다른 민족의 침략에 대항하여 일어난 것이다.

옛날 삼국시대의 예가 있지만, 조선에서 의병이 크게 부상하는 것은 히데요시 휘하의 일본군이 조선을 침략했을 때다.

근대 후기, 즉 식민지화 과정기의 의병투쟁도 히데요시군의 침략에 저항하는 의병의 전통을 이어받아 용감하게 싸운 것이다.

이 시기의 의병투쟁의 구분에 대해서는 일반적으로는 넷으로 나뉘는데, 그 선구적 의병으로 갑오농민전쟁제2차의 농민군을 중심으로 하는 부대를 들 수 있다.

의병투쟁의 제1기는 앞에서 살펴본 명성황후 암살, 단발령 후의 싸움이고, 제2기는 보호조약 후 1905~6년의 싸움이며, 최익현의 의병투쟁도 여기에 들어간다. 제3기는 1907~9년의 수년간, 헤이그 특사사건에 의한 고종 퇴위와 신협약이른바 7조약 강제와 군대해산에 반발해서 싸웠다. 제4기는 1910~14년으로 의병투쟁의 퇴조기라고도 할 수 있는, 반일 무력항쟁의 국외 이행기와도 겹친다.

의병에 대해서는 누구보다도 정확한 본질적 정의를 내린 것은 박은식朴殷植
일 것이다.

"의병은 민군이다. 국가가 급하면 바로 의로써 일어나, 조정의 명령 징발을
기다리지 않고 군을 따라, 적에게 분개하는 자다"『한국독립운동지혈사(韓國獨立運動
之血史)』라고 한 것이다.

제2기 의병은 보호조약 조인 전인 1905년 4월경부터 이미 각지에서 싸우고
있었다. 조약 조인 후인 1906년 4월 민종식閔宗植, 6월 최익현의 거병은 다른
많은 의병투쟁의 활성화를 촉구하게 되었다.

그러면 이때의 최익현의 「창의격문倡義檄文」과 「기일본정부寄日本政府」에서
그의 일본관을 보기로 한다.

창의격문
아아, 난적(亂賊)의 변이 어느 시대인들 없었을까마는 그 누가 오늘날의 역도와
같았으며, 이적의 화가 어느 나라인들 없었을까마는 그 어느 것이 오늘날의
왜놈과 같겠는가.
바로 의병을 일으키고, 많은 말이 필요 없다.(중략) 아아, 저 도적 일본은 실로
우리에게 백세(百世)의 원수다. 임진(히데요시 군의 침략 때) 때는 흉한 일을
제멋대로 하여, 차마 이릉(二陵)의 화(히데요시 군은 의릉[9대 성종의 묘]과 정
릉[11대 중종의 묘]의 두 왕릉을 파헤쳤다)를 말할 수 없다. 병자년의 수호조약
(강화도조약)은 다만 외이(外夷)가 우리를 엿보는 것을 인도했을 뿐이다. 맹약
한 피가 아직 마르기도 전에 협박이 먼저 이르렀고, 우리의 궁궐을 함부로 드나
들었다. 죄를 짓고 도망친 무리들을 보유(保有)했으며 우리나라의 인류를 무너
뜨리고, 예복을 찢어 버렸다. 우리나라 국모(명성황후)를 시해하고, 국왕의
머리를 강제로 깎았다. 우리 대관들을 노예로 만들었고, 백성들을 어육(魚肉)으
로 만들었으며, 무덤과 집을 파헤쳤다. 토지와 전답을 빼앗아 민생의 자원에
관계되면 무엇이든 저들의 손아귀에 들어가지 않은 것이 없는 데도 아직도 부족

하게 생각하여 갈수록 더욱 탐욕을 부린다. 아아, 지난 음력 10월(11월의 보호
조약 조인)의 소행은 실로 만고에 없었던 일이다. 하룻밤 사이에 한 장의 종이에
강제로 도장을 찍게 하여, 오백년 종사(宗社)가 마침내 망하고 말았으니….(후
략)(『면암집[勉菴集]』)

강개의 말은 그 외에도 계속되는데, 다른 「기일본정부」라는 글을 발표했
다. 여기서 그는 강화도조약 이래의 일본 정부의 「배신배의의 죄」 16조를
들어 규탄하고 있다. 그리고 마지막 부분에서 "그래서 수십 명의 동지와 함께
같이 죽을 것을 맹세하고 병든 몸으로 상경하여 이토 히로부미 · 하세가와
요시미치長谷川好道[8] 등과 만나서 하고 싶은 말을 다 하고 죽기로 했는데"『면암집』
라고 기록하고 있다. 그의 결의가 굳음이 회상된다.
    최익현은 거병했지만, 공격해 오는 정부군과는 "우리를 가지고 우리를 치
는" 것이라고 하여 싸우지 않고, 일본군에 사로잡혀 쓰시마의 이즈하라嚴原로
유배당하고, 일본 측의 음식물을 거부하여 결국 이것이 원인이 되어 죽었다.
향년 74세였다.

2. 서병희의 격문

반일의병투쟁의 제3기는 의병전쟁의 최고조기다. 각지에서 유력, 유명 의병
장이 배출되고, 그들이 발표하는 격문, 포고문의 수는 많았다. 그 중에서 감히
무명에 가까운 서병희徐丙熙의 격문을 통해 그의 일본관을 보기로 한다.

8) 1850~1924. 메이지 시대의 군인(육군 원수). 청일전쟁 때는
혼성여단장으로 제2군에 종군했고, 러일전쟁 때는 제1군에 종군.
1904년 대장, 한국주차군 사령관이 되었다. 1916~19년 제2대 조
선 총독. 이른바 무단통치를 철저히 시행하여 토지조사사업 등을
완료했으나 조선 민족의 격렬한 저항으로 총독을 사임했다.

일본인에게 고함

저 동양 3국은 예부터 안정을 이루고, 급할 때는 서로 구하고, 난이 있을 때는 서로 도왔다. 이것이 이웃에 사는 본의다. 아아, 일본은 무슨 도리에 어긋남인가. 옛날 임진에 우리나라와 싸워서 그 끝이 어떠했는가. 또 갑오에 있어서 청국과 개전하고, 그 이익이 되는 바를 알지 못한다. 드디어 3국의 틈이 생긴 것은 세상이 모두 알고 있다. 동양의 후의(厚誼), 과연 어디에 있는가. 싸움을 좋아하는 자가 먼저 망하는 것은 옛 성현이 남긴 교훈이다. 어찌 삼가지 않아서야 되겠는가. 대저 민은, 강약이란 것을 중심으로 생각하는 것이 일반이다. 지금 우리 대한은 간신이 조정에 가득하고, 정권을 이미 빼앗겼다. 그렇지만 초야 인민의 충의가 아직 남아 있고, 충의를 능멸하는 것은 만국공법에서 아직 보지 못한 것이며, 다만 귀국만 목전의 욕심을 가지고 그 대체를 손상시키고, 그리고 우리나라 조야에서 무도의 무리와 부화뇌동하여 충량을 살해하고, 백성을 어육으로 삼는다. 먼저 현재의 동정은 옳은 일을 하는 것 같아도, 그 실은 그렇지 않다. 우리나라 인민, 우부우부(愚夫愚婦)라고 해도 군이 위험하고 나라가 망할 때를 당해서는 한번 결사의 마음이 있어 살 낙이 없는 것은 천성의 그런 바다. 누가 금지할 것인가. 진실로 이것을 두려워하는 바의 것이다. 지금 우리는 귀국과 통상을 끊고, 우리 국민으로 하여금 충군애국의 실제 뜻을 지키게 하려고 한다. 다만 바라기는 우리로 하여금 이토 히로부미를 적으로 돌린다고 칭하지 말라. 우리 동양으로 하여금 친목을 돈독히 하고 이웃과 의논하여, 보기를 형제와 같이 하고, 서로 자주하고, 각각 그 세를 견지하여, 깊은 원수를 풀고, 이로써 만국의 웃음을 사는 것을 면할 수 있다면, 만전의 대책이 아니겠는가. 다만 귀국인은 우리 의병을 가리켜 폭도라고 하더라도, 만국의 이목은 모여 있으니, 의와 폭을 구별하지 않아도 스스로 분명하게 된다. 만일 허물을 고칠 뜻이 없다면, 조선 각지에 산재한 일본인은 기어가고, 돌아가서 헛된 죽음이 없게 하라.

1909년 3월 초10일
영남창의인 서병희

서병희의「일본인에게 고함」이라는 제목이 필자와 모든 의병장이나 일반 병사의 일본관을 대변하고 있다. 이 격문의 출전은『비폭도격문집秘暴徒檄文集』 복각판,綠蔭書房, 1995년이다. 이 격문집은 한국통감부가 각지의 주막의 벽이나 장날의 시장 등에 붙어있는 것을 모아서 새로 쓴 문장으로, 매우 적은 부수를 등사 인쇄한 것이라고 생각된다.

경상도 일대에서 싸웠던 서병희는 이 시기 유력 의병장에 비하면 무명과 같은 존재이지만, 그가 이러한 확고한 일본관을 가지고 있다는 것은 조선의 의병장들의 뜻이 높고 깊음, 그리고 안중근과 같은 의병장 층의 두터움을 남김없이 나타낸 것이다.

한국 통감으로 조선에 군림한 이토 히로부미도 의병장들의 "격문은 정성들 여서 읽었다"이마무라 도모(今村鞆),『역사민속 · 조선만담(歷史民俗 · 朝鮮漫談)』라고 하므로, 혹은 이토는 남이 알지 못하게 스스로 목덜미를 만졌던 적이 있었을지도 모른 다.

3. 안중근의『옥중기』

안중근安重根, 1879~1910은 황해도 해주의 부유한 양반가에서 태어나, 사서오경 과 자치통감 등을 배우고, 아버지의 영향으로 가톨릭에 입교하고, 서양사 등도 배웠다. 일본의 침략정책이 노골화 하는 가운데, 국운이 기우는 것을 묵시하지 못하고, 각종의 애국 행동에 참가했다. 해외동포가 많이 사는 연해 주로 가서 의병을 조직하고, 참모중장이 되어 국내회령에 들어와, 일본 수비대 와 교전하기도 했다. 이윽고 신문에서 이토 히로부미가 만주에 도착하는 것을 알고, 하얼빈 역에서 요격하여 3발을 맞혀 죽게 했다. 1909년 10월 26일 의 일이다. 여순 감옥에 갇혀 심문 11회, 공판 6회, 1910년 3월 26일에 사형이 집행되었다. 그의 나이 33세였다.

　안중근은 최초의 검사 심문 때, 왜 이토 히로부미를 적대시하는가라는 질문에 15개조의 원인을 들었는데, 여기에 그의 일본관이 집약되어 있다. 요약하면, 1) 명성황후 살해, 2) 보호조약 강제조인, 3) 「정미7조약」, 4) 한국 황제 폐위, 5) 군대 해산, 6) 의병투쟁 관련에서의 다수의 관민 학살, 7) 정치, 기타의 권리를 빼앗음, 8) 한국 교과서의 소각, 9) 신문 탄압, 10) 일본의 제일은행권 발행 등, 11) 한국이 부담하는 국채 2300만 엔의 모집 등, 12) 동양 평화의 교란, 13) 한국 보호의 이름으로 불리한 시정, 14) 고메이孝明천황 독살, 15) 이토는 일본 황제, 세계에 대해 한국은 무사하다고 속임「안중근공판기록」 등, 이러한 사실에 분노하여 이토를 사살하게 된다. 요컨대 이것은 당시의 조선 민중의 일본 침략에 대한 기본 인식으로, 이토는 그 침략을 직접 주도한 원흉이기 때문에 용서할 수 없다는 것이다.

　그는 여순 감옥에서 「옥중기」를 썼고, 이것이 『안중근과 일한관계사』이치가와 마사키(市川正明), 原書房 간행에 수록되어 있다. 이것을 보충한 것이 『시치조기요미七條淸美관계문서』국립국회도서관 헌정자료실 소장 중의 「안중근전」이다. 「옥중기」에 의하면 안중근은 블라디보스토크에서 의병을 조직할 때 각지를 순례했는데, 그 중에서 다음과 같이 말하고 있다.

　　일본이 러시아와 개전했을 때, 그 선전포고서에 동양 평화의 유지, 한국의 독립
　　견지를 구가하면서, 금일에 이르러서 그러한 신의는 지키지 않았다. 도리어
　　한국을 침략하고, 5개조 조약, 7개조 조약을 맺은 뒤, 정권을 장악하여, 황제를
　　폐위시키고, 군대를 해산하고, 철도, 광산, 삼림, 하천 등 모두 약탈해버렸다.
　　그 위에 또 관아의 각 청과 민간의 저택을 병참에 필요하다고 하여 빼앗고, 비옥
　　한 논이나 예부터의 분묘를 군용지로 칭하고 이것을 발굴했다. 그 화는 살아
　　있는 것일 뿐 아니라, 선조에까지 미치고 있다. 그 국민된 자, 그 자손된 자로

누가 그 분노를 참으며, 모욕을 감당할 수 있는 자가 있으리오. 따라서 2천만 명의 민족이 일제히 분기하여, 국내 전체에서 의병이 각지에서 봉기하고 있다. 그런데 저 강적들은 도리어 이것을 폭도로 간주하고 병사를 출동시켜 토벌하고, 매우 비참한 살육을 하고 있다. 여기 1, 2년 사이에 해를 입은 한국인은 10만여 명에 달하고 있다. 국토를 약탈하고 백성을 욕보이는 자가 폭도인지, 스스로 나라를 지키고 외적으로부터 방어하는 자가 폭도인지. … 일본의 대 한국 정략이 이렇게 잔학한 근본을 이루는 것은 모두 이른바 일본의 대정치가, 노적(老賊)인 이토 히로부미의 폭행이었다. 한민족 2천만이 일본의 보호를 받아, 현재 태평무사하게 나날이 나아가는 것을 바란다는 거짓말, 위로는 천황을 속이고, 밖으로는 열강을 속여, 그 이목을 덮고 함부로 스스로 간교한 책략으로 우롱하여 비도(非道)가 끝이 없다….

우리 한민족이 만일 이토를 처벌하지 않으면 한국은 반드시 멸망하고, 동양은 정말로 망할 것이다.

조선 민중이 일본의 침략에 반대하고 전국에 이르는 곳마다 의병을 일으켜, 무장투쟁에 들어간 것은 앞에서 소개해왔다. 일본은 이것을 폭도라고 부르고, '토벌'에 열중했다. 안중근은 자국을 외적으로부터 지키는 자가 폭도인가, 타국의 영토를 약탈하고 주민을 죽이는 자가 폭도인가를 예리하게 묻고 있다. 그의 일본관의 정수가 이 한 가지 점에 걸린 느낌이 있다.

안중근의 일본관은 침략의 상징으로서의 이토 히로부미 격살에 직결하고 있다. 그의 총탄에는 이유 없이 국토를 빼앗긴 민족의 무한한 증오와 한이 담겨져 있다는 점에서 2천만 조선 민중의 일본관을 대변하여 이것을 행동으로 옮긴 것이다. 설을 만드는 사람은 이토 암살이 조선 식민지화를 서둘렀다고 하지만, 역사의 사실과정은 전혀 반대로, 국토의 강탈이 없었다면 이토 암살은 일어나지 않았을 것이다. 지금까지 살아있는 교훈이다.

4. 일진회의 「합방상주문」

병합 후, 조선인의 일본관에 일대 변화가 일어나, 일부 절개가 없는 인사나 이민족의 지배 권력에 아첨하는 사람들에 의한 친일적 경향이 현저하게 되는 것은 민족적 주체성이 연약한 일부의 인사들에게 이른바 당연한 이치였을 것이다. 그 선구적 역할을 한 것이 친일 매국단체 일진회에 의한 일련의 활동이다.

여기서는 병합 전의 일진회의 「합방상주문合邦上奏文」에 나타난 일본관을 보기로 하는데, 그 전에 일진회라는 단체에 대해 간단히 언급해 두고 싶다.

일찍이 함경남도 출신의 송병준宋秉畯은 세도가 민씨에게 얹혀살고, 일본에 망명 중인 김옥균을 암살하는 임무를 띠고 일본으로 갔지만 임무를 이루지 못하고, 돌아와 군수, 현감 등을 하고 있었다. 그러나 민씨 일당의 미움을 사서, 일본으로 건너가 노다 헤이지로野田平治郎라는 이름으로 야마구치현에서 살고 있었다.

그런 송병준은 러일전쟁에 즈음하여 일본군의 통역이 되어 귀국하고, 독립협회의 남은 무리 윤시병尹始炳, 유학주兪鶴柱 등과 유신회維新會라는 정치결사를 만든다. 이 유신회가 구 동학의 탈주자 이용구李容九가 조직한 진보회와 합체해서 만든 것이 일진회다.

일진회는 명목은 나라의 독립, 국민의 생명, 재산의 보호를 빙자하고, 실질은 일본의 앞잡이로 활동했다. 그 풍부한 활동자금의 출처는 일본이다. 일진회는 일본군의 병원兵員 수송과 철도공사에 사람들을 동원하여, 일본군을 위해 '적' 정찰의 임무까지 맡아하고 있었다.

1905년 11월의 보호조약 강제체결 때, 만천하는 반대의 격분에 둘러싸여 있었으나, 유일하게 일진회만은 찬성하는 선언서를 발표하고 있다.

이용구의 이름으로 제출된 이 선언서의 마지막은 다음과 같다.

즉 [대한제국의] 독립보호, 강토 유지는 대일본황제, 조칙을 세계에 공포하게
되면 거기에 의심을 갖지 않는다. 우리는 일심동기(一心同氣), 신의를 가지고
우방(일본)과 친교하여, 성의를 가지고 동맹에 대해서 그 지도보호에 의해 국가
의 독립, 안녕, 행복을 영원무궁하게 유지할 것이다.

일본 천황의 조칙詔勅에 의심을 갖지 않고, 한국 국가의 독립을 영원히 유지
하려고 한다고 선언한 일진회가 이 4년 뒤에 일본과 한국의 「합방상주문」을
천하에 공표한 것이다.

그 전문의 분량이 길기 때문에 요점만 인용한다.

"일진회장 신 이용구 등, 1백만의 회원, 2천만의 신민을 대표하여, 진실로
두렵고 진실로 삼가 여기에 백배百拜하여 대황제 폐하에게 상언을 바칩니다"
로 시작하는 이 상주문은, 처음에는 처녀와 같고 마지막은 매우 빠른 느낌이
있는 무서운 것이다.

"우리 2천만 동포, 실로 죽으려고 해도 죽을 수가 없고, 살려고 해도 살 수
없습니다. 대개 지금 우리 대한국大韓國을 병 앓는 사람에 비유하면 명맥이
끊어진 지 이미 오래 되었습니다"고 현상을 지적하는 것은 좋다고 해도, 외교
어디에 있는가, 재정 어디에 있는가, 군기 어디에 있는가, 법조 어디에 있는가
하고 그 죄를 국왕의 책임으로 돌리고, "나라의 존망이 문제가 되는 위급한
때를 자주 만났으나 한 번도 황제의 조칙으로 정확하게 국민에게 선포하여
사수하도록 한 사실을 듣지 못했습니다"라고 한다. 일본의 침략으로부터
나라와 민족을 완전히 사수할 생각이 없는 놈이 사수의 황조皇詔를 내지 않았
다고 비난하는 것이다.

"일본이 이미 제창한 독립이라는 말을 듣기는 했지만 우리 땅에는 한 부대
의 육군도 없고, 바다에는 한 함대의 해군도 없으니, 이것을 놓고 어찌 나라라

고 부를 수 있겠습니까?" 이미 나라로서의 실질 없음을 상기시킨다. "도리어 일본이 이랬다 저랬다 하는 것을 의심하고 있습니다. 일본 천황폐하는 너그럽고 어진 마음과 큰 도량으로 우리를 성토하지 않고 형제처럼 우리를 어루만지고 있는데 우리는 모든 일에서 신의를 잃고 있을 뿐 아니라, 실로 태조 고황제(이성계)의 훌륭한 훈계를 무시하고 오직 그 외교의 궤변만을 믿고 있습니다. … 그래서 국모의 변고(명성황후 암살)를 가져와서 [전국의] 산하가 분노하고 억울해하게 된 것은 이것이 또한 누구 때문이겠습니까? 혹은 자기 나라를 나라로 여기지 않아서, 조계지租界地에 있는 러시아의 공사관으로 피난하기도 하고, 혹은 중립을 선언하고 교묘한 외교를 좋아했습니다. 그러므로 러일화평조약을 체결할 때 먼저 우리가 거기에 복속하는 것을 정하고 우리 외교권을 박탈한 것은 또한 누구 때문이겠습니까? 그러나 조정의 신하들은 아직 깨닫지 못하고 여러 번 속임수를 써서, 만일의 경우에 요행으로 위기를 모면하자고 하다가 결국 헤이그사건을 도발하는 데에 이르러, 부득이 임금의 자리를 물려주고 정사를 [일본에게] 위임하게 되었습니다. 모두 [일본에게] 예의와 신의를 잃어서 스스로 도적을 불러들인 것입니다"라고 국왕과 관계자를 단죄한다. 그리고 조선, 일본 사이를 역사적으로 회고하여, "근래에 와서 일본의 천황 폐하는 하늘로부터 덕을 가지고 나라를 창시하는 운수를 받아 안고, 만대를 한 계통으로 내려오는 조상의 덕을 빛내고 2500년을 계승해 오는 건국의 큰 사업을 물려받아서, 그 믿음과 의리는 태산과도 같고 북두성과도 같습니다. 우리나라가 청나라에 망하지 않은 것이 어찌 천황의 덕이 아니며 러시아에 먹히지 않은 것이 또한 어찌 천황의 인덕에 의한 것이 아니겠습니까? 그런데도 불구하고 우리나라에는 아직도 왜인倭人을 배척하는 기풍이 없어지지 않고 있어서 매번 은덕에 원망으로 갚으면서 일본을 배척하는 것만 일삼고 있습니다. 돌이켜 생각해본다면 어찌 짐승 같은 마음이 아니겠습니까?"

마음에 명기해야 하는 것은 조선인에게 자기의 이름을 가지고 일찍이 병합 전에 이러한 문서를 공표한 자가 있었다는 것이다.

그렇지만 이 상주문의 원작자는 조선인이 아니다. 이 상주문을 쓴 것은 우치다 료헤이 內田良平[9])가 이끄는 우익국수단체, 흑룡회[10])의 다케다 노리유키 武田範之다. 흑룡회는 아시아 침략을 주안에 둔 단체로, 일본 정부의 조선 약탈정책의 열렬한 하청 운동자고, 우치다는 일진회 고문으로 일진회를 뒤에서 조정해 왔다. 흑룡회의 중진 다케다가 기초한 「합방상주문」은 원수 야마가타 아리토모 山縣有朋[11])나 가쓰라 다로 桂太郎[12])수상, 그리고 데라우치 마사다케 寺內正毅[13]) 육군대신에게 내시된 사전의 양해를 얻고 있었던 것이다. 그것을 일진회 회장 이용구의 이름으로 발표한 것이다.

그것을 일본 위정자, 언론인, 어용역사가는 지금에 이르러서도 이 상주문을 "조선인, 스스로 합방을 희망해왔다"고 사실을 완전히 왜곡하는 것이다.

9) 1874~1937. 국가주의자. 청일전쟁 후 삼국간섭에 분격하여 흑룡회를 결성해 국수주의 고취했다. 1931년 도야마 미쓰루(頭山滿) 등과 우익정당 대일본생산당을 결성했다.

10) 1901년 현양사(玄洋社)에서 파생하여 우치다 료헤이를 우두머리로 하여 결성된 우익단체. 국권론·대아시아주의를 제창하고 러일전쟁·한국병합 등에 즈음하여 이면공작을 폈다.

11) 1838~1922, 조슈 번사. 기병대를 이끌고 막부 토벌에 활약했다. 육군의 기초를 확립했다. 세이난 전쟁을 진압하고 1889, 1898년 조슈 벌, 군벌의 거두로서 내각을 조직하고, 문관 임용령의 개정, 육해군대신 현역무관제·치안경찰법 등을 시행했다. 현역을 은퇴한 후 원로로 정계에 군림했다.

12) 1847~1913, 야마구치 출신. 군인·정치가로 타이완 총독·육상을 역임. 야마가타 아리토모의 후계자로 군부·번벌관료 세력의 유지에 노력했다. 메이지 후기 사이온지 긴모치(西園寺公望)와 교대로 3차례 내각을 조직했다.

13) 1852~1919, 조슈 출신의 군인·정치가. 육군대장, 원수. 가쓰라 내각시대의 육상, 조선총독을 거쳐 1916년 수상을 지냈다.

어찌되었든 이「합방상주문」은 병합 후의 부끄러움을 모르는 친일파 언동의 모델이 되었다. 즉 그 기본은 일본 지배층의 의도를 스스로의 의지로 삼아, 외래 침략 권력에 아첨하고, 자기보신과 남의 덕을 보는 것을 취지로 삼았던 것이다.

5. 황현의『매천야록』

황현黃玹, 호는 매천은 1855년철종6 12월, 전라남도 광양현 서석촌에서 황시묵黃時黙의 아들로 태어났다. 11세에 뛰어난 한시를 지어, 사람들을 놀라게 하여 신동이라는 이름을 얻었다. 27세로 향시의 보거과保擧科에 응시하여 장원급제(수석), 5년 후 과거의 생원회시에 응시하여 이것도 장원급제했다.

그러나 그는 정계의 부패에 절망하여 관직에 나가지 않고, 귀향하여 거실에 서책을 쌓아놓고, 문을 닫고 나가지 않는 생활에 들어가, 학문연구와 시문제작에 몰두하여, 청빈한 생애를 보내게 된다.

황현은 1910년 9월, 일본의 한국병탄을 마지막까지 지켜보고 아편을 먹고 자살했다. 나라의 멸망에 생명을 버린 것이다.

『매천야록』은 황현 자신이 견문한 것을 기술한 드문 동시대사다. 고종원1864년, 즉 고종의 아버지 대원군 이하응李昰應의 집권기부터, 1910년의 한국병합에 이르기까지의 47년간을 재야에 있으면서 그가 가지고 있는 풍부한 인맥으로 얻은 정보를 기초로 기록한 것이다.『매천야록』이 얼마나 귀중한 기록인지는 이미 인용한 보호조약 강제 조인기에 분사憤死한 사람들이나 의병장들의 움직임을 극명하게 전하고 있는 데서 엿볼 수 있다.

황현은 사상적으로는 위정척사파 측에 서는 보수적인 사람이다. 그러므로 개화파나 그 지도적 인물인 김옥균 등에게는 박한 평가가 붙는다. 또, 전봉준

등의 동학농민군에 대해서도 동비동학의 비도라는 문자를 사용한다. 그렇지만 황현은 위정척사의 입장에서 최익현이나 다른 의병장과 같이 일본의 침략에는 단호하게 반대하는 반제국주의의 입장으로 행동한 것이다.

이하, 『매천야록』에서 조금 예를 들어 그의 일본관을 보고 싶다.

① 청일전쟁 직전의 1894메이지27년 7월 23일 일본군이 조선왕궁을 점령한 사건에 대한 기술이다.

이 사건에 대해서는 나카즈카 아키라中塚明씨가 후쿠시마福島 현립도서관에 소장된 「사토문고佐藤文庫」중에서 청일전쟁사 초안(참모본부 작성)을 발굴하고 공개하여, 그 자세한 것이 밝혀졌다. 「'일청전사(日淸戰史)'에서 사라진 조선왕궁 점령사건」, 『미즈즈』1994년 6월호, 『역사의 위조를 묻는다』, 高文硏, 1997 황현의 그것은 내용에 다소 차이가 있지만 조선 측에서 본 왕궁 점령에 관한 기록이다.

"오토리 게이스케大鳥圭介, 일본공사는 이 날7월 23~음력 6월 21일 새벽 병사를 지휘하여, 경복궁히데요시 군의 침략 때에 소실, 대원군이 재건했다에 나가 문을 부수고 들어가서 별전에 이르렀다. 호위군과 신하 모두 도주하고 오직 고종과 명성황후만이 남아 있었는데, 하얗게 번쩍이는 칼을 들고 에워싸고 있으므로 전전긍긍하면서 불안해하고 있었다. 왕이 그들에게 그 까닭을 물으려고 했으나, 옆에는 통역조차 없었다. 마침 일본어에 능한 안경수安駉壽가 들어왔다. 고종은 크게 기뻐하여 그에게 통역을 시켰다. 게이스케는 칼을 빼들고 고함을 치며, "국태공國太公, 대원군이 아니면 인주로서 오늘과 같은 날이 없었을 것이니 국태공을 속히 데려오라"고 했다. 대원군이 들어오자 게이스케는 고종의 교지를 받아 대신들을 불렀다.

고종은 배가 매우 고파 운현궁대원군에게 명하여 음식을 가져오라고 했다. 문을 지키던 일본병들은 그 음식을 마구 빼앗아 먹었다.

게이스케가 대궐을 침범할 때, 평양병 500명은 대궐을 호위하고 있다가 그를 향해 총을 연발해서 쏘았다. 게이스케는 옆문을 통하여 고종이 있는 곳으로 가서 고종을 협박하여 "함부로 행동하는 자는 목을 벤다"고 교지를 내리게 했다. 병사들은 모두 통곡하면서 총통을 부수고 군복을 찢은 후 도주했다….

여러 군영의 자재, 기계는 모두 일본의 소유가 되었다.

이에 왜인들이 사방을 수색하고 다니며 대내_{왕궁의} 창고의 보화와 열조_{여러} _{왕의} 진품과 법기法器 종묘의 예기禮器 등을 모두 찾아 싣고 인천항으로 갔으므로, 우리나라가 수 백 년 동안 쌓아두었던 국보가 하루아침에 없어지게 되었다. 그리고 한성에는 조그마한 병기도 없었다."

② 러일전쟁 개시 직후인 1904년 2월 26일에 체결된 6개조로 이루어진 한일의정서와 관련하는 것이다. 그 제4조, 일본은 "군사상 필요한 지점을 임기 수용한다"고 되어 있다. 이 군용지 수용에 관한 문제로 황현은 다음과 같이 기록한다.

"왜인이 숭례문에서 한강에 이르기까지, 스스로 구역을 차지하고 군용지라고 말했다. 표지를 세우고, 경계를 정하여 우리나라 사람에게 넘어오지 말라고 하여 들어가는 것을 금했다. 이로부터 갖고 싶은 곳이 있으면 바로 쉽게 군용지라고 말하고 이를 빼앗았다."

③ 1905년 11월, 이토 히로부미가 을사보호조약을 국제법상, 불법인 강박, 강제에 의해 맺게 한 문제와 관련하여 이른바 당시 조선 민중의 반응을 기록한 것이다.

이토는 당일, 한정에서 열린 각료협의회에 어떠한 자격도 없으면서 주둔 일본군의 위력을 믿고 참가하여, 한국 정부의 여러 대신에게 조약의 가부를 스스로 물어 결정을 받는 폭거를 자행했다. 참정_{총리}대신 한규설 등의 반대에도 불구하고 이토는 마음대로 정한 '다수결'로 5명의 찬성자가 있으므로 승인되었다고 강변했다.

이때의 5명의 대신이란 그 뒤 5적으로 불리는 이지용李址鎔, 박제순朴齊純, 이근택李根澤, 이완용李完用, 권중현權重顯이다. 황현이 기록하고 있는 것은 이 가운데 이근택의 집에서 일어난 사건이다.

"이근택의 아들은 한규설의 사위다. 한규설의 딸이 출가할 때 한 여비를 데리고 갔다. 이것은 세속에서 말하는 교전비轎前婢라는 것이다. 이 때 이근택이 대궐에서 땀을 흘리며 가족들에게 늑약에 관한 이야기를 하며, '나는 다행히 죽음을 면했다'고 했다. 여비는 부엌에 있다가 이 말을 듣고 부엌칼을 들고 나와 꾸짖기를, '이근택! 너는 대신이 되어 나라의 은혜를 얼마나 입었는데, 나라가 위태로워도 죽지 않고 도리어 내가 다행히 죽음을 면했다고 하느냐? 너는 참으로 개돼지만도 못한 놈이다. 내가 비록 천한 사람이지만 어찌 개돼지의 종이 될 수 있겠느냐? 내 힘이 약하여 너를 만 조각으로 베지 못한 것이 한스럽다. 나는 옛 주인에게 돌아가겠다'고 한 후, 다시 한규설의 집으로 돌아갔다. 그 여비의 이름은 알 수 없다."

황현은 이 글에서, 보호조약 체결 후, 국가의 주권이 없어진 것을 분개하여 자결한 사람들의 이름과 사적을 기록하고 있다. 여기서는 이름만을 남기고 싶다.

전 참판 홍만식, 시종무관장 민영환, 특진관 조병세, 평양징상대 상등병 김봉학, 학부주사 이상철, 인력거부 모, 전 대사헌 송병선, 송병선 집안의 비 공림恭林.

④ 의병에 관한 기술이다.

"경기, 강원, 충청, 경상 등 여러 도에서 의병이 봉기했다. 겁약협박으로 맺은 조약 이래, 온 나라가 들끓었다. 대나무로 깃대를 만들어 세우고 모두 일본인을 살해하자고 했다. 관동강원도에서부터 주창을 시작하여, 각처에서는 모두 호응하여 인심이 조금 흥분되었다. 그들은 아무런 무기도 없고 규율도 없어 비록 100명 내지 1000명이 떼 지어 다녀도, 일본군 수십 명만 만나면 모두 뿔뿔이 흩어졌다. 혹 한 두 곳의 요새를 점령하여 일본군의 허를 찔러 참획하는 성과도 있었다. 일본군은 패배를 깊이 감추었다."

⑤ 독도일본에서는 죽도에 관한 기술이다.

"울릉도 앞바다에서 동쪽으로 100리일본의 리로 10리의 거리에 섬이 하나 있다. 독도라고 한다. 이 섬은 옛날에 울릉도에 속해 있었다. 일본인들은 강제로 이것을 영토라고 하여 조사하고 갔다."

1905메이지38년 1월 28일, 일본 정부는 죽도의 일본영 편입을 각의에서 결정하고, 2월 22일에는 시마네현 고시 제40호에서 독도에 죽도란 이름을 붙여 시마네현 소관이 되는 것을 공시했다고 한다. 그리고 이듬해 1906년 3월, 시마네현의 제3부장 가미니시 유타로神西由太郎 등은 죽도를 시찰하여, 울릉도에 사는 군수 심홍택沈興澤과 면회하고 죽도의 시마네현 편입을 알린 사실이 있다.

울릉도 군수 심홍택은 같은 해 음력 3월 5일자로 정부에 '본군 소속 독도'가 일본 영토가 되었다는 보고서를 제출하면서, 마지막에는 "경위를 밝히게 되기를 바람"이라고 맺고 있다.

오늘날에 이르러서도 일본 정부와 정부 모임의 연구자는 이 때 한국 정부의 항변이 없었다고 하여 일본의 독도 영유의 정당성을 주장하지만, 이 시기 조선에는 한국통감부가 설치되어 초대 한국통감으로 이토 히로부미가 한성에 착임하고 있었다. 그러므로 한국 정부가 이 문제를 조사하여 일본 정부에 항의할 수 없었다.

그러나 독도의 직접소관 군수의 '본군 소속 독도'라는 인식과 민간기록자 황현의 독도 인식이 일치하고 있었다는 것은 매우 중요한 일이라고 생각된다.

⑥ 의병장 허위許蔿, 1855~1908가 체포되었을 때의 기술이다.

"허위를 일본군 사령부에 수감했다. 그는 한여름임에도 불구하고 솜옷을 입고 아무 거리낌이 없이 행동했다. 그 후 심문하는 날이 다가오자 일본인이 '주창을 한 사람은 누구이며 대장은 누구냐?'고 물었다. 그는 웃으면서, '주창을 한 사람은 이토 히로부미이며, 대장은 나다'라고 했다. 일본인이 '왜 이토공을 칭하느냐'고 하자, 허위는 '히로부미가 우리나라를 망하게 하지 않았다면 의병이 일어나지 않았을 것이다. 그렇다면 이토가 주창한 것이 아니고 누가 한 것이겠느냐?'라고 하면서, 꾸짖고 굽히지 않았다."

⑦ 이토 히로부미가 한성을 떠날 때의 기술이다.

"14일, 히로부미가 일본으로 귀국하자, 이완용은 성묘를 한다는 핑계로 미리 대전으로 가서 히로부미를 전송했다. 히로부미는 내각의 서책을 가지고 갔다. 태조 때 편찬한 지도 3권이 그 속에 들어 있었다."

이토 히로부미가 한국통감을 사임할 때, 조선의 둘도 없이 귀중한 문화재를 반출한 것을 기록한 것이다. 이것은 이토만이 아니라 역대 통감과 총독들이 즉 데라우치 마사다케 등과 다른 고관들도 조선의 문화재를 많이 가져갔고 아직 그 소장 장소조차 알 수 없는 것이 적지 않다.

황현은 초기 한국통감의 문화재 약탈을 기록한 것이다.

⑧ 안중근이 이토 히로부미를 사살한 것과 관련한 것이다.

"고종이 이토의 사망 소식을 듣고 크게 기뻐하는 기색을 지으며 오랫동안 이야기를 했다. 일본 경시관 요부코 유이치로呼子友一郎는 이 소문을 듣고 크게 화를 내며, 그 말의 출처를 조사하여 소문의 진위를 파악하고, 내인들까지 잡아다가 심문했다. 어떤 사람들은 시종 이용한李容漢이 일본인에게 아첨을 하기 위해 일러바친 것이라고 했다."

황현은 안중근이 이토를 사살한 일에 대해서, 상당한 양으로 기록하고 있다. 고종이 이토의 죽음을 듣고 크게 기뻐했다는 것은 있을법한 이야기지만 도리어 풍문에 가깝다. 고종에게는 다음에 올 일본의 태도야말로 가장 걱정이었을 것이다.

『매천야록』은 황현이 생애를 걸고 기록한 동시대사다. 그 내용은 너무나 여러 갈래이지만 오백년이 지난 조선왕조가 일본의 침략정책 때문에 멸망하는 마지막의 반세기를 재야라는 자리에서 극명하게 기록한 드문 책이다.

조금 정신이 든 눈으로 한 나라가 멸망하는 모양을 바라 볼 때 거기에는 인간적인 의미에서 모든 여러 모습이 소용돌이치게 된다는 감개를 갖게 된다. 『매천야록』이 기록한 내용이 과연 그러하다.

황현은 자결할 때, 아들에게 "일본의 지배 하에서는 이 원고를 공개하지 말라"고 유언하여, 자손은 이것을 지켜 해방하는 날을 맞이했다는 경위가 있다.

황현의 선조는 황희黃喜다. 황희는 고려조 말기에 태어나 일정한 직역에 나가지만 특히 조선왕조에서는 태조 3대 태종, 4대조 세종의 3대의 왕에게 두터운 신뢰를 받고 대신을 역임하여 영의정까지 이른 조선사상, 굴지의 명재상이라고 할 수 있는 인물이다. 황희는 행정수완에 뛰어났을 뿐 아니라, 그 청렴결백함은 관리된 자의 거울이라고 말해져 학식과 덕을 겸비한 사대부로서 전형적인 선비였다.

황희가 89세로 세상을 떠난 400년 후에 후손 현이 태어난다. 선조 황희는 신하로서 최고의 자리에 오른데 비해 황현은 관계의 혼탁을 싫어하여, 일생 제도권 밖에 있으면서 식견을 닦고 청빈한 일생을 보내 드디어는 나라의 운명과 함께 했다. 황희의 생애도 조선 선비의 삶을 나타낸 것이라면, 황현도 역시 그 대극에 있으면서 조선 선비의 삶을 장렬하게 구현한 것이다.

3부

식민지기의 일본관

———

무단통치기~파쇼통치기

1장 무단통치기의 일본관

일본은 1910년 8월 조선을 군사적으로 완전히 점령하고 「한국병합조약」이라는 형태로 완결을 보았다. 이 조약을 서명·날인한 자는 이완용 수상과 데라우치 한국 통감이다.

일본은 통감부를 설치한 이래 조선의 모든 국가기구·시설이나 토지, 광업, 어업 등의 소유권을 빼앗은 후 총 마무리로 '병합'을 단행한 것이다.

생각해보면 이것만큼 이상한 조약도 드물다. 본래 이 당시 조선에 외국과 조약을 맺을 권리가 있었던 것일까 라는 문제가 제기된다.

다시 말할 필요도 없이 주권국가의 국가통치의 3대 요소는 내정권, 군정권, 외정권으로 이 3대 요소가 갖추어져야 완전한 주권국가다.

그런데 조선은 보호조약으로 이미 일본에 외교권을 빼앗겼다. 국제법에서는 조약의 성립요건을 국가체약국의 존재와 국가 간의 합의라고 하여, "체약국은 '외교 능력법률 행위 능력'을 가지지 않으면 안 된"다고 한다마쓰바라 가즈오(松原一雄), 『국제법요의國際法要義』 1941년, 유비각 간행.

예를 들면 다치 사쿠타로立作太郎도 1906년 11월의 단계에서 보호국인 한국은 국제법상, 독립국이 아니라고 했다「국가의 독립과 보호관계」 『국가학회잡지』 1906년 11월호.

외교권을 빼앗긴 조선이 국제법상, 외교 능력을 가질 리가 없는 것이 아닌가, 그것을 실증해 보여준 것이 일본이다.

일본은 고종이 헤이그 만국평화회의에 밀사를 보냈을 때, 조선이 외교권을 일본에 양보하고 있기 때문에 조선에 외교 교섭권은 없다고 하여, 유럽열강에게 조선 대표의 평화회의에의 참가를 거부하도록 공작했다. 나아가 조선의 조약 위반을 책망하여 고종의 퇴위를 요구하고, 7개조의 조약을 체결했다. 바로 일본 자신이 조선의 외교권 상실을 목소리 높게 말한 장본인이다.

그런데도 조선은 '정미7조약'제3차 한일협약에서 내정권을 빼앗기고, 군대해산으로 군정권마저 빼앗겼다.

국가통치의 3대 요소는 전부 일본에게 빼앗겨 완전한 주권상실 '국가'다. '보호조약'으로 외정권을 잃은 다음에 이번에는 완전한 주권상실 '국가'에게 조약체결권이 있는가라는 문제가 제기된다.

이시모토 야스오石本泰雄·사토 요시스케佐藤由須計 편의 『국제법』1978년 법학서원 간행에 의하면, "조약의 체결은 조약 체결 능력을 갖는 국제법 주체국가 및 국가기구 사이에서 이루어진다"고 한다. 이때의 국제법 주체인 국가는 독립국을 말한다. "일체 조약을 맺는 것이 가능한 것은 독립국"『언문일치·전시국제법』이라는 것은 1904년메이지 37 5월 단계에서도 국제법의 이해로는 상식일 것이다.

'한일의정서' 이후 특히 1905년 11월의 '보호조약' 조인 이후, 일본의 국제법 학자 사이에서 피보호국인 조선은 독립국인가 아닌가라는 논쟁이 활발하게 이루어졌다. 앞에 나온 다치 사쿠다로에 의해 보호국인 한국은 국제법상의 독립국이 아니라고 결정되어, 이후 이 견해가 정착했다. 그러나 이것은 외교권만을 빼앗겼던 시기의 일로, 이때에도 조선은 국제법상 독립국이 아니라고 되어 있었다.

여기에 더하여 1907년 내정권과 군정권을 빼앗겨 완전한 무주권 국가가 된 비독립 국가에게 조약을 체결하는 법적 자격도 없으면 법률 행위 능력도 없는 것은 명백하다.

그런데도 정미7조약에서 통감인 데라우치는 위에서 명령하는 측, 이완용은 아래에서 명령을 집행하는 측이다.

주권이 없는 국가의 외교 교섭 자격이 전혀 없는 수상의 조약 교섭과 서명과 날인이 국제법상의 어느 조항에 의해 유효한 것인가. 또 국제관습법의 어느 예에 해당하는가. 일본 외무성과 '한국병합조약' 합법론자는 확실히 답하지 않으면 남북 전 조선 민중의 신뢰를 얻는 것은 곤란할 것이다.

즉 '한국병합조약'은 국제법상 전혀 유효성이 없는 '조약'이다.

신문이나 여러 자료에 근거해 보면, 병합도 군사력 대동원과 계엄령과 같은 엄중한 경계태세를 조선 전체와 수도 한성에 내리고 나서 발표되었다. 일본으로 보면 의병 등의 돌발을 미연에 방지하는 군사 태세를 취한 것이었지만, 동시에 '한국병합'은 1만 7000여명의 반일의병들의 시체 위에 이루어진 것이다『폭도토벌지(暴徒討伐誌)』, 조선주둔군, 1913년.

1. 무단통치기의 통치 실태

무단통치기는 1910년 8월부터 1919년 봄까지의 기간을 말한다. 이 시기의 조선인의 일본관을 보기 전에, 일본의 조선에 대한 식민지 지배의 존재 형태를 요약해 보기로 한다.

한국통감부는 조선총독부로 개편되어, 초대총독에는 육군대장으로 현직 육군대신인 제3대 통감 데라우치 마사다케가 그대로 취임했다초대 한국통감은 이토 히로부미, 제2대 소네 아라스케. 일본이 조선 점령의 초기 단계에서 실시한 지배방식은 '무단통치'라고 한다. 압도적인 군사폭력 지배정치다.

총독은 일본 천황에게 직속하고, 식민지 조선의 입법, 행정, 사법, 군사력 행사 등에서 무제한의 권력을 누리고 있었다. 데라우치는 치안유지를 명목으로 조선인의 반일독립운동의 탄압에 주안을 둔 헌병과 경찰을 일원화하는 제도를 확립했다. 이 무력 지배의 중앙에 경무총감부를 두고, 그 장인 경무총감에게 조선 주둔 헌병사령관 아카시 모토지로明石元二郎를 임명하여, 그 아래

각도의 경무부장에게 이제까지 각도의 헌병대장을 겸임시켰다. 그 위에 통치기구의 확립에 힘쓰게 된다.

무단통치기의 조선 지배에서 일본이 실시한 정책은 어떤 것이었을까. 크게 보면, 첫째는 조선 민중의 민족적 권리와 정치적 자유를 요구하는 운동을 탄압하는 것이었다.

조선인에게는 결사의 자유나 집회의 자유가 금지되고, 일본 지배에 비타협적인 사람들은 '불령선인不逞鮮人'이라고 하여 검거 대상이 되었다. 검거된 후 고문을 받아 죽은 조선인이 많다는 데에서 고문 정도를 알 수 있다. 한편, 민족을 배반한 친일 매국노에게는 모든 우대조치를 강구하여, 육성과 온존을 꾀했다.

둘째는 철저한 경제적 수탈이다. 일본은 조선의 민족 산업을 누르고, 경제를 일본 경제에 예속시키는 정책을 취했다. 식료나 공업원료의 수탈과 약탈을 행하여, 조선을 상품판매시장, 자본투하지로 바꾸고, 일본 경제와 일본 자본주의의 원시적 축적에 최대한으로 봉사시키기 위해 식민지 경제로 재편성하도록 했다.

셋째는 조선 민족문화의 말살이다. 이 정책의 기둥은 크게 3가지다.

① 종래의 조선의 교육체계를 대폭 개악하여 「교육령」, 「학교령」 등을 공포하고, 조선 민중이 일본 천황에게 충실한 일본인이 되는 것에 중점을 둔 교육을 실시했다. 총독부는 어릴 때부터 조선 민족의 역사의식과 민족의식을 말살하려고, 문자, 언어, 역사, 문화, 풍속 등을 소멸시키고, 완전한 일본인화를 노려, 조선인을 식민지 노예로 만들어 바꾸려고 했다.

② 언론·출판활동에 대한 탄압에서, '병합' 전후에 민족적으로 애국적, 그리고 반일적이라고 간주된 수십에 달하는 신문과 잡지는 발행이 금지되었다. 「황성신문」, 「대한매일신보」, 「대한민보」 등의 신문, 『소년』, 『서북학

회월보』등의 잡지, 『초등대한역사』, 『동국역사』, 『이순신전』 등의 서적, 그밖에 많은 출판물이 발매금지되었다.

③ 문화재의 대량 약탈이다. 일본은 '병합'의 훨씬 이전부터 조선의 문화재 파괴와 약탈에 힘을 기울이고 있었는데 완전히 점령되자 그 기세를 증가시킨다. 평양 대성산 일대는 고구려 유적이 집중해 있는데, 이곳의 고적들을 파괴·도굴하여 많은 문화재를 약탈했다. 또 개성과 강화도에 있는 고려고분 등을 도굴하여, 귀중한 고려자기, 종 등과 부장품 10만 점 이상을 약탈했고, 나아가 신라고분이 집중되어 있는 경상북도를 발굴해서 수많은 출토품文化財를 약탈하고 있다. 일본 각지 및 메이지천황의 지시로 궁성 안에 세워진 신텐후振天府, 전리품 보관 전시장에 소장되어 있는 귀중한 조선 문화재는 거의가 식민지 전후기에 일본에 의해 약탈된 것이다. 무단통치 전후기의 일본의 정책을 간략하게 이상의 세 가지로 좁혀 보았다. 요컨대 강대한 군사력으로 영토를 빼앗긴 조선 민중으로부터 기본적인 정치적 자유와 생존할 권리조차 빼앗고, 경제적인 수탈을 강요하여 민족의 경제 기반도 약화시켰을 뿐 아니라, 조선 민족의 문화도 민중의 사상도 철저하게 억압하는 무단적 폭력정치였다.

2. 이석용의 공판정 발언

그러면 이 시기의 일본관과 관련해서는 한말 의병운동에 종사하고, 일단 중단한 의병투쟁을 병합 후, 재개하려고 하여 사로잡힌 이석용李錫庸의 공판정에서의 언동을 통하여, 그의 일본관을 보고 싶다.

이석용은 처음 전라도에서 의병을 일으켜, 각지를 전전했는데, 많은 부하를 잃고 잠시 몸을 숨기고 있었다. 그런 그가 병합이라는 완전 점령 하에서 다시 재기를 꾀했다. 1913년의 일이다. 그러나 그는 10월 임실경찰서에 체포되어 전주감옥에 수감되고 이윽고 경상도 대구로 보내져 이듬해 4월 4일 사형되었다.

여기서 소개하는 것은 전주에서의 공판기1914년 1월 12일다. 죄명은 살인, 방화, 강도로 되어 있다. "조금도 두려워하는 기색 없이 웃고, 태연자약 했다"고 기록되었다. '법정' 안과 밖은 "어깨가 부딪치고, 발 디딜 틈도 없이 입추의 여지가 없었으며 즉 사람이 산을 이룰 정도로 많은" 중에 심문이 시작되었다.

문 글을 많이 읽었다고 하는데 과연 그런가?

답 사서오경 외에, 제자백가, 모두 섭렵했다.

문 재산이 있는가?

답 가난한 선비인데, 무슨 재산이 있을 리가 있는가?

문 무슨 목적을 가지고 폭도의 일을 감행했는가?

답 너희 일본인을 배척하려고 한 것이다.

문 통솔한 부하는 3백 명이라고 한다. 과연 그런가?

답 그렇다.

문 조선은 일본에 병합되었고, 천황의 은혜가 끝이 없어, 일반 신민, 모두 기뻐하는데 그대, 역시 충실한 신민이 되기를 바라지 않는가?

답 (크게 웃으면서 말하기를) 오히려 대한의 닭과 개가 될 것이다, 너희 나라의 신민은 원하지 않는다.

문 의병을 칭하고 인명을 살해하여 마을에 방화하고, 공금을 강탈하니 이것은 불법이 아닌가?

답 한국에 등을 돌리고 일본에 붙는 자를 죽이고, 이것을 불태우지 않을 수 없다. 공금에 이르러서는 본래 이것은 대한의 국세이니, 군이 잃어버리면 신이 이것을 취하고, 아버지가 잃어버리면 자식이 이것을 취하는 것은 이치의 당연한 것이니, 본래 그렇다. 무엇이 불법이란 말인가? (중략)

문 사실 심문은 종료한다. 너는 자기에게 이익이 되는 말이 있다면 거짓 없이 말을 하라.

답 지금 포로가 되었으니, 다만 빨리 죽여주기를 바란다. 왜 구구하게 자기에게

이로운 말을 하는가? 그렇다고 해도 다만 한스러운 것은 히로부미가 안중근의 손에 의해 죽고, 나는 이어서 데라우치와 5역·7적을 죽이려고 해도 할 수 없다. 또 도쿄·오사카에 불을 놓으려고 해도 할 수 없는 것이다.(『한국독립운동사』제 1권 소수)

이석용은 "일본 천황의 충실한 신민이 되겠는가"라는 질문에 크게 웃으면서 일본에 대항해 싸우는 많은 의병과 의병장들의 한 점의 불투명도 없는 기개를 만천하에 투명하게, 그리고 활달하게 보여준 것이었다.

또 마지막으로 이토는 안중근에게 선수를 빼앗겼지만 계속하여 데라우치나 친일 매국노를 죽이려고 했다는 것은 나중의 민족독립을 위한 반일무장투쟁의 과제로 남겨진 것이다.

그리고 도쿄·오사카에 불을 지르겠다는 문제는 일본 위정자의 뇌리에 깊이 새겨져, 후의 간토대지진[1] 때에는 내무성 치안 트리오[2]가 퍼뜨린 조선인 폭동, 방화설 발상의 원인이 되지 않았을까 추측된다.

여하튼 일본의 침략에 반대하는 장대한 반일의병투쟁기의 무장투쟁의 전통은 망국 후의 독립군 투쟁으로 이어졌다. 나아가 항일무장투쟁에로 발전하고, 많은 희생과 곤란을 동반하면서도 끊임없이 계속되어, 드디어 해방의

1) 1923년 9월 1일 오전 11시 58분 일본의 간토 지방에 지진이 일어나 대재해가 발생했다. 도쿄와 가나가와(神奈川) 일대는 큰 피해를 입었다. 이로 인해 이재민이 약 340만 명, 사망하거나 행방 불명된 사람이 14만여 명, 주택 57만여 채가 불탔다. 지진이 발생한 날부터 조선인과 사회주의자들이 소요를 일으켰다는 유언비어가 퍼지면서 수많은 조선인과 사회주의자가 체포되었다. 약 6000여 명의 조선인이 학살당했다.
2) 일본의 내무대신 미즈노 렌타로(水野錬太郎), 경시총감 아카이케 아쯔시(赤池濃), 제1사단장 이시미쯔 마사오미(石光眞臣)를 말함.

날을 맞게 된 것이다.

3. 3·1 독립선언

일본의 군사력으로 조선을 완전 점령한 날로부터 9년이 흐른 1919년 3월 1일, 경성 파고다 공원에서 '조선독립만세'를 부르짖는 수천 명의 군중 소리는 2일 후 고종의 장례로 전국에서 모인 50만의 대군중을 '3·1독립운동'에 끌어넣었다. 이 때문에 눈 깜짝할 사이에 조선 전국으로 파급되어, 각지에서 "일본군과 일본인은 돌아가라", "조선독립만세"의 목소리로 데모가 일어났다. 3·1독립운동이란 단적으로 말해, 전 민족적으로 싸운 반일독립투쟁이다.

이 운동에 이른 경과와 내외 요인의 자세한 것은 피하려고 한다. 요컨대 일본은 조선의 주권 침해와 국토 침략에 반대하는 오랜 기간의 의병투쟁을 대 유혈로 탄압했다. 그 위에 완전 점령 후에는 데라우치 마사다케를 정점으로 하는 총독부의 총검에 의한 무단통치가 약 10년이나 계속된 것에 대한 민족적 분노가 폭발한 것이다. 예를 들면 1910년 12월 안명근_{안중근의 사촌동생}에 의한 데라우치 총독 암살미수사건_{안악사건}3)을 구실로, 신민회라는 애국문화계몽단체의 구성원을 송두리째 노린 105인사건에서는 1912년 600여 명을 체포했다. 주요 간부 윤치호尹致昊, 유동열柳東說, 양기탁梁起鐸, 이승훈李承薰,

3) 안명근이 황해도 안악지방에서 서간도에 세우려고 한 무관학교의 설립자금을 모집하다 관련인사 160여 명과 함께 검거된 사건. 일제는 무관학교 설립자금을 데라우치 마사타케 총독 암살을 위한 군자금이라고 날조했다. 이 사건으로 해서교육총회(海西教育總會), 안악의 양산학교(楊山學校), 면학회(勉學會) 등에 관련된 이들에게 강도 및 강도미수죄와 내란미수죄·암살미수죄를 적용하여 5~15년의 징역형을 선고했다. 이 사건은 일제의 무단통치하에서 황해도 지방의 민족주의자들을 탄압하기 위해 조작된 사건이다.

이동휘李東輝, 최광옥崔光玉, 안태국安泰國, 옥관빈玉觀彬 등을 투옥하여, 105인을 기소, 고문 끝에 주도한 인사에게 실형을 선고했다.

'신민회'라는 유력한 단체가 이 정치적인 날조 사건으로 자연 해체되었을 뿐 아니라, 국내에서 반일독립운동도 커다란 타격을 받았다. 조선인의 저항은 이 정도로 그 단서가 싹텄을 뿐이었는데, 사람들은 강압정치에 철저한 탄압을 받는 신음 상태에 있었던 것이다.

또 3·1독립운동의 외적 요인으로 러시아혁명의 성공과 윌슨T. W. Wilson 미국 대통령의 민족자결주의 제창을 들 수 있다.

제1차 세계대전 종료 후에 동반한 파리강화회의 전후, 윌슨은 민족자결주의를 부르짖고, 유럽에서는 헝가리, 체고슬로바키아, 폴란드, 핀란드 등의 독립 문제가 현실 문제로 다가왔다. 그런 가운데, 미국과 중국에서 활동하고 있던 조선 독립운동가들도 이 흐름을 타고 독립 문제를 세계에 제기하기 위해, 미국 정부나 파리강화회의, 그 외의 회합에 대표를 보내고 청원서 등을 제출하려고 했다.

또 일본에 있는 조선인 유학생은 가장 민감하게 반응하여, 여러가지 준비를 거쳐 1919년 2월 8일, 도쿄 간다神田의 조선YMCA회관에서 최팔용崔八鏞, 김도연金度演 등의 호소로 약 600여 명이 모여 유학생 대회를 열고 여기서 「2·8독립선언」을 낭독했다.

이 선언 가운데, 조선과 일본의 근대에 들어서부터의 역사적 관계를 열거, "비밀로 무력을 가지고 병합조약을 체결"했다고 하여, 조선에 대한 일본의 행위는 사기와 폭력이며, "세계의 흥망사상, 특필할만한 인류의 대치욕"으로, 한일병합은 조선 민족의 의사가 아니라고 강조한다. 또 미·영 양국이 보호조약과 병합조약을 솔선해서 승인한 것에 항의하고 있다. 그 위에 병합 이후의 일본 통치정책을 규탄하여, 참정권과 집회, 결사, 언론, 출판, 신교,

기업, 교육 등의 자유가 없는 사실 등을 언급하고, 역사의 개서와 민족적 전통과 위엄을 파괴하고 있다고 하여, "이러한 무단 전제專制의 부정, 불평 정치 아래에서는 결코 그 생존과 발전을 향수할 수가 없다"고 하고 있다. 선언서의 기초자는 이광수李光洙다. 이 외에 「결의문」을 채택하고 있는데, 독립을 요구하는 모든 활동을 하는데, 요구가 받아들여지지 않으면 "우리 민족은 다만 일본에 대해 영원한 혈전을 할 것"이라고 하고 있다. 실로 당당한 선언서라고 말하지 않을 수 없다. 이 재일 유학생들의 독립선언서는, 국내 사람들에게 커다란 자극을 주었다. 본래 국내 독립운동가도 이 움직임 이전에 독립운동의 공개 행동을 언제 일으킬 것인가를 모색하고 있었는데, 재일 유학생들과 연락이 취해져, 이 행동은 구체화된다. 이 움직임의 중심에 선 것은, 동학의 본류로 자타 모두 인정하는 천도교이고, 그 간부인 오세창吳世昌, 권동진權東鎭, 최린崔麟 등이다. 여기에 역사학자 최남선崔南善도 참가하여, 대중화, 일원화, 비폭력의 3대원칙을 정하고 기독교나 불교계의 대표자, 청년, 학생 대표를 포함하는 광범한 사람들에게 참가하도록 손을 썼다.

선언문 초안은 최남선이, 공약 3장은 승려 한용운韓龍雲이 맡아 2천매 이상 인쇄했다. 그리고 1919년 3월 1일, 각계대표 32명의 서명으로 경성의 유명 조선 요리점 명월관 지점의 태화관에 모여서 「독립선언서」를 발표했다. 여기에 참가한 자들은 바로 체포되었다. 앞에서 말한 것처럼 '조선독립만세'를 외치는 파고다공원의 수천 군중의 목소리는 눈 깜짝할 사이에 조선 전국에 울리고 있었던 것이다.

그러나 일본 군대와 경찰은 무기도 갖지 않고 빈손으로 일어난 민중에 대해서 용서 없이 총탄 세례를 가해, 노인, 아동, 여자라고 해도 죽이고, 잡아서 고문했다. 박은식은 그의 저서 『한국독립운동지혈사』에서, "일본은 10만 명을 체포, 악형을 가해, 2만 명을 살육했다"고 쓰고 있다. 상당히 억제한

숫자라도 피살자 7500명 이상이라는 것이 통설이다. 조선 218군 가운데 7군을 제외하고 이 독립운동에 참가하지 않은 군이 없다는 사실에서, 이 때 발양한 조선 민중의 독립 원망의 에너지는 비유할 것도 없는 거대한 것이었던 것을 알 수 있다.

운동 참가자는 200만 이상, 피체포자 약 4만 7000명, 피상자 약 1만 6000명, 거기에 사망자를 더한다면 조선인으로 이 운동에 참가한 자에게 어떤 혈연적 연결을 가지지 않는 자가 없다고 해도 과언이 아니다. 그것도 일본에 고용되어 조선인을 단속하는 측에 있던 조선인 경찰관조차 이 운동에 참가한 자가 있다. 그러면 이「3·1독립선언서」전문을 보기로 하자.

오등은 자(玆)에 아(我) 조선의 독립국임과 조선인의 자주민임을 선언하노라. 차(此)로써 세계만방에 고하야 인류평등의 대의(大義)를 극명하며, 차로써 자손만대에 고(誥)하여 민족자존의 정권(正權)을 영유(永有)케 하노라. 반만년 역사의 권위를 위하여 차를 선언함이며, 2천만 민중의 성충(誠忠)을 합하여 차를 표명함이며, 민족의 항구여일(恒久如一)한 자유발전을 위하여 차를 주장함이며, 인류적 양심의 발로(發露)에 기인한 세계개조의 대기운에 순응병진하기 위하여 차를 제기함이니, 시천(是天)의 명명(明命)이며, 시대의 대세이며, 전 인류 공존동생권(共存同生權)의 정당한 발동이라. 천하 하물(何物)이던지 차를 저지 억제치 못할지니라.

구시대의 유물인 침략주의 강권주의의 희생을 작(作)하여 유사 이래 누천년에 처음으로 이민족 압제의 고통을 당한지 금(今)에 10년을 과한지라. 아 생존권의 박탈됨이 무릇 기하(幾何)며, 심령상 발전의 장애됨이 무릇 기하(幾何)며, 민족적 존영의 훼손됨이 무릇 기하며, 신예(新銳)와 독창으로 세계문화의 대조류에 기여보비(寄與補裨)할 기연(奇緣)을 유실함이 무릇 기하뇨.

희(噫)라! 구래의 억울(抑鬱)을 선양하려 하면, 시하(時下)의 고통을 파탈(擺脫) 하려 하면, 장래의 위험을 삼제(芟除)하려 하면, 민족적 양심과 국가적 절의의 압축 소잔을 흥분 신장하려 하면, 각개인 인격의 정당한 발달을 수(遂)하려 하면, 가련한 자제에게 부끄러운 재산을 유여(遺與)치 아니하려 하면, 자자손손의 영구 완전한 경복(慶福)을 도영(導迎)하려 하면, 최대 급무가 민족적 독립을 확실케 함이니,

2천만 각 개인이 인(人)마다 작은 인(刃)을 회(懷)하고, 인류 통성(通性)과 시대 양심이 정의의 군(軍)과 인도(人道)의 간과(干戈)로써 원호하는 금일, 오인은 진(進)하여 취(取)함에 어떠한 강압도 좌(挫)치 못하랴. 물러나 일을 작(作)함에 무슨 뜻도 전(展)치 못하랴.

병자수호조규 이래 시시종종(時時種種)의 금석맹약을 어겼다 하여, 일본의 신의 없음을 책망하려 아니하노라. 학자는 강단에서, 정치가는 실제에서, 우리 조종의 세업을 식민지 시하고, 아(我) 문화민족을 야만인 취급하여 한갓 정복자의 쾌(快)를 탐할 뿐이오, 아의 구원한 사회기초와 탁절한 민족심리를 무시한다 하여 일본의 소의(少義)함을 책하려 아니하노라. 자기를 책려(策勵)하려 하기에 급한 오인은 타인의 원망을 할 틈이 없노라.

현재를 주무(綢繆)하기에 급급한 오인은 옛날을 징변할 틈이 없노라.

금일 오인의 소임은 다만 자기의 건설이 유(有)할 뿐이오, 결코 타의 파괴에 재(在)치 아니하도다. 엄숙한 양심의 명령으로써 자기의 신운명을 개척함이오, 결코 구원(舊怨)과 일시적 감정으로써 타를 질축배척(嫉逐排斥)함이 아니로다. 구사상, 구세력에 묶인 일본 위정자의 공명적(功名的) 희생이 된 부자연, 우(又) 불합리한 착오상태를 개선 광정하여, 자연 이에 맞는 정도의 대원(大原)으로 귀환케 함이로다.

당초에 민족적 요구로서 출치 아니한 양국 병합의 결과가 필경 고식적 위압(姑息的威壓)과 차별적 불평과 통계 숫자상 허식의 하에서 이해상반한 양 민족 간에 영원히 화동할 수 없는 원구(怨溝)를 점점 더 깊게 하는 금래 실적을 관(觀)하라. 용맹 과감으로써 구오(舊誤)를 확정(廓正)하고 진정한 이해와 동정에 기인한 우호적 신국면을 타개함이 피차간 화를 멀리하고 복을 부르는 첩경임을 명지(明知)할 것 아닌가.

또 2천만 함분축원의 민(民)을 위력으로써 구속함은 다만 동양의 영구한 평화를 보장하는 소이가 아닐 뿐 아니라, 차로 인하여 동양 안위의 주축인 4억만 지나인의 일본에 대한 위구와 시의(猜疑)를 갈수록 농후케 하여, 그 결과로 동양 전국이

공도동망(共倒同亡)의 비운을 초치(招致)할 것이 명(明)하니, 금일 오인의 조선 독립은 조선인으로 하여금 정당한 생영(生榮)을 수(遂)케 하는 동시에 일본으로 하여금 사로(邪路)로서 출(出)하여 동양 지지자인 중책을 전(全)케 하는 것이며, 지나로 하여금 몽매에도 면하지 못하는 불안, 공포에서 탈출케 하는 것이며, 또 동양 평화로 중요한 일부를 삼는 세계평화, 인류행복에 필요한 계단이 되게 하는 것이라. 이 어찌 구구한 감정상 문제리오.

아아, 신천지가 안전(眼前)에 전개되도다. 위력의 시대가 거(去)하고 도의의 시대가 내(來)하도다. 과거 전세기에 연마장양(鍊磨長養)된 인도적 정신이 바야흐로 신문명의 서광을 인류역사에 투사하기 시작하도다. 신춘이 세계에 내하여 만물의 회소를 촉촉하는도다. 동빙한설(凍氷寒雪)에 호흡을 폐칩(閉蟄)한 것이 피(彼) 일시의 세라 하면, 화풍난양(和風暖陽)에 기맥을 진서(振舒)함은 차 일시의 세니, 천지의 복운에 제(際)하고 세계의 변조를 승(乘)한 오인은 아무 주저할 것 없으며 아무 기탄할 것 없도다. 아의 고유한 자유권을 호전(護全)하여 생왕(生旺)의 낙을 포향(飽享)할 것이며, 아의 자족한 독창력을 발휘하여 춘만(春滿)한 대계(大界)에 민족적 정화를 결뉴(結紐)할지로다.

오등이 자에 분기하도다. 양심이 아와 동존하며 진리가 아와 병진하는도다. 남녀노소 없이 음울한 고소(古巢)에서 활발히 기래(起來)하여 만휘군상(萬彙群象)으로 더불어 흔쾌한 부활을 성수(成遂)케 하도다. 천백세 조령(祖靈)이 오등을 음우(陰佑)하여 전세계 기운이 오등을 외호하나니, 착수가 곧 성공이라. 다만, 전두(前頭)에 광명으로 매진할 따름이다.

공약 3장

1. 오늘 우리들의 이 거사는 정의·인도·생존·번영을 찾는 겨레의 요구이니, 오직 자유의 정신을 발휘할 것이고, 결코 배타적 감정으로 치닫지 말라.

2. 마지막 한 사람에 이르기까지, 마지막 한 순간에 다다를 때까지, 민족의 올바른 의사를 시원스럽게 발표하라.

3. 모든 행동은 먼저 질서를 존중하여, 우리들의 주장과 태도가 어디까지나 공명정대하게 하라.

나라를 세운 지 4252년 되는 해 3월 초하루

여기에 '조선민족대표'로 손병희를 비롯하여, 33명이 연서하고 있다.

이 사람들 가운데에는 처음부터 일본의 탄압에 굴복하는 행동을 취한 자도 있어, 그런 의미에서는 문제가 없다고는 할 수 없다. 그러나 이들의 움직임이 3·1 독립운동에 불을 붙인 것도 사실이다.

「3·1독립선언서」는 조선 민중의 일본관이라는 관점에서 도쿄 유학생들의 독립선언서보다는 일본의 탄압을 두려워한 나머지 일본 지배층의 이성에 호소하는 등 매우 타협적이고 그 점에서도 커다란 문제를 남기고 있다. 그럼에도 불구하고 전문을 수록한 이유는 이 문제의 기미를 직접 읽어내기를 바라기 때문이다.

그래도 이 선언서는 역사적으로는 강화도조약 이후의 일본이 「금석맹약」을 어긴 것을 공격하고 조선을 식민지로 하여 정복자의 쾌락을 탐하고 있다고 규탄했다. 또 병합조약도 조선 민중의 '민족적 요구'에서 나온 것이 아니라고 단언, 위압에 의한 통치에서는 양 민족 간의 영원한 화동은 없다고 한다. 그리고 궁극적으로는 침략주의라는 강권을 버리고, 도의와 인류평등의 대의에 기초하여 조선의 자유, 독립을 인정해야 한다고 하여 조선의 독립을 세계에 선언한 것이다.

그렇지만 미국 대통령 윌슨이 제창한 민족자결주의는 전쟁 패배국 보유의 식민지 처리원칙이었다. 당사자 미국을 비롯하여, 영, 프, 일 등의 전승국 보유의 식민지에는 적합하지 않은 사이비 민족자결주의라는 것을 이 독립선언서에 이름을 쓴 사람들은 눈치 채지 못했다. 3·1독립운동 때의 대 유혈은 당연 이들 전승국인 제국주의 열강의 지배층에게는 무시당했다.

3·1독립운동이 일어난 다음 해, 1920년 12월, 레닌Lenin, 1870~1924은 러시아 공산당의 모스크바조직에서 연설하여, 일본의 조선통치의 본질적 문제에 대해 언급했다. "최근 우리들은 일본인이 무엇을 하고 있는지를 말하고 있는

조선의 한 신문을 받았다. 여기서는 차리즘제정 러시아의 전제정치의 모든 방식, 모든 최신의 기술적 진보와 순 아시아적 고문 제도, 전대미문의 잔학성과의 결합이 있다. 그러나 이 조선이라는 맛있는 음식을 미국인은 낚아채어 빼앗으려고 생각한다." 레닌은 일본의 조선 지배의 실태를 적확하게 파악하고 있었을 뿐 아니라, 일본에 대신하여 조선이라는 '맛있는 음식'에 대한 미국의 야망도 이 때 이미 간파하고 있었던 것이다.

그렇지만 3·1독립운동은 일본의 총검에 의한 대 탄압으로 폐식된 것으로 보인다. 그러나 일본 통치자는 조선 민중의 독립을 요구하는 거대한 에너지에 봉착하여, 조선통치정책을 크게 전환시키지 않을 수 없었다.

이 책의 테마인 조선인의 일본관으로 말한다면 조선 민중은 이 때 10년에 걸치는 이민족 지배를 단호하게 거부하는 것을 행동 그 자체로 구현하고, 일본관을 행동으로 전 세계에 더할 나위 없이 명확하게 보여준 것이었다.

2장 문화정치기의 일본관

1. 문화정치기의 통치 실태(1920년대)

온 민족이 싸운 3·1독립운동은 일본 지배층의 조선식민통치에 심각한 타격을 주었다. 무단통치방식으로는 조선을 유효하게 지배하는 것이 불가능하게 된 것을 안 일본 지배층은 어떠한 방식으로 조선에서의 식민통치를 계속 유지해야 하는가 부심하지 않을 수 없었다. 그래서 등장한 것이 종래의 무단통치를 바꾼 '문화정치'라는 통치 방식이다.

그러면 문화정치의 통치 방식과 본질은 무엇일까?

한마디로 말해서 당근과 채찍의 병용방식이다. 즉 한편에서는 거대한 군사·경찰력에 의한 탄압체제로 임하고, 한편에서는 회유와 기만을 가지고 조선 민중에게 임하는 것이다.

일본은 먼저 '관제개혁'에서 시작하여, 군사기구, 경찰 등의 탄압장치, 지방관제, 경제, 사상, 교육, 문화, 언론, 출판 등의 각 분야에 이 방식을 실현해갔다.

당시의 일본 수상 하라 다카시原敬[4]는 조선통치의 위기에 즈음하여 정치적

---

4) 1856~1921. 메이지·다이쇼기의 정치가. 1882년 『대동일보』의 기자가 되었고 얼마 안 있어 외무성에 들어가 톈진 영사, 파리주재 서기관 등을 역임했다. 그 후 이노우에 가오루, 무쓰 무네미쓰에게 인정을 받고 1889년 농상무성으로 옮겼다. 1892년 무쓰가 외상이 되자 외무성으로 돌아와 통상국장, 외무차관을 지냈다. 1897년 무쓰가 사망하자 조선 주재공사를 마지막으로 공직을 그만두고, 오사카 마이니치 신문사 사장이 되었다. 1902년 이후 중의원 의원에 당선. 1918년 쌀소동으로 데라우치 내각이 무너지자 정당정치가로서는 처음으로 정당내각을 조각하고, '평민재상'으로서 여론의 지지를 받았다. 그러나 사회운동을 탄압, 보통선거 거부, 시베리아 출병 등의 강경정책을 수행하여 여론의 비판을 받던 중, 1921년 11월 4일 국철 직원에게 암살당했다.

으로는 유연한 대처능력을 보이는 전 해군대신 사이토 마코토齋藤實를 조선에 보낸다. 사이토는 조선 부임에 즈음하여 하라 수상으로부터 「조선통치사견」이라는 장문의 조선 통치책을 건네받는다. 하라의 이 통치 사견을 한마디로 평하면 '동화정책'의 철저화를 꾀한다는 것이다.

"(일본과) 조선의 관계를 보면 언어 풍속에 다른점이 있다고 해도, 근본에 거슬러 올라가면 거의 동일 계통에 속한다. 인종은 본래부터 차이가 없고, 역사에서도 상고로 거슬러 올라가면 거의 동일하다"고 하는 하라의 조선인식은, 『고사기』, 『일본서기』를 기본으로 다소 근대적으로 염색을 하여 조선인에게는 독립은 물론 '자치'조선 측에서 보아 민족개량주의적 주장조차 허락하지 않았다. "조선을 통치하는 원칙으로 완전히 내지인을 통치하는 것과 같은 주의, 같은 방침에 의한 것을 근본정책이라고 정하지 않을 수 없다"고 하는 것이다. 침략당한 민족과 침략한 민족을 동일선상에서 논하려는 부분에 본래 무리가 있다. 이것을 정책화할 경우 아무리 해도 군사·경찰을 배경으로 한 기만, 회유정책을 추진하는 외에 없다.

다음은 이 시기의 통치 방식의 일부분이다.

1919년 8월 19일 「조선총독부 관제개혁의 조서」라는 것이 천황의 이름으로 「칙령」으로 공포되었다. 여기서는 지금까지의 조선총독은 육군대장 급의 현역 무관만이 등용되고 있던 것을 "문무관의 누구나 임용할 수 있는 길을" 연다고 하여, 문관도 총독이 될 수 있는 것처럼 했다. 다만 실제로는 1945년 8월 15일의 일본 패전까지, 문관이 조선총독에 임명된 것은 단 한 번도 없었기 때문에 이 「관제개혁」의 근본은 완전히 기만적이었다.

총독에 문관을 임명한다는 기만으로 상징되는 속임수야말로, 문화정치기의 조선 식민지 지배에 크게 관류하고 있었다. 조선을 어떻게 기만하고 있는지 살펴보자.

첫째는 조선총독이 가지고 있던 군사통수권을 병력사용청구권으로 바꾸어, 마치 총독의 군사통수권이 약해진 것 같은 인상을 주었다. 그러나 실제로는 총독과 조선군사령관의 두 사람에게 군사력 행사권을 가지게 하여, 한층 군사 탄압을 강화했다.

둘째는 종래의 헌병경찰제도를 보통경찰제도로 바꾸었다. 실제로는 헌병기관과 경찰기관을 분리해, 각각의 기구를 강화하고, 경찰력의 확충을 꾀한 것이다. 경찰 관서만 해도 1918년에는 700여 개소였지만, 1920년에는 2700여 개소가 되고, 경찰관 수도 1919년의 6000여 명에서 1920년에는 2만여 명으로 늘리고 있다.

셋째는 일반관리, 교원 등의 제복대검의 폐가 있다. 무단통치기에는 일반관리는 물론 소학교 교원까지도 허리에 칼을 차고, 어깨에 금몰을 붙인 옷을 입고 있었다. 세계가 웃을만한 시대착오적인 교복을 개정했다고 해서 진정한 개혁이 된 것일까?

일본은 조선의 각 도에 도 평의회라는 자문기관을 두고 민의를 반영시킨다고 했지만, 선출방법은 거의 도지사의 임명과 총독의 임명에 의한 것이다. 구성원의 대부분을 일본인, 그렇지 않으면 일본의 식민통치를 지지하는 친일파, 대일협력자로 채웠다.

그런데도 '민의창달'을 명목으로 「동아일보」, 「조선일보」 등의 조선어 신문이나 잡지 발행은 허가했지만, 조금이라도 식민통치에 저촉하는 기사를 게재하면 용서 없이 정간 처분이나 폐간 처분을 했다. 일본 지배층이 조선어 출판물을 허가한 것은 일본어를 알지 못하는 민중에게 자기의 식민통치정책의 침투를 꾀하고 정치적으로 구워삶아 가기 위해서였던 것이다.

그밖에 집회나 결사의 자유를 경찰의 사전 검열이나 임시 검문을 받는다고 하는 엄격한 조건을 붙이면서 쟁취하고 있다. 조선 민중은 이러한 불리한 조건아래서도 비합법에 빠듯하게, 민족의 독립과 자유를 위한 투쟁을 계속하여, 침략자 일본의 가면 속의 본질을 드러내고 있었다.

총독부는 「조선교육령」을 공포하여 조선인 아동에게 일본 통치의 우위성을 말하고, 또한 조선인 측의 대학 설립 취지와는 전혀 다른 '경성제국대학'을 설립했다. 두 가지 의미에서, 이것도 기만이었다. 첫째 입학자는 일본인이 압도적으로 다수를 점한 것, 둘째 식민통치에 필수인 고등관리 양성기관이었다. 그러므로 친일파, 대일협력자의 자제가 많이 입학했다.

더욱이 「조선사편수위원회」를 조직해서는 일본인 어용학자나 친일파 학자를 동원하여, 역사를 일본의 식민통치에 도움이 되는 방향으로 왜곡했다. 그리고 종교정책과 조선 민중의 뒤떨어진 관습의 이용 등, 광범한 문화영역에서의 우민화정책과 식민 정책미화를 아울러 행한 것이다.

그 중에서도 사이토 총독의 '대사업'이라고 일컬어지는 '산미증식계획'[5]이 있다. 이것은 요컨대 지난해 일본에서의 쌀 소동에 놀란 일본 지배층이 조선에서 쌀을 대량 증산하여 일본에 가져가려고 하는 것으로, 조선인을 위해 한 것이 아니다.

그 정도로 이 시기의 문화정치라 칭하는 일본의 조선 통치는 기만으로 가득한 것이었다. 그러나 기만만이 아니다. 악명 높은 「치안유지법」[6]을 조선에

---

5) 일제강점기에 행한 일본의 미곡수탈정책. 1920년에 15년 계획으로 수립되었으나 실적이 매우 부진하자 1926년에 계획이 수정되었다. 1926~34년 '산미증식갱신계획', 1940~45년 '조선증미계획' 등 3차례에 걸쳐 실시되었다.

6) 1925년 가토(加藤) 내각이 보통선거법 성립 직전에 입법했다. 국체의 변혁, 사유재산의 부인을 목적으로 하는 결사를 금지했다. 10년 이하의 징역·금고의 벌칙이 주어졌다. 1928년에는 사형을 추가하고, 1936년에는 사상범보호관찰법이 성립했다. 1941년 예방구금제(형기만료 후에도 사상을 바꾸지 않는 자는 범죄 예방을 위해 계속해서 구금하는 제도)를 도입했다. 1945년 10월 GHQ 각서로 폐지되었다.

서 1925년 5월부터 실시하여, 높아가는 노동운동과 민중의 반일투쟁을 탄압하고, 독립운동가와 혁명가에게 대량의 피를 흘리게 했다.

한편 조선 북부 일대와 「간도대토벌」 작전에서, 많은 일반 조선 민중을 학살 대상으로 삼아 살해한 것이다.

그러나 10여 년에 걸치는 '문화정치'기, 조선인 가운데에는 '문화'라는 이름이 만든 이러한 일본의 정책에 환상을 가졌다. 또 이전의 독립투사도 점차 변질하여, 확실하게 친일파로 변모해 가는 자도 적지 않고, 조선 사회도 복잡하게 되어 간 것이다.

2. 신채호의 「조선혁명선언」

3·1운동 후, 일본의 '문화정치' 방식은 조선 사회에 크게 두 가지 변동을 불러일으켰다.

첫째, 이제까지 독립운동을 주도해온 민족주의자가 무대 위에서 모습을 감추어 두드러지지 않는 대신 노동자·농민의 전위가 독립운동을 지도하는 부대로 모습을 나타내게 되었다. 둘째, 민족주의 진영의 내부에 일본의 문화정치 방식에 환상을 가지고 여러 구실을 걸기는 하지만, 결국은 일본의 지배에 타협한 민족개량주의자가 많이 나타났다.

물론 이전의 의병투쟁의 흐름을 잇는 무장 독립운동도 행해지고 소부대 투쟁, 또는 개인 테러 방식으로 일본 침략자에 대항하는 사람들도 적지 않았다. 그 중에 신채호申采浩, 1880-1936는 유력한 조직인 의열단義烈團의 김원봉金元鳳의 요청을 받아 의열단 선언서로 「조선혁명선언」을 썼다. 그 전문은 다섯으로 구분되어 있다. 주로 일본관과 관련된 부분을 중심으로 보고 싶다.

1) 신채호는 "강도 일본이 우리의 국호를 없이 하며, 우리의 정권을 빼앗으

며, 우리 생존의 필요조건을 다 박탈했다. 경제의 생명인 산림·천택川澤·철도·광산·어장 - 내지의 상공업 원료까지 다 빼앗아 일체의 생산기능을 칼로 베며 도끼로 끊었다. 토지세·가옥세·인구세·가축세·백일세百一稅·지방세·주초세酒草稅·비료세·종자세·영업세·청결세·소득세 - 기타 각종 잡세가 날로 증가하여 혈액을 있는 대로 다 빨아갔다. 보통의 상업가들은 일본의 제조품을 조선인에게 매개하는 중매인이 되어, 차차 자본 집중의 원칙하에서 멸망할 뿐이다"라고 했다. 대다수의 인민이 생활 방도를 빼앗겨, 일본 식민자의 조선 이주가 날로 증가하고, 서간도나 북간도 시베리아 등에 '배고픈 귀신이나 정처 없이 돌아다니는 귀신'이 되어 있다고 지적한다. 더구나 출판, 결사, 집회 등 일체의 자유가 없는 고통과 '분한憤恨'이 있다고 한다. 또 "자녀가 태어나면 '일본어를 국어다, 일본문이 국문이'다 라고 하는 노예 양성소 = 학교에 보내고, 조선인인데 때로는 조선 역사를 잊어버리게 하여 '단군을 날조하여 스사노오노미코토素盞鳴尊의 형제'라고 하며, '삼한시대, 한 강 이남은 일본 영지'라고 하는 일본 놈들이 쓴 대로 읽게 되면, 신문에서도 잡지를 보더라도 강도 정치를 찬미하는 반일본화한 노예적 문자뿐이다. 현명한 자녀가 태어났다고 해도 환경의 압박으로 염세 절망의 추락자가 되거나, 그렇지 않으면 '음모사건'이라는 명칭아래 감옥에 구류되고, 주리를 틀고 목에 칼을 씌우고 발에 쇠사슬 채우기, 단근질·채찍질·전기질, 바늘로 손톱 밑과 발톱 밑을 쑤시고, 수족을 달아매며, 콧구멍에 물을 붓고, 생식기에 심지를 박는 모든 악형, 곧 야만 전제국의 형률 사전에도 없는 모든 악형을 다 당하고 죽거나, 요행히 살아 감옥문에서 나와도 종신 불구의 폐인이 될 뿐이다"라고 한다.

그렇게 하지 않아도 우리 민중은 "환해環海 삼천리가 하나의 대감옥" 안에서 "조선 민족은 일본의 노예가 되어 기계처럼 일만 할 뿐이다." 그 위에 "강도 일본이 우리의 생명을 초개艸芥로 보아, 을사(보호조약) 이후, 의병이 일어난 각 지방에서 일본 군대가 행한 폭행도 전부 다 적을 수 없다. 즉 최근 3·1운동 이후 수원·선천 등의 국내 각지부터 북간도·서간도·노령·연해주의 각처까지 도처에서 거주민을 도륙하고, 촌락에 불을 지르고, 재산을 약탈하고, 부녀자를 욕보이고, 목을 끊고, 산 채로 묻고, 불에 던지고, 혹 몸을 두 동가리 세 동가리로 내어 죽이고, 아동을 고문한다. 부녀의 생식기를 파괴하는 등, 할 수 있는 데까지 참혹한 수단을 써서 공포와 전율로 우리 민족을 압박하여 인간의 '산송장'을 만들려 하고 있다. 이상의 사실에 의거하여 우리는 일본의 강도정치, 곧 이족통치가 우리 조선 민족 생존의 적임을 선언하는 동시에, 우리는 혁명수단으로 우리 생존의 적인 강도 일본을 살벌殺伐함이 곧 우리의 정당한 수단임을 선언한다."

2) 신채호는 "내정독립이나 참정권, 자치 운동을 하는 자가 누구냐"고 묻는다. "강도 일본이 3·1운동 이후에 또 우리의 독립운동을 완화시키려고 송병준·민원식閔元植 등 한 두 매국노를 시켜 이러한 광론狂論을 외치고" 있으니 라고 탄핵한다. 또 '문화운동'자는, "강도의 비위에 거슬리지 아니할 만한 정도의 언론이나 주창하고" 있다고 규탄하고 있다.

3) 신채호는 '외교론'자들에도 언급하여, 일본은 조선을 침략하고 있는데, '하나의 칼 하나의 총탄'으로 복수하지 못하고, 공개서간을 열강의 공관에 보내거나, "긴 서간을 일본 정부에 보내고, 국세國勢의 외롭고 약함을 호소하"고 있다고 탄핵한다. 또 독립전쟁을 하는 데는 여러 준비가 필요하다는 '준비론'자에게 대해서는 "실로 한바탕의 잠꼬대"라고 일축한다.

4) 신채호는 "조선 민족의 생존을 유지하려면, 강도 일본을 쫓아내야 하고, 강도 일본을 쫓아내려면 오직 혁명밖에 없다. 혁명이 아니면 강도 일본을 쫓아낼 방법이 없다"라고 하여, 그 혁명은 종래의 특수 세력을 교체하여 끝나

는 혁명이 아니고, '민중 혁명'이고 '직접 혁명'이라고 한다. 그러므로 '우리 혁명의 제1보는 민중의 각오를 요구하는 것이다' 민중의 각오는 어떻게 얻을 수 있는가? "먼저 깨달은 민중이 전체 민중을 위하여 혁명적 선구가 되는 것이 민중 각오의 첫째 길이다" 그러나 적은 강대하고, 교활하고 잔인하다. 이 적에게 이기려면 폭동의 수단만이 유효하고, "민중의 폭력적 혁명의 발생"이 없으면 성공은 없다. 그리고 '민중과 폭력', 이 양자의 결합만이 중요하다고 하여, 다음의 목표를 내건다.

"이제 폭력 - 암살·파괴·폭동 - 의 목적물을 대략 열거한다. ① 조선총독과 각 관공리, ② 일본 천황과 각 관공리, ③ 정탐꾼·매국노, ④ 적의 일체 시설물", 기타 일체 내외의 방해자에게 폭력을 사용한다고 했다.

5) 신채호는 건설은 파괴로부터 시작된다고 하여, 5건의 파괴대상을 지적한다. 첫째는 이민족 통치의 파괴, 둘째는 특권 계급의 파괴, 셋째는 경제 약탈 제도의 파괴, 넷째는 사회적 불균형의 파괴, 다섯째는 노예적 문화사상의 파괴라고 말하고 있다『단재 신채호전집』하권.

한말의 뛰어난 언론인 신채호는 병합 후, 중국으로 망명하여 상하이, 베이징 등에서 계속해서 독립운동에 관여하고, 국사를 깊이 연구하여 『조선상고사』 등을 저술했다. 일본 관헌에게 체포되어, 10년형을 선고받고 여순 감옥에 수감되어 8년 만에 옥사한다. 이 「선언」 중의 일본관은 설명이 필요하지 않을 정도 명백하고, 무엇보다도 옥중에서의 죽음 그것이 그의 일본관을 웅변하고 있다고 말할 수 있다.

3. 간토대지진

1923년 9월 1일, 간토關東지방을 습격한 대지진으로 인해 사망자만 10만 명이

넘었다. 이 때 조선인 폭동·방화의 유언비어가 각지에 퍼져, 계엄령의 발포와 함께 군대, 경찰과 자경단自警團을 칭하는 무장한 민간인 조직에게 조선인이 6000명 이상 살해당하는 대학살 사건이 발생했다. 필자는 유언비어의 발생 원을 내무성이라고 보고 있고, 증거도상황 증거이지만 나름대로 가지고 있다. 이것은 분명한 국가 범죄이고 민족 범죄다. 그것도 이때의 조선인 학살은 말하자면 나중의 중국 및 아시아 침략전쟁 때의 저 대량학살의 선구를 이루는 것이다. 일본 정부가 공적인 조사를 한 흔적은 없고, 정부에 의한 공적 사죄도, 80수년을 지나고 있지만, 단 한 차례도 없었다.

이 항목에서는 당시의 조선 내의 민족계 신문 「조선일보」와 「동아일보」의 사설, 그리고 상하이의 「독립신문」 특파원의 보고와 김건金健이란 조선인이 다음해 베이징에서 배포한 학살사건의 조사보고서에 나온 대학살과 관련한 일본관을 보기로 한다.

첫째는 「조선일보」의 1923년다이쇼 12 10월 4일자의 "교일동포僑日同胞에게" 라는 제목의 사설이다. 이 논설은 조선총독부에 압수당했다. 여기서 소개하는 것은 총독부의 경무국이 1931년쇼와 7『언문신문차압기사집록諺文新聞差押記事輯錄』으로 비밀 간행한 것 중에서 발췌한 것이다.

교일 동포에게
(중략)
고독하게 조국을 멀리 떠난 그들은 친밀한 사람을 구하는 것은 그렇다하고 주위는 모두 적시하는 자다. 위안을 받기보다는 불쾌한 감정을 주는 자가 많다. 이럼에도 불구하고 모든 모험을 하고 뜨거운 땀을 흘리며 단지 부지런히 힘써 소망을 달성하려고 했는데 마지막에 이와 같은 참변의 시체가 되어버렸다. 그들의 뜻과 소망 모두 허사가 되었다. 그들은 그리운 조국의 산천, 정 깊은 부모 형제와 다시 대면할 수 없는 만리의 이역에서 고독한 원혼이 되어버렸다. 그들의 시체는 어떻게 눈을 감을 수 있는가. 그들의 혼령은 어떻게 천추의 비분을 머금지 않을 수 있는가. 부모, 처자 등은 그 소망이 수포로 돌아가지 않기를 간절히 바라고 있는데, 하루아침에 공포 전율할만한 대 참상을 듣고, 금일까지 하등 생사의 소식 없음을 알았을 때, 이를 악물고 원통해 한 것이 과연 어떠했을까. 아아! 우리는 이것을 생각할 때 피눈물이 흐르는 것을 기억함과 동시에, 다른 구사일생을 얻은 동포의 운명이 정말로 어찌 될 것인가 우려하지 않을 수 없다. 우리가 이러한 전말을 생각할 때에 다만 절감하는 것은 '그들이 만난 이번의 불행한 참변이 우리의 민족적 불행을 축소한 좋은 표본이라는 것이다.' 이 참변의 출발점이 지배와 압복(壓伏)의 관계가 있는 양 민족의 현재의 경우에서 이루어진 것도, 이 참변에 있어서 보다 그 감정이 한층 악화된 것은 덮을 수 없는 사실이다. 우리는 이에 이미 패하고 넘어져 죽는 것을 피할 수 없는 동포의 고혼을 비분한 눈물을 가지고 애도함과 동시에, 일본에 잔류하는 우리 동포들보다도 심한 번민과 고초를 상상해서 눈물가득한 소리를 금할 수 없다. (후략)

이 논설에는 "참변의 출발점은 지배와 압복의 관계에 있는 양 민족의 현재의 경우에서" 일어났다고 하여, "그 감정은 한층 악화됐다"고 했는데, 일본 당국은 이 정도의 완만한 지적조차, '차압' 조치를 취했다.

둘째는 「동아일보」의 같은 해 12월 28일자의 "참사동포의 추도회"라는 제목의 논설이다.

참사동포의 추도회
무엇으로서 원혼(冤魂)을 위로할까
(중략) 지진의 소란 가운데, 도쿄와 부근의 각지에 산재해 있던 1만 5천의 동포는 많은 고난과 또 말할 수 없는 여러 가지 핍박을 받은 것도, 오히려 우리들의 마음을 아프게 하는데 하물며 지진의 불길이 수백 수천의 동포의 생명을 끊어지게 한 것은 무엇으로 형용할 말이 없다.
참사 당한 동포 가운데에는 머리와 몸이 따로따로 나뉘고 잔인한 폭행의 목적물이 된 것이 얼마나 많았던가. 또 그 유해를 찾지 못하여, 많은 유족이 철천지한을 당한 것도 얼마나 많은가.

(중략) 넓은 하늘에 조문하지 않았다 할까 이 백성에 이 화가 웬일이며 그 중에서도 젊고 장래 희망이 많은 청년남녀가 외지에서 배우기를 구하여 마침내 이 비참함을 만난 것이다. 또 (조선) 내지에서 호구할 것이 없어 어쩔 수 없이 그 노동력을 팔기 위해 갔다가 도리어 이역 불귀의 원귀가 되었는가. 이 모든 것이 우리 민족의 일대 시련이라고 할까. 혹은 일대 참벌(慘罰)이라 할까. 우리는 다만 '아아! 하늘이여'를 부르짖지 않을 수 없다.

그러나 우리가 이와 같이 슬퍼한들 다시 돌아 올 길은 없다. 다만 우리는 유명(幽明)을 달리한 많은 동포의 고원을 무엇으로써 위로할까. 우리가 간단없이 몇 번의 추도회를 해도 좋다. 또 제단을 모아 우리가 정성껏 모든 영혼에 대하여 한잔 술을 올려도 좋다. 혹은 고인들의 일발편골(一髮片骨)이라도 모아 전 민족적으로 공동의 분묘를 만들고, 거기에 안장하는 것도 좋다. 이와 같이 우리가 할 수 있는 범위에서 때로는 우리의 정성을 다할 것이다. 또 다하지 않을 수가 없는 일이다. 그러나 이 모든 사실과 동시에 혹은 모든 사실의 선결조건으로 우리들이 반드시 착수하지 않으면 안 되는 일이 있다. 그것은 반드시 참사동포의 실제 수를 조사하는 것과, 또 조난 당시의 상황을 상세하게 조사하여 그 결과에 의해 일본 정부에게 철저한 선후책을 요구하는 것이다.(이하 수십 행 삭제 있음)"

이 논설에는 상당히 삭제한 부분이 있다. 아마도 통렬한 일본관과 관련 있는 부분일 것이라고 추측되지만, 이 부분은 아직 불명이다. 그러나 소개한 부분에서도 일본관을 볼 수 있다. 학살당한 사람의 원한을 진정으로 위로하려면, 일본 정부에 의한 진상조사야말로 선결조건이라고 당시 이미 신문이라는 유력한 사회 공기公器의 사설이 명확하게 요청하고 있는 것이다.

셋째는 당시 상하이에 있었던 이른바 '임시정부'가 발행하고 있던 「독립신문」의 특파원에 의한 보고서다. 독립신문사 사장인 김승학金承學, 호는 希山의

『망명객회고록』에 의하면 "나고야名古屋 잡지사의 한세복韓世復 군을 도쿄 등지에 파견"했다고 있는 것에서, 특파원은 한세복 외에 도쿄에 있는 조선인 유지와 함께 간토 일원의 학살지를 방문하여 피학살자 수를 정력적으로 조사하고 있다. 이 때 총수 6400여 명이라고 보고서를 정리했다. 현재 각종의 검토를 통해 보면 대략 이 숫자는 옳다고 말할 수 있다.

그 보고서의 전반 부분을 소개한다.

김희산 선생 앞

우리들은 선생과 헤어지고 천신만고 끝에 10일째가 되어, 겨우 초토화된 왜경(도쿄)에 도착하여, 각각 확실히 책임 분담을 한 후 지방으로 흩어졌습니다. 그런데 선생도 아시듯이 상세하게 조사하기가 매우 어려웠습니다. 따라서 가을도 지나 백설이 분분한 금일이 되어, 겨우 각지의 보고를 종합해 제1차로 대강을 기록하여 보내겠습니다. 이보다 더 상세한 보고는 다음 편을 기다려주시고 우선 가슴이 꽉 막힌 것을 풀기 바랍니다.

역시 우리들의 생활은 매우 자유스럽지 못하고, 정처 없이 통신도 불편하며, 긴 보고의 시간과 편의도 없기 때문에 이것을 깊이 헤아려주시기 바랍니다. 선생! 적의 수도의 잔혹한 '꼴'은 가련하다고 하기보다는 축하해야 합니다. 그들이 우리 동포를 학살한 것을 생각하면, 분노로 이를 갈면서, 적의 땅이 전멸하지 않은 것만이 한이 되고 있습니다.

선생! 그러나 우리는 피가 끓고 살이 떨리며, 가슴이 빠르게 뛰며, 눈물이 눈을 덮어 감히 붓을 잡고 이것을 쓸 수 없습니다.

우리 동포 중에 누가, 그렇지 않은 자가 있을까요.

가는 곳마다 모를 묶어놓은 것 같은 시체를 보면 가슴이 아프고, 양 눈에서 타고 남은 살의 흔적을 찾아서는 신체가 떨립니다.

아아! 천지는 끝이 있다고 해도 우리들의 쌓이고 쌓인 원한은 언젠가 갚을 날이 있을 것인가. 애통하도다. 이 원수를 갚을 자는 누구일까.

공산명월 밤 3시에 두견이 슬피 울면, 7000의 우리 동포의 고혼을 생각해야 할 것입니다.

가랑비(糠雨)가 그치지 않고 내리고, 번개가 번쩍이고, 깜깜한 밤에 조용한 그믐밤, 멀리 울리는 천둥소리를 들으면, 왜지에서 원한 덩어리가 된 7천, 아니 7천이상 훨씬 많은 도깨비(魍魎)의 애곡이라고 생각해 주십시오.

아아! 봄바람, 가을비가 이제부터 몇 번 올 것인가. 다만 바라는 것은 우리들의 일편단심만입니다.(『한국독립운동사』)

　　'꼴'이라고 번역되어 있는데, 조선어의 '꼴'자는 상황에 따라 다양한 번역으로 변화하는 것이다. 그러나 "적의 땅이 전멸하지 않았던 것만이 한이 된다"고 할 정도의 일본관을 지닌 사람이라면 여기서 '꼴'이라는 것이 보고자의 의도에 적합한 것이라고 생각한다.

　　넷째는 1924년 1월 베이징에서 김건이라는 대표명의로 나온 「학살」이라는 제목의 보고서다. 조선총독부 경무국은 이것을 번역하여 외무성 아세아국장, 조선군사령관과 헌병대사령관, 각도지사, 관계 부현지사, 중국 주재의 각 영사 등에게 발송하고 있다.

　　학살

　　동포들이여! 왜도(倭島)의 간토에서 2만의 동포는 왜노의 총과 검에 잔혹하게 죽었다!

　　동포들이여! 다리가 부러지고 배를 도려내 죽인 우리 동포의 최후에 애통하게 부르는 것은 누구나 '아이고 어머니여!' '아이고 아버지여!' 뿐이다.

　　동포들이여! 우리의 앞길에는 이보다도 더 큰 학살! 도륙! 참화가 핍박해 온다!

　　동포들이여! 왜노를 박멸하자, 남녀노소의 구별 없이 모두 살육하려고 한다! 다만 굳은 결심과 빈손만이라도 있다면 가능한 일이다.

　　동포들이여! 우리들은 이것을 조사 보고함과 동시에 하루라도 빨리 최후의 결사전투를 개시하기를 간절하게 바란다!

　　학살, 형제여 알거나 알지 못하거나 푸른 하늘도 얼굴을 찌푸리고 백일도 빛을 잃어버렸다. 개천 4258년 9월 1일부터 15일경까지 2주간의 긴 시일을 계속해서 왜의 땅 간토에서 왜족이 한인을 학살한 그 참상은 과연 이것을 어떻게 평할 것인가. 우리 인류사회에서는 공전절후의 참변이다. 아니 포악한 승냥이 독사와 같은 동물계에도 드문 만행으로 우리 동포 수만을 도살한 그 잔인 비참한 광경에는 요괴 악마도 눈을 감고 목을 돌리지 않을 수 없다.(중략)

학살의 참상, 넓은 가와라(河原)에 한인을 다수 잡아놓고 기천 또는 기백 인을 향해 난사하고 찔렀고, 병영 또는 경찰서 구내에 기백, 기십 인을 집합시켜서 살해했다. 한편 거리에서 발견되는 대로 차례로 군대 또는 경찰관이 총살, 척살한 것은 오히려 보통의 살인 수단이라고 할 수 있다. 이른바 자경단 청년단 등은 '조선인'이라고 부르는 고성에 모두 달려가 승냥이 무리처럼 동서남북에서 모여온다. 한 사람의 우리 동포에 대해 수십 인의 왜노가 둘러싸고 칼로 찌르고 총으로 쏘고 막대기로 때리고 발로 걷어차 넘어져 죽은 자의 목을 묶어 질질 끌면서 한편 찌르고 차버린 시체에까지도 능욕을 가했다. 부인 등을 보면 양측에서 좌우의 다리를 당겨 뻗친 생식기를 검으로 찌르고 몸을 사분오열로 하면서 여자는 이렇게 죽이는 것이 묘미가 있다고 웃으면서 담화한다. 우리 동포를 전차가 다니는 다리 밑에 목을 달고, 그 양다리에 끈을 붙여 좌우에서 다수인은 끈을 잡고 신호를 울리면서 호응하여, '그네'와 같이 흔들면서 죽이는 것도 있다. 신체를 전신주에 묶어놓고 먼저 안구를 빼내고 코를 베어놓고 그 애통하는 광경을 충분히 응시하고 윗배를 찔러 죽이는 것도 있다. 각 기차 중에서는 다수의 왜노 등이 사지를 잡고 창밖으로 던져 차에 깔아 죽이고 남녀 수십 인을 모두 나체로 보행시키고, 또는 춤추게 하여 여러 시간 동물적 희롱을 감행한 후 찔러 죽인 것도 있다. 이와 같은 괴악한 수단은 우리 머릿속에서는 감히 상상하기 어려운 것이다.

한인 중에서도 왜어에 능통한 사람은 왜족이라고 오인되어 생명을 보존하는 것도 가능하지 않을까라고 생각하여 동네 거리, 기차 중에서까지 통행인에게 왜국문의 탁음자의 발음을 하게 하여, 그것으로 한인을 가려내 왜족 중에서도 자기와 관계있는 한인을 은닉 혹은 보호해서 살해된 사람도 한, 둘 있지 않을까? 이와 같이 우리 동포를 치밀하게 수사하여 학살하면 왜지 간토에 있는 우리 형제 내지 배 안의 사람은 모두 적이다. 어디에 가서 생을 구할 것인가? 동네마다 흐르는 것은 우리 동포의 선혈이다. 여기저기에 널린 것은 우리 동포의 시체다.

우리 동포의 사체는 퇴적해서 스미다가와(隅田川)는 유통도 막히고 우리 동포
의 피가 부패하여 그 악취에 통행인의 호흡도 멈출 정도였다.(후략)

덧붙여서 이 세 번째 와 네 번째의 두 보고서는 미스즈쇼보의 「현대사자료
6」의 『간토대지진과 조선인』 중에 전문이 수록되어 있다.

그렇지만 같은 학살 문제를 다루어도 국내와 국외 언론 표현에 커다란 차이
가 생기는 것은 어쩔 수 없는 일이다.

4. 민족계 신문

'문화정치' 하, 총독부는 '민의 창달'을 도모한다고 하여, 민족계의 신문으로
「동아일보」, 「조선일보」, 「시사신보」나중에 중외일보 등을, 그리고 몇 개의 잡지
발행을 허가했다. 여기서는 당시의 「동아일보」, 「조선일보」 기사와 사설에
서 몇 개의 측면에서 일본의 식민통치를 비판한 기사로부터 그 일본관을 보기
로 하자.

1) '조선사편수회'1925년 6월 설치 사업과 관련해서 「동아일보」는 1925년 10월
21일자에서 "우리 역사를 남이 서술하는 슬픔我史人修의 哀"이라는 제목의 사설
을 발표했는데, 이것은 압수당했다.

조선의 역사를 총독부가 중심이 되어 관제까지 공포해서 계통적으로 간행
하려고 계획했다. 이 편수회의 전신은 1922년에 만들어진 '조선사편찬위원
회'다. '조선사편수회'의 회장은 총독부 정무총감으로 일본인 전문 어용학자
와 친일적인 조선인 역사학자도 참가하고 있다.

이 사설은 침략 민족이 피침략 민족의 역사를 왜곡해서 일본 지배의 형편에

알맞은 기술이 되어 있는 점이나 진행 중에 있는 자민족 역사편찬에 주체적으로 관여할 수 없는 불만과 비애를 식민지 언론인 특유의 굴절된 붓으로 표현한 것이다. 문제는 이 사설이 차압을 당했다는 것이다.

한편 이 사설만이 아니라 4절에서 소개하는 것은 총독부가 "조선의 실상을 이해하는 참고자료"로서 일본어로 번역하여 『조선의 언론과 세상』이라는 제목으로 관계자에게 배포한 것 중에서 발췌했다.

문화정치를 표방하여 그 정치를 자찬하고 있었던 일본 위정자의 생각과는 전혀 반대인 조선 민중의 이른바 생활 가운데에서의 일본관이 생생하게 다가올 것이다.

우리 역사를 남이 서술하는 슬픔
최후의 정신적 파산
정당해야 할 물건이 너무 정당하지 못하게 잘 쓰이는 것 중에 역사라는 훌륭한 물건이 하나 있다. (중략)
조선과 일본의 민족적 갈등은 실로 하루아침 하루저녁 때문이 아니다. 또 한번 일어나고 한번 넘어지는, 때로는 얻고 때로는 잃어버리는, 어느 한편이 늘 오똑하거나 늘 납작하지 않았을 것이 대개 그 실정이겠지마는, 최근까지의 단락에 있어서 불행히 조선은 패망한 자의 괴로움과 쓴 맛을 맛보지 않을 수 없게 되었다. 온갖 권력의 자루를 그에게 빼앗길 때에, 기록과 변증의 권능도 역시 그의 속에 들어가게 된다. 이것을 호기로 하여 그들의 염치없는 위탁 가식이 자유분방한 날개를 시공의 양간에 벌리게 되어, 허다하게 교묘한 발뺌은 자기를 속이고, 우리를 속여 나아가서는 세계의 이목을 현란하게 했음이 기막히다.
(중략)
알기 쉬운 일례를 말하면, 그들의 이른바 진구황후의 삼한정벌이란 것은, 이미 그들 자신의 진보한 역사가의 손에 위조, 반설(反說)임을 확실하게 분별하여 논파된 것이지만, 이것이 그들의 국민성 배육(配育)의 자료에 악영향이 있어서는 참을 수가 없다고 하여, 그들의 손에 의해서만 선전되었다. 그런데 아직 무식한 외국인의 몰비판적인 승인을 얻어 마치 조선이 옛날에도 일본에게 굴욕을 받은 적이 있는 것처럼 통설되는 것은, 아아! 얼마나 기막힌 원통이 아니냐. 또 이것이 최근 조선이 국가적으로 귀속할 곳이 없는 것에 대한 원한을 품고 펼 수 없는 일대 업보인 것처럼 선전되는 것은 과연 어떠한 슬픈 원망이 아니냐? 이것이 그대로 우리 자제의 교과서에 들어가서 없는 문서를 무리하게 있는 것처럼 믿으라고 말하는 노력을 하지 않으면 안 된다는 것은 어쩔 수 없는 우스운 비극이라고 하지 않을 수 없다. 그런데 일본인의 손으로 이루어진 금일까지의 양 민족 관계의 기술이란 것이 대략 이 정도의 허망에서 벗어나는 것이 없음과 그것이 어느 정도만큼 그대로 세상 사람에게 신용되어 있음과 그렇거니 저렇거니 당사자인 조선인은 일체 무관심 부주의로 지내는 것을 볼 때에, 역사가 바르게나 부정하게나 커다란 능률의 임자임을 아는 우리의 눈에는 남모르는 뜨거운 눈물이 마를 수가 없다.

2) 산미증식계획과 관련하는 「동아일보」 1925년 7월 12일자의 기사 "산미증수産米增收와 속반粟飯, 초막草幕살림"이다.

일본은 1918년 여름 러시아혁명을 압살하기 위한 시베리아 출병을 결정했다. 이 움직임보다 먼저 큰 상사나 미곡 상인이 쌀을 대량으로 매점했기 때문에 쌀이 부족하여 쌀값이 뛰게 되고, 결국 전국에서 쌀 소동이 일어났다. 산미증식계획은 다른 문제와 관련하지 않는 것은 아니지만 단적으로 말해서 일본 국내의 식량 부족을 해결하기 위한 것이다.

지난 해 11월 쌀의 출하기로부터 올해 6월까지 8개월간의 조선쌀 이출양과 보급식 수입량은 조선쌀 이출 섬수 397만 1803, 만주속(粟) 수입 섬수 138만 763, 외국쌀 수입 섬수 54만 8063이었다. 조선인은 자신이 생산한 좋은 쌀 400만 섬을 일본인의 식량미로 공급하고, 그 대신에 조잡한 품질의 만주속, 외국쌀을 합하여 190만 섬을 수입하고 있다. (중략)

산미증수계획은 일본인에게도 필요하고, 조선인에게도 필요한 계획이다. 그러나 조선의 산미가 무한히 증수되기도 어렵거니와 가령 당국자가 몽상하고 있는 대로 2천만 섬 혹은 이 이상도 증수된다고 해도 그것으로 인해 능히 일본인의 식량부족을 보충하기 어려운 경우 증수미는 전부 혹은 이 이상 일본으로 가지 않을 수 없게 되었다. 그 대신 조선인은 다른 것이 아닌 조잡한 품질의 보급식량을 구하게 되어 조선인의 생활에는 하등의 이익도 없을 것이다. 당국자가 우리에게 산미를 증수하라고 말하면서도 또 한편으로는 식용 쌀 대신으로 만주속의 대용을 장려하는 것을 보면, 또 한층 산미증수계획의 근본정신이 어디에 있는가를 용이하게 추측할 수 있다. 동시에, 이른바 '신부민(新附民)'이라는 부드러운 호칭을 붙여서 '그곳에 거하는 조선인 부락민은 아직 원시적 생활을 벗어나지 못하여 풀뿌리를 항상 먹고 점토를 대신 먹는다'고 이것을 기분 좋게 말하니, 조선 사람인 우리가 이것을 견문할 때 어찌 심혈이 끓지 아니하며, 쌓인 분노가 새롭지 아니하리오.(후략)

실로 알기 쉽게, 일본의 산미증식계획이라는 남을 위하는 체 하면서 제 잇속만 차리는 정책의 본질을 찌르고 있다. 또한 이 정책이 새로운 '쌓인 분노'를 낳고 있다고 지적하고 있다.

3) 교육문제와 관련한 「조선일보」 1926년 7월 4일자의 사설 "명령蝦蛉교육방침"이다.

'문화정치'하, 총독부 교육정책의 가장 중점은 동화교육이었다. 조선의 민족성을 말살하여, 완전히 일본인으로 만들려는 것이 동화교육의 목표다. 이를 위해 교육령의 개정과 신교육령1922년 2월을 펼쳐 학제를 '개정'했는데, 이것도 이른바 내지연장주의의 구현이다.

이에 대해서는 「동아일보」의 김천일金泉— 기자가 "이른바 조선인의 교육 보급을 표방하여 시설된 보통학교는 문화정치를 가장하여 일본주의 연장

= 동화 = 기관으로서, 천진난만한 발육기에 있는 아동의 뇌에 어떤 기백을 주입시키는 가는 우리가 주지하는 바다"(중략) "총독부령 학제에 의하면(중략) 그렇다면 보통학교 1학년부터 6학년까지의 아동의 연령은 어떠한가? 대개 8세부터 14~5세에 불과한 소년이다. 이러한 천진난만한 소년 등에 대해서, 조선인에게 하늘이 준 조선어를 제한하고 일본어를 장려한다. 그 본의가 어디에 있는 것일까? 이것은 곧 일본 연장책, 동화정책의 노골적 표현이다"1926년 6월 1일자 "실행에 철저하라"고 써서, 교육정책의 본질을 찌른 것이다.

또 조선인 지식인 사이에 일어나고 있던 조선민주대학 건설 문제도 재정난 때문에 진척이 안 되고 있을 때, 총독부는 경성제국대학령을 공포하여 1926년 개학했다.

"명령교육방침"은 6·10만세 사건과 관련해서 나온 것이지만, 여하튼 이 사설은 일본 지배층의 대학 설치방침에 대한 비판으로 쓰였다.

즉 '명령螟蛉'이란 애벌레靑虫의 일이기도 하지만, 여기서는 이성異姓에게 양육되는 양자「시경」라는 의미다.

6월 10일 만세사건으로 기소된 학생은 경성대학에 입학을 허가하지 않도록 했다. 각 학교에서는 이로 인하여 위협을 받고 있는데, 뜻밖의 곤란이라 말할 수 있다.(중략)
'일선융화'가 경성대학 설치의 근본의라는 것을 개교의 벽두에 선포한 것은 당시 조선 위정의 한 수뇌였다.
그들은 학문 그 자체보다는 일선융화를 촉진한다는 정략적 기구로 이용하려는 불순한 동기에서 대학을 설립한 것이다.
일본인에게 조선인을 흡수 융해시키라고 하는 비열한 집단적 이기심을 만족시키려는 것이, 이른바 일선융화의 원의(原義)라는 것을 생각할 때에, 그들의 교육방침이 결국 모두 무심한 사람을 제조하기 위한 명령 교육 그것을 의미하고 있는 것을 말하는 것은 도리어 얼빠진 자다.

이러한 교육방침은 버려야 할 추한 것이라고 말할 수 있다.

6월 10일 만세사건의 의의와 그로 인해 표현되는 조선의 시국은 여러 번 말했다. 아무튼 향토민이 동족의 자유 행복을 위함이라는 신념으로써 이해를 돌아보지 않고 한 것이라고 하면, 지금의 통치자가 봐서 용납되지 않는 것이 있어도, 사람으로서는 쓸모 있는 소질을 가지고 있는 자들이다. 이에 대하여 이미 불기소, 기소유예의 처분을 하고, 나아가 학무 행정적 수단으로 고통을 주려는 것은 매우 잘못되었다. 하물며 경무당국, 사법당국에서 '관대한 처분'으로 은혜를 팔고 있는 데에 혼자 가혹한 처치를 취하여, 세상 비난의 초점이 되는 한 몫을 맡은 학무당국이야말로 실로 낯짝이 좋다고 할 것이다.

요컨대 이런 곳마다 조선 통치 당국의 도량이 작고, 천박한 처분이 개탄되는 것이다.

4) 순사의 비행에 가탁한 경찰 비판인 "국경순사의 비행"이란 제목의 「조선일보」1927년 4월 19일자의 기사다.

일본 지배층은 무단통치기의 헌병경찰제도를 보통경찰제도로 바꾸었다. 실제는 경찰서와 경관의 수가 한꺼번에 몇 배나 증가하여, 일대 경찰국가로서 식민지 주민에의 감시와 단속을 강화하고, 제멋대로 관권을 남용하고 있었다. 이 기사는 국경 경관의 비행을 구체적으로 폭로하면서 식민지 경찰의 모양을 비난한 것이다.

우리는 국경 순사 등의 비행 폭행 등에 대해 여러 가지 소식을 듣고 있다. 이것은 수양이 부족한 몰상식한 무리로 하여금 경관의 직무를 담당하게 한 원인도 많을 것이다. 특히 경비 엄중에만 중점을 둔 당국이 국경 경관에게 과분한 직권을 허락함과 동시에, 과실 고의를 묻지 않고, 소소한 불법행위는 마이동풍에 들리고 마는 일이 많음으로, 결국은 그들로 하여금 그러한 경관의 직권남용의 불법행동을 조장하는 데 불과하게 된다. 그런 소식은 국경만이 아니라, 조선 각지에 없는 곳이 없다. 매일 신문에 같은 보도로써 장식함은 세인이 공지하는 바이어

니와, 그 중에도 국경은 더욱 심한 것이다. 지난번 조산동(造山洞) 주재소에 근무하는 명 모라는 순사는 통행하는 부인들에게 무단으로 권총을 가지고 위협하고, 그래도 부족했든지 주재소까지 끌고 가서 난타하여 전치 3주의 중상을 입혔다고 한다. 만일 그 부인에게 중대한 범죄 사실이 있다고 해도 그렇게 난타하는 것은 오히려 불법행위라 하겠거든 하물며 아무런 범죄도 혐의도 없다고 하는 데 이르러서야. 특히 남자와 달리 연약한 부녀자에 대해서 기탄없이 그러한 무리한 폭행을 감행했다는 것만으로도, 그들의 평상시 행위를 추측하기에 충분하다. 탐문하건대 그는 지난달도 용현동(龍峴洞) 김 모라는 양민에게 무단으로 권총을 가지고 위협한 사실이 있었다는 것이다. 그는 국경 경비의 무기를 양민이나 부녀를 위협하는데 사용하는 무기라고 생각하고 있는 모양이다. 오호 소위 이런 자들이 인민의 생명재산을 보호한다는 경관이라 함에 우리는 아연할 뿐이다. 또한 수년전 모 도선장(渡船場)에서는 도선을 단속하는 모 일인 순사가 단속을 빙자하여 도선하는 묘령의 처녀를 부근의 버드나무 숲에 끌고 들어가 상하의복을 모두 벗기고, 나체검사를 하는 동시에 처녀의 복부를 손가락으로 꾹꾹 찌르며, '아이가 있소 남편이 있소?' 하며 농락했다. 처녀는 너무도 겁이 나서 실색하고 기절할 지경에 이르렀던 일이 있다고 하니 만일 이것이 사실이라면 이런 야수적 만행이 어디 있을 것이랴?

소위 경관된 자는 단속을 빙자하여 무단으로 인민을 농락했다고 할지라도 단연 직권남용, 인권유린 등의 죄명으로 처벌해야 한다. 하물며 묘령의 처녀에 대해서 하등 혐의도 없이, 나체검사를 감행하고, 모욕적 농락을 마음대로 했다면 비록 강간은 하지 않았다 할지라도 도덕적으로 결코 용서치 못할 행동일 것이다. 오호 이러한 불량 경관배가 발호하는 일면에서, 무고한 양민들이 고통을 받는 것을 생각하면 실로 말하기 아픈 마음이다. 우리는 이에 경관자체의 각성을 촉구하는 동시에 입으로는 문화정치를 표방하는 당국자의 성찰이 있기를 간절히 바란다.

5) 인민생활과 직접 관련되는 문제, 즉 행로 사망자나 난민에게 초점을 맞춘 기사를 몇 가지 소개하여, 그 글 속에 어떠한 일본관을 숨기고 있는지를

보고 싶다.

「동아일보」는 1926년 12월 31일자의 사설에서 "야유아부野有餓莩"라는 제목의 기사를 싣고 있다.

재작일, 본지에 보도된 것처럼 경기도 관내에서만 40명이 강시(殭屍, 굳게 말라 죽은 시체)가 되었다. 그 중 30명은 경성부 관내에서 동사하고, 또 1명은 경성의 중심인 태평통(太平通) 2 정목(丁目)에서 동사했다고 한다. 그리고 또한 강시가 전부 조선인인 것은 물론이다.

동사는 조금도 기현상이 아니다. 날이 춥고 의식주만 없으면, 누구라도 동사는 면할 수 없을 것이다. 동사하면 강시라는 칭호를 받는다.

금년 겨울은 아직도 멀다. 소한 대한이 앞에 있으니 40명의 몇 배가 되는 강시가 휘황한 전등 밑 탄탄한 대로상에 넘어진 조선의 문화정치를 조소할 것이다. 맹자는 '유현(遺賢)'과 '아부(餓莩)'가 없는 것을 정치의 이상이라 하고, '유민기색, 야유아부(有民飢色 野有餓莩)'를 악정의 기호라 했다. 그러나 이것은 고인의 한가한 공론이오, 금일의 조선에 적용될 것은 아니다. 유현은 논할 필요도 없지만 아부가 들에 차고 남아 수도 경성의 중앙에까지 널리지 않았는가.

조선의 물산이 조선인을 먹이기에 부족하고, 또 입히기에 부족한가. 그렇다고 하면 도시에 아사 · 동사자들이 있는 것도 혹은 이상할 것이 없지만, 조선의 산미는 금년 내에 540만 섬 정도 일본으로 이출되었다고 한다. 또 2만 여의 경찰관 기타 쓸데없는 관리(冗官冗吏)는 20% 이상이 연말 상여금을 받고, 조선의 방방곡곡에는 굉장한 주재소를 만들 재력이 있지 아니한가. 관리나 경찰관은 누구를 위해 있는 것인가. 거액을 들인 국경의 경비는 누구를 적으로 하고 누구를 보호하자는 것인가. 총독부는 강시를 노상에 버려놓고 아무 큰 소리도 못할 것이다.(후략)

물론 행로 사망자는 어느 시대에도 있었으며 조선 말기에도 적지 않게 있었다. 일본 지배층은 이것을 조선 봉건 지배층의 무능과 인민 학대의 결과라고 말하여 자기의 침략행위를 합리화한 것이지만, 이 사설이 나온 것은 조선 식민지화 후, 16년도 지난 때였다. 외래 통치자는 누구에게 책임을 전가하려고 하는가.

6) 다음에 소개하는 것은 「조선일보」 1926년 12월 13일자의 난민기사다.

간도 이주동포로 대혼잡한 사리원
놀라지 마라 하루에 100여 명
북으로 북으로 밀리는 백의군(白衣群)
지난 10일 오후 2시, 황해도 신천(信川)으로부터 사리원을 향하여 달리는 조선철도 경편열차 속에는 따뜻한 고국 정 깊은 고향의 낯익은 산천을 눈물로 이별하고, 멀리멀리 쓸쓸한 시베리아의 찬바람 스치는 북간도의 황야를 향하고 남부여대하여 표랑의 길을 밟아가는 불쌍한 백의의 동포가 100여 명이나 타고 있었다. 그들은 모두가 황해도 장연 사람들이었다. 그 중에는 오십 이상 된 늙은이들도 있고, 불공평한 세상을 저주하는 것처럼 울고 있는 철모르는 어린애들도 있었다. 인정 없는 생활의 압박 때문에 아무리해도 고향에서는 더 오래 살 수가 없기 때문에, 북간도로 먼저 이주한 친구와 혹은 먼 친척들의 "북간도는 근로만 부지런히 하면 호미(胡米, 만주속을 말하는 것이다)밥이나마 굶지는 않고 살아갈 수 있다"는 것을 듣고 정처 없는 길을 떠났다고 한다. 이들의 여장은 매우 간단하다. 매일 100여 명씩 이주하는 것은 실로 놀랄만한 현상이다. 이 때문에 사리원역이 대혼잡을 이루었다고 한다.(사리원 발신)

기사 중 '남부여대'라는 말은 얼마 되지 않는 가재도구를 이불보에 싸서, 남자는 등에 지고 여자는 머리에 이고 가는 모습을 문자 그대로 형용한 것이다.

또 「조선일보」는 "춘래불사춘春來不似春"이란 제목으로 다음과 같은 기사를 1927년 4월 23일자로 싣고 있다.

(전략)

한의 왕소(王昭)군은 호지(胡地)에 화초 없음을 보고 '춘래불사춘'의 탄성을 발했다. 그러나 우리는 화려강산 한반도에 앉아서, 화초가 없는 것이 아니지만은 오히려 춘래불사춘을 부르짖게 되었다. 왕소군에게 봄이 없음은 객관적 세계의 사연함이라 할 수 있고, 우리에게 봄이 없음은 주관적 세계의 사연함이라고 하겠다.

우리는 모든 압박 중에서 신음하게 됨으로, 꽃을 보아도 재미없고, 새소리를 들어도 반갑지 아니하다.

정치적·경제적 압박이 있어서 어찌할 수가 없다. 이곳을 버리고 남으로 북으로 남부여대하고 유리하는 백의인들은 그들의 진취적 기상이 풍부하기 때문이 아니다. 국내에서 모든 사업에 종사하는 자는 과연 어떠한가? 조금이라도 머리가 나오려고 하면 압박이 온다. 잘하면 '건방지다' 못하면 '바보' 과연 이 곡조에 맞추어서 춤출 자 누구뇨? (후략)

본래 이 기사는 난민 문제에만 한정하여 쓴 것이 아니다. 정치, 경제, 문화, 언론, 교육 등 전반에 걸쳐 기술된 것이다. 따라서 "봄이 와도 봄이 아니다"라는 말은 요컨대 문화정치를 칭하는 일본 통치 그것에 대한 생각을 이 말에 가탁하여 대치시킨 것이다.

7) 「조선일보」 1927년 5월 3일자의 기사 "떠나가지 말자"다.

떠나가지 말자

어머니의 따뜻한 젖과 같은 삼천리강산을 마다하고, 황막한 벌판인 간도로 쫓겨 가는 백의족의 서러움! 형제들아 이 화려한 강산을 등지고 국경을 넘지 않으면 안 되게 된 그 원인을 묵고(黙考)하자! 그 슬픔의 원인을 찾아내자는 말이다. 내가 말하지 않아도 현명한 우리 조선일보 독자는 모를 리가 없다. 배를 주고 배 속의 먹지 않는 부분을 걸식한다는 말이 있을까? 우리와 같이 우습고도 슬픈 일이 이 세상 천지에 어디 있을까. 누구의 실수로 우리는 이런 경우에 빠진 것일까, 어린 나의 가슴에는 알 수 없는 일대 와권(渦卷)의 아픔을 느낀 것이다. 그러니 우리들은 어떻게 해야 좋단 말인가, 일전 본지에도 매일매일 원산을 거쳐 북쪽으로 가는 동포가 8, 900명에 달한다고…

아아! 우리는 울어야 할는지 웃어야 할는지! 가슴이 찢어질 것 같은 이 아픔을 어찌 참을 것인가? 동포형제들아!

아아! 즐거운 봄과 따스한 봄은 이 화려한 삼천리에 찾아왔건만 이 강산의 '주인'인 백의인들은 어찌하여 이 '기절(期節)'을 즐길 수 없는, 대 불행을 가지고 있게 되었을까, 행락의 봄인데 왜 우리들은 보따리 짊어지고, 남부여대로 서러운 눈물을 흘리며 간도로 쫓겨 가느냐 말이다.

아아! 슬프다. 비애의 극에 달한 나의 가슴에는 반항심만이 용솟음친다. 형제들아! 저들의 무서운 외래의 결과를 기억하는 형제들에게는 공포냐, 전율이냐? 아닐 것이다. 정의를 아는 형제 어찌 공포가 있을 것이냐, 의분심이 있는 동포 어찌 전율이 있을 것이냐, "자유를 달라 그렇지 않으면 죽음을 달라"고 말하는, 프랑스 혁명시대의 표어를 우리들은 숭배하자! 그리고 굶어죽을지언정 떠나지 말고 싸워보자. 우리 집인 이 강산을 떠나지 말고 끝까지 싸우자.

이 시기, 생활고에서 난민같이 고향을 버리고 남으로 북으로 유랑하는 백성은 많은 수에 달하여, 그것을 기록한 비통한 기사도 또한 적지 않다. 그 중에 소개한 이 기사는 거의 일부에 지나지 않는다. 마지막에 "떠나가지 말고, 마지막까지 투쟁하자"라고 호소하는 것은 같은 계통의 기사 중에서도 뛰어난 것이라고 생각된다. 또 이것을 써서 신문지상에 실은 사원 및 신문사의 일본관이 어떠한 것인가를 잘 보여주고 있다고 생각한다.

5. 6·10만세 사건의 「격문」

이 사건은 1926년 6월 10일에 일어난 독립만세 데모와 전단지를 살포한 것에서 일어난 탄압사건이다.

이 해 4월 26일에 조선조 마지막 국왕인 순종이 승하하여, 6월 10일이 국장일로 결정되었을 때, 당시 조선공산당의 중심인물이었던 권오설權五卨이 상하이에 망명 중인 공산당간부여운형, 조봉암, 김단야, 김찬와 연락을 취하고 나아가서는 천도교도, 인쇄직공조합원, 고려공산청년회의 선진적 청년들을 규합했다. 이 6월 10일을 기해 제2의 3·1독립운동을 전개하려고 획책한 것에 발단된 것이다.

앞의 4절에서 본 바와 같이, 문화정치하의 식민통치는 조선 민중을 도탄의 고통으로 내몰고, 그 원한과 울분은 이 시기 도처에서 폭발했다. 노동자의 파업, 농민의 소작쟁의, 학생의 동맹휴교, 중소상공업자의 소유권 침해에 대한 투쟁 등이 각지에서 빈발하고 있었다.

공산당 지도부는 민중의 불만을 순종의 승하를 애도하면서 전국에서 모여드는 망곡단望哭團 등에 호소하고, 일대 반일 독립운동을 일으키려고, 비밀리에 격문작성자 권오설, 전단지를 10만장을 준비하여, 각지에서 배송 준비를 하고 거사 연락까지 취하고 있었다. 말하자면 공산당이 직접 조직을 지도한 대중적 반일운동이다. 상하이에서는 「상을 입고 통곡하는 민중을 격려함」이라는 격문도 보내올 예정이었다.

경찰은 전 국왕의 장례가 제2의 3·1독립투쟁이 되는 것을 가장 두려워하여 엄중한 경계와 정탐을 진행하고 있었다. 위조지폐 용의 문제로 단서를 잡아 격문과 삐라를 대량으로 압수하여, 일제히 관계자를 검거했다. 또 상하이에서 권오설 앞으로 보낸 격문도 경성역에서 압수당했다.

그러나 지도부는 대부분 검거되었지만, 겨우 검거를 면한 학생들이 행동계획을 다듬어, 당일 영구가 창덕궁을 나와 통과하는 곳곳에서 30만 명 군중에게 '조선독립만세'를 외치고, 전단을 뿌렸다. 이 때, 사이토 총독과 군사령부는 보병, 기병, 포병 5000명, 그리고 경찰, 헌병을 3800명이나 경계배치에 붙이고 있었다. 대군중이 '독립만세'를 외치기 시작하자 이를 덮쳐, 순식간에 난투가 벌어졌다. 이 때 사망자는 나오지 않았지만, 160명의 부상자가 나오고 검거된 자는 210여 명에 이르렀다.

다음에 이때의 격문을 전문 소개한다. 여기에 나타난 일본관을 살펴보자.

격문
우리들은 이미 민족과 국제평화를 위해 1919년 3월 1일에 독립을 선언했다. 우리는 역사적 국수주의를 반복하려는 것이 아니다. 우리의 항구적 국권과 자유를 회복하려는 데 있다. 우리는 결코 일본 전 민족에 대한 적대가 아니라, 다만 강도 일본 제국주의의 야만적인 통치에서 탈퇴하려는 것이다.
우리들의 독립 요구는 실로 정의의 결정으로 평화의 실현이다.
형제여, 자매여! 속히 나와 일본 제국주의와 싸우자. 그렇게 해서 완전한 독립을 회복하자.
1. 조선독립만세.
2. 조선은 조선인의 조선이다.
3. 횡포한 총독정치를 구축하여, 일본을 타도하자.
4. 학교에서 조선어를 사용하자.
5. 학교장은 조선인이 아니면 안 된다.
6. 일본인을 조선의 영역으로부터 구축하자.
7. 조선의 대학, 전문학교는 조선인에게.
8. 동양척식회사를 철폐하라.
9. 일본인의 식민지를 철폐하라.
10. 일체의 납세를 거부하자.
11. 일본인의 물품을 배격하자.
12. 조선인 관리는 일체 퇴직하라.
13. 공장 노동자는 총파업하라.
14. 8시간 노동제를 실시하라.

15. 동일 노동의 동일 임금.

16. 소작제는 4·6제로 하고, 공과금은 지주가 부담하라.

17. 소작권은 이동시켜서는 안 된다.

18. 일본인 지주에게 소작료를 바치지 말자.

이 격문은 배포되기 직전에 경찰에 압수되었기 때문에 상하이에서 온 격문과 함께 6·10운동 때에 뿌려진 것은 아니다. 조목별로 쓴 슬로건식의 이 격문에는 '조선은 조선인의 것이다'로 집약된 것처럼, 조선의 독립과 자유를 요구하는 민중 전체의 열망을 높이 구가하고 일본의 지배기구 철폐를 전면으로 내걸고 있다. 이 시기 교육문제에서의 민족주체성 확립과 노동자, 농민의 절실한 요구를 포함시켜, 일화日貨 배척, 납세 거부를 호소하는 등, 당시의 지배, 피지배 관계 전반의 개선 또는 철폐 등을 정면에서 다루고 있다. 이 전체 항목은 일본에 관한 것으로 이 시기의 일본관을 집중적으로 표현했다고 할 수 있다.

6. 광주항일학생운동 때의 「격문」

광주항일학생운동이란 1929년 10월 30일부터 이듬해 3월까지의 약 반년간에 걸쳐 투쟁한 학생운동이다.

전라남도의 나주에서 광주로 기차 통학을 하는 일본인 중학생 후쿠다 등이, 오후 5시반 경, 광주행 기차가 나주역에 도착했을 때, 조선인 여학생 박기옥을 조롱했다고 하여, 이 여학생의 사촌동생 박준채와 말다툼이 일어나, 이윽고 치고받는 싸움을 하게 되었다. 이 때, 나주역 앞 파출소의 일본인 경관이 달려와서 시비도 가리지 않고 박준채를 때렸다고 한다. 다만 총독부의 보고서에는 "경찰관의 제지로 사건이 일어나지 않았다"라고 되어 있다.

이것이 발단이다. 다음 날 아침, 열차 안에서는 양쪽 학교 학생들의 격돌이 일어났는데, 하교 후 집으로 돌아가는 오후 5시 열차 안에서 치고받는 싸움으로 번졌다. 그 후에도 작은 다툼이나 대립이 있었다. 대난투 사건이 된 것은 11월 3일, 일본에서는 메이지 절이었다. 사건에만 문제를 좁히면, 이 날 고보생들은 광주, 수기옥정須崎屋町의 우편국 앞에서 광주중학의 일본인 학생들과 난투사건을 일으켰다. 여기에 쌍방 모두 새로이 전투태세를 만들어, 고보 측에게는 광주농교생과 인근 학교 학생도 지원에 합세하여, 광주중학을 습격할 대열을 정비하고 거리로 나갔다. 이에 대해서 경찰은 소방대나 청년단 등을 동원하여 방비를 단단히 한 상황이 되어 일본 상점 등은 문을 닫고 광주 시내는 삼엄한 긴장된 분위기였다. 이 날 광주역과 시장에서 일본인 경관이나 역무원, 그리고 일본인 중학생 12명 등을 때리고, 부상을 입히고 있었다. 다음날 경찰은 70여명의 학생을 검거하여, 이 중 40명을 형무소에 수용했다. 잘못은 조선인 학생 측에 있다는 일방적 단죄다. 이것으로 사건은 한꺼번에 조선 전체에 퍼져 나갔다.

여기서 광주 학생들도 민중 전체의 요구인 민족의 독립과 결합한 본격적인 대책을 짜면서, 광주의 청년, 학생조직을 망라한 「학생투쟁지도본부」를 두고, 광주 학생투쟁을 항일운동의 전국화로 확대하는 전략을 세우게 된 것이다. 그리고 11월 12일의 제2차 가두투쟁의 격문을 4종류 준비했다. 이 격문은 오쾌일吳快一 명의로 나왔다. 이것은 지도 본부 전원이 승인한 것으로, 즉 지도 본부의 온존책이다. 격문은 슬로건식으로 되어 있고, 모두 민족 독립의 필요성을 드러낸 것이다.

격문 ①
장엄한 학생대중이여! 우리의 슬로건을 지지하라! 그리고 궐기하라! 싸우자!

강하게 투쟁하자!

1. 검거자를 즉시 우리의 손으로 탈환하자.
2. 교내에의 경찰의 침입을 절대 반대한다.
3. 교우회 자치권을 획득하자.
4. 언론, 출판, 결사, 시위의 자유를 획득하자!
5. 직원회에 학생 대표를 참가시키자.
6. 조선인 본위의 교육제도를 확립하자!
7. 식민지적 노예교육제도를 철폐하라!
8. 사회과학 연구의 자유를 획득하자!
9. 전국 학생대표자회의를 개최하라!

격문 ②

1. 조선 민중이여! 궐기하라!
2. 청년 대중이여! 죽음을 초월하여 싸우자!
3. 검거자를 즉시 석방하라!
4. 재향군인단의 비상소집을 즉시 해산하라!
5. 경계망을 즉시 철퇴하라!
6. 소방대, 청년단을 즉시 해산하라!
7. 만행의 광주중학을 폐쇄하라!
8. 기성 학부형위원회를 분쇄하라!
9. 학부형대회를 소집하라!
10. 일본 제국주의를 타도하자!
11. 피압박 민족 해방 만세!

광주의 항일학생투쟁은 목포, 나주, 함평 등으로 확대되어, 전라남도의 학생을 끌어넣어, 학생투쟁은 불타올랐다.

목포상업 학생의 11월 19일과 22일의 가두투쟁 때 나온 격문을 소개한다.

격문

싸워라, 싸우자.

전 피압박 민족 제군! 우리는 사회적, 민족적으로 착취와 압박을 받고 있다. 보라, 압제자의 비인간적 만행과 폭압전제정치를! 광주 학생항쟁에서의 경찰 당국이 취한 처치를! 흥기를 가지고 도발해온 자들은 중학생(일본인)이 아니었는가. 빈사의 중상을 입고 철창에서 신음하는 고보생! 그들은 정의를 위해 가두에서 시위를 했다. 우리는 광주 형제의 석방을 요구하고, 참아온 피와 눈물로 시위를 전개하자.

1. 피감금 학생 즉시 탈환.
2. 교육에 대한 경찰 간섭 절대 반대.
3. 악법 폐지.
4. 피압박 대중은 가두에서 시위하자.
5. 중국혁명 지지.
6. 제국주의 반대.
7. 식민지 해방만세(다른 것 생략).

이윽고 항일학생투쟁의 불길은 경성으로 번지고, 전국에 파급되고 있었다. 이제 이 투쟁은 학생간의 싸움이 아니고 각계각층, 즉 전 계층의 사람들을 이의 없이 투쟁에 참가하게 만들었다.

사건의 발단을 만든 박준채가 나중에 기술한 것에 의하면, 그가 일본인 학생에게 여학생을 조롱한 것을 힐문했을 때, "뭐야! 조선인이 무엇을 건방지게"라고 말했다고 한다. 박은 선인鮮人이라는 멸칭을 듣자마자 때렸다고 한다. 이른바 타민족 지배지에서는 참으로 일상 다반사적인 침략 민족의 모멸 언동에 조선인이 더 이상 참지 못하고, 평소의 불만을 폭발시켰다는 것이 진실에 가까울 것이다.

이러한 전국적인 투쟁으로 발전하고 있었다는 것은 침략 민족의 일상적 오만에 대한 반발, 식민지 지배권력, 특히 경찰의 특권의식이 몽땅 노출된 강압에 대한 반발이었다. 즉 민족적, 계급적 모순이 조선인의 민족감정, 독립 희구의식과 결합하여 작은 계기만 있으면 한순간에 폭발할 정도로 첨예화하고 있었다는 것이다.

이 투쟁이 서울과 전국 각 지방의 움직임, 또는 중국, 일본에 끼친 영향 등에 대해서 언급할 여유가 없지만, 광주학생운동은 당시의 조선 청년, 학생의 민족적, 혁명적 기개를 남김없이 보여주었다. 격문에 나타난 일본관도 그 첨예함을 구체적인 반일항쟁과 연결시키고 있었다는 점에 특징이 있다고 생각한다.

3장 파쇼통치기의 일본관

1. 파쇼통치기의 통치 실태

여기서 말하는 파쇼통치기란 1930년대와 40년대 전반, 즉 일본 패전까지의 시기를 말한다. 이 시기를 보통 15년 전쟁기라고도 한다. 일본의 조선 지배와의 관련에서 말하면, 이 시기는 30년대 전반과 30년대 후반, 그리고 40년대 전반기의 세 시기로 나눌 수 있다고 생각한다.

1930년대는 20년대 말에 세계를 휩쓴 경제공황의 큰 파도를 정면으로 뒤집어쓴 채 시작되었다.

자본주의 나라는 예외 없이 기업이 도산을 당해, 수백만, 수천만 명의 실업자가 거리에 넘치고, 사람들은 수입이 없고, 빈곤으로 고통을 받았다.

각국은 필연적으로 민중 투쟁에 직면하여, 정치적 위기는 급속하게 깊어져 갔다. 세계의 제국주의 국가의 일부는 식민지 재편성에의 움직임을 강화하여, 공황을 벗어나는 방법을 다른 나라를 침략하는 데서 구하게 되었다. 특히 이 움직임은 일본, 독일, 이탈리아 등에서 현저히 나타났다. 그 전제가 된 것은 자국민과 식민지 민중에 대한 끝없는 수탈과 탄압체제의 확립, 강화다.

일본 국내에서는 극단적인 파쇼세력이 침략에 전념하는 군부와 결합하여 여러 차례 쿠데타와 구별하기 어려운 사건을 일으키면서, 결국에는 정권 자체를 군부 파쇼세력이 잡아가는 사태가 된다.

일본은 국내적 안정을 위해서만이 아니라, 중국 대륙에 대한 침략체제를 굳히기 위해서라도, 여기에 드는 필요 자원을 주로 조선에서 무자비한 식민지 수탈로 보충하려고 했다. 이를 위해서는 군사력, 경찰력의 강화로 파쇼적 강제력에 의지하는 외에 방법을 찾을 수가 없었다. 조선에 상주하는 일본군은 2개 사단이었던 것을 1931년 9월의 만주사변 후에 1개 사단을 늘리고, 중일전쟁 후에는 8개 사단까지 증강하고 있다.

경찰기구도 20년대에 비해 2배 이상 증가되었다. 더욱이 '법적통제'면에서도 예를 들면 20년대에 가져 온 악명 높은 '치안유지법'을 30년대에는 개악하여 조선 민중에 대한 탄압체제를 강화했다.

중요한 것은 그 위에 조선 민중의 민족성을 말살하기 위한 정책을 보다 강화하여 내세운 것이다. 이른바 '황국신민화' 정책이다.

일본 지배층은 조선을 완전 점령(병합)한 직후부터 조선 민중을 일본 민족으로 흡수시키기 위한 '동화정책'을 개별적으로 사상·문화면에서 추진하기 시작했다. 30년대에 들어서자 이것조차 미온적이라고 하여 '황국신민화', 즉 일본 천황의 충실한 노예로 만들기 위한 정책을 강요해온 것이다.

일본이 조선에 대한 '황국신민화' 정책의 사상적 핵으로 강조한 것은 '일선동조론'에 근거한 '내선일체·동조동근'론이다.

일본 지배층은 『고사기』, 『일본서기』 중의 고대 일본이 조선을 지배했다는 잘못된 기술과 '역사'라는 것을 적용하여, 일본 민족과 조선 민족이 고대에는 동일한 영토에서 생활했다고 강조했다. 또 양 민족은 동일 종족이라거나, 전혀 비과학적인 논거를 제시하여, 조선 민족의 일본화·'황국신민화'를 꾀한 것이다.

내선일체, 황민화란 문화·사상적으로는 조선인의 민족성을 말살하는 정책이다. 이를 위해 일본 위정자는 모든 면에서 조선색의 말살을 꾀하여, 일본어 사용을 강제했다.

30년대 전반기의 조선총독이었던 우가키 가즈시게[7]宇垣一成(1931년 6월에 총독

---

[7] 1868~1956, 1925년 가토(加藤高明) 내각의 육상으로 군축을 단행하는 한편 육군의 근대화·기계화, 군사교련 시행에서 군사력

취임)가 조선에서 행한 것을 정치, 경제, 문화, 사상 등의 측면에서 꼽아보면 끝이 없지만 특히 주목할 만한 것은 '농촌진흥운동'일 것이다. 이 운동의 명목은 농촌 경제의 재건으로, "춘궁퇴치, 차금借金퇴치, 차금예방"을 목표로 두었다. 친일파 등을 대대적으로 동원해서 실시한 이 운동의 진정한 목적은 마침 높아지고 있던 반일독립운동, 농민운동 등의 민족적·계급적 운동 쪽에서 조선 농민을 떼어놓는 것이다.

즉 조선 농민이 환상을 갖도록 회유하여, 수탈에 대한 불만을 억제하고, 농민을 관영 고리에 붙들어 매고, 더 심한 수탈을 도모한 것에 있었다.

또, 이 운동과 함께 '심전개발', '정신작흥' 등의 슬로건을 내걸었다. 우가키의 '농촌진흥운동'은 30년대 후반기에 본격화하는 '황민화'운동의 사상적 기초 만들기가 된다.

미나미 지로南次郞[8])가 조선 총독에 취임하는 것은 1936년 8월이다. 미나미가 1930년대 후반에서 40년대 초에 걸쳐 총독의 자리에 있었던 시기 일본의 조선 지배의 특징은, 대륙 침략을 위한 '병참기지화' 정책으로 집약할 수 있다.

1937년 7월 일본은 중국 본토에 대한 본격적인 침략을 개시했다. 일본의 이러한 침략계획의 수행은 조선의 병참기지화가 가능하다고 계산하고 있었다. 이것은 조선독립, 해방운동에 대한 탄압을 전제로 한, 보다 가혹한 수탈과 민족성 말살정책이 그 중심에 있다.

강화를 도모했다. 조선총독 2회, 제1차 고노에(近衛) 내각의 외상 겸 척무상을 역임했다.

8) 1874~1955. 육군 군인(대장). 러일전쟁 때는 기병 제1연대 중대장으로 출정. 1906년 관동총독부 육군참모, 1919년 중국주둔군사령관, 1927년 참모차장에 취임. 1931년 만주사변 때는 불확대의 입장을 취했다. 1934년 관동군사령관에 취임. 2.26사건 후 예비역이 되었으나, 1936~41년까지 조선총독. 조선의 전시체제를 확립시키고, '황민화정책'을 추진했다. 패전 후 A급 전범으로 종신금고형에 처해졌으나 병으로 가출옥.

미나미 지로는 '선만일여'鮮滿—如 등을 선동하며, '내선일체'의 목적을 다음과 같이 규정했다. "내선일체의 궁극의 목적은 반도 동포로 하여금 충실한 황국신민이 되게 하는 것에 있으며, 내선 인간에 있어서 일체의 구별을 철폐하는 것을 본래의 뜻으로 하는 동시에 종국의 목적으로 한다."

일본의 병참기지화정책은 조선의 물적 자원, 인적 자원을 최대한 동원하는 것을 의미했다. 1938년 이후의 이른바 '조선공업화'정책은 일본 독점자본의 조선 진출을 촉진하여, 군수공업과 전략상의 중요 광산개발에서 금이나 은 등 지하자원의 대량 약탈을 가져왔다. 독점자본가에게는 식민지적 초과 이윤을 보장하고, 조선 본토 내에서는 공업의 식민지적 파행성의 심화를 허용하게 되었다.

또 농산물이나 산림자원, 어업자원 등등의 자원도 대량으로 약탈하고, 그 위에 '국방헌금' 등의 각종 명목, 나아가서는 '공출' 등 생활에 필요한 기구 등도 약탈하여, 불법, 부당한 침략전쟁의 전비부담까지 강요한 것이다.

민족성 말살정책에서는 먼저 교육면에서부터 조선어 사용을 점차 제한하고, 사실상 사용을 금지한다. 또 한글로 발행되고 있던 「동아일보」, 「조선일보」도 각종의 법을 위반하여 여러 차례나 발간 정지 처분을 한 끝에, 1940년 8월에는 모두 폐간해 버렸다. 나중에는 조선어 사전편찬을 위한 조선어학회라는 매우 학술적인 단체의 학자들을 검거, 투옥해서 옥사자까지 나오게 하는 만행을 감행한다.9)

조선민족성 말살정책의 중요한 시책의 하나가 '창씨개명'이다. 이것은 '명성名姓'에 대한 조선 민족의 사고방식을 이해하지 않는 일본 지배자의 폭거다. '창씨개명'을 거부하여 자살한 군수도 나올 정도다.

9) 1942년 10월 일제가 조선어학회 회원 및 관련 인물들에게 '치안유지법'의 내란죄를 적용해 검거·투옥한 사건.

이것을 미나미 총독 시대의 1939년 11월 '개정조선민사령'에서 일본식 성으로 바꾸라고 강요하여, 1940년 2월 11일자로 '창씨개명'을 실시한다. 여기에 응하지 않은 사람들에게는 모든 박해와 협박으로 생활 자체를 압박했다.

조선에 대한 병참기지화정책은 조선의 모든 물적 자원과 인적 자원을 뿌리째 동원, 수탈하는 정책이었다. 조선 민중에게 더 심한 고통을 동반하는 '법'이 제정된다. 이것은 지금도 미해결의 전후 보상 문제로 남아 있다. 강제노동, 강제연행, 위안부 연행 문제의 발생원인 '국가총동원법'은, 1938년 봄 일본의 제73의회를 통과했다. 그리고 이 악법은 같은 해 5월 4일, 조선, 타이완 등에서 시행되었다. 이 파쇼통치기, 조선민족은 정말로 생사존망의 갈림길에 서게 되었다고 해도 과언이 아닌 시기였다.

2. 친일파의 언동

친일파란 무엇인가. 조선인에게 '친일'이란 민족반역자, 매국노를 일컫는다. 일본인은 지금도 이해가 부족한 면이 있다. 미국인 또는 프랑스인의 아무개가 친일가라든지, 친일적이라고 하여 호의적으로 받아들이는 것과 반대로, 조선인에게 '친일'이라고 붙이는 것은 예나 지금이나 정치적으로는 완전히 죽음을 의미하는 것이다.

조선에서 친일파는 일본의 조선 침략 역사와 밀접하게 연결되어 형성되었다.

400년 전 도요토미 히데요시 군이 조선을 침략했을 때, 조선 봉건지배 권력과 이것을 지키는 관군은 쉽게 패했다. 국왕과 권력층이 수도 한양을 버린 뒤, 가혹한 봉건지배에 고통받고 있던 하층민은 봉건권력에의 보복으로 관아를 습격했다. 노비문서와 관청사를 불태우거나 창고를 파괴했는데, 이는 결과적으로 일본군의 길을 안내한 것이 되었다. 하층 군인 등은 왕조에 대해

반란을 일으키는데, 이들 가운데 일본군에게 협력한 자를 '순왜順倭'라고 한다. 그러나 이 '순왜'가 나중의 친일파와 조금 다르다고 생각하는 것은 이들은 대부분 조선왕조의 긴 세월에 걸치는 봉건양반 지배의 잔인한 압정과 가혹한 착취와 인신속박으로부터의 해방을 요구한 자로, 이른바 인간해방, 계급해방이라는 질적 문제가 중심에 있었기 때문이다.

따라서 조선에 들어간 일본군이 침략군 본성으로서의 이빨을 드러냈을 때, 이들 '친일'적인 '순왜'층을 포함한 민중이, 왕조권력과의 계급적 모순에서 일본 침략자와의 민족적 모순으로 금세 적대관계가 바뀌어 버린 것은 당연한 일이었다.

근대에 들어서서 조선의 부르주아 혁명을 노리는 김옥균 등의 개화파를 친일파라 지칭하는 사람도 있다. 이것은 역사적 견지에서 보면 큰 잘못이다.

청일전쟁 후 조선 내에서 일본군의 힘을 의지한 '왜군수', '왜관찰사'로 불린 친일적 분자가 나오지 않은 것은 아니지만, 이것이 정치적인 의미에서 친일 즉 매국노가 되는 것은 1904년메이지37 2월의 러일전쟁 개시 직후의 한일의정서 성립 즈음일 것이다. 이것이 보다 확실해지는 것은 다음 1905년 11월 을사보호조약 체결 때의 이완용을 비롯한 이른바 '을사오적'이라고 지탄받은 5인의 대신이 나왔을 때다.

'병합조약' 전, 앞에 말한 일진회의 이용구, 송병준 등의 언동은 틀림없는 친일파다. 또 병합조약의 조인자 이완용을 비롯해, 병합 때 일본에게 작위를 받은 조선 귀족들도 수작 거부가 없는 한, 이것은 이제 완전히 친일파로 봐야 한다. 사실, 그들은 일본의 식민통치에 이용되어, 대다수는 중추원의 고문이나 참의로 들어가 있다. 또 이 시기에 와서는 김옥균과 장래를 맹세했던 박영효도 후작을 받고, 김옥균의 동지로 알려진 유혁노柳赫魯, 이규완李圭完, 신응희申應熙 등도 도지사 등에 설득당해서 친일파의 길을 걷게 된다.

1920년대의 문화정치기, 일본의 회유책과 더불어 독립을 주장하던 민족주의자 가운데에서 일본의 통치정책과 타협하는 민족개량주의자들이 나타나, 이들 대부분이 친일파로 변질해 간다.

그리고 이들 친일파 군상은 1930년대 후반 이후, 일본의 병참기지화, 황민화정책을 선두에 서서 추진해 간 것이다.

이 시기에 나타난 대표적인 친일파 조선인의 일본관을 언설과 행동을 통해 알아보려 한다.

1) 윤치호의 일본관

1945년, 조선이 해방(일본 패전)되던 해, 윤치호는 개성에서 자결했다. 스스로의 친일언동을 부끄럽게 생각한 자살이라고 할 수 있다.

1865년 태어나, 그의 정치 활동은 한말 시기에 조선 근대화, 국민에게 독립의식을 부식시킨다는 점에서 커다란 의미를 갖고, 특필할 만한 활력에 가득 찬 나날을 보내고 있었다.

따라서 일본의 패전 수년 전까지, 즉 그가 친일 행위를 하기까지의 윤치호의 이름은 조선 근대화의 기수, 민족 독립운동의 상징적인 존재로서 사람들의 가슴속에 깊이 새겨져 있었던 것이다.

그는 1881년메이지14 17세, 고종이 일본에 신사유람단을 보냈을 때, 어윤중의 수행원으로 일본에 건너갔다. 어윤중의 수행원에는 유길준도 있었다. 이 일행이 귀국할 때, 3명의 수행원을 남겨서 일본의 학교에서 배우게 했다. 조선인 최초의 일본 유학생이다. 유길준은 게이오慶應, 윤치호는 도진사同人舍에 들어갔다. 유길준도 윤치호도 영어로 이름을 날리고, 두 사람 모두 나중에 미국에서 유학하는데, 유길준은 조선인 최초의 미국 유학생이다.

윤치호에게 영어를 배우도록 권한 것은 김옥균이었다고 스스로 쓰고 있다.

김옥균 씨의 권고로 영어공부를 시작하다. 조선에서 임오군란이 일어난 1882
년, 동남개척사(東南諸道開拓使 兼 捕鯨使)였던 김옥균 씨가 사신으로 일본에
와서, 나를 보고 "일본어만 배우지 말고 영어를 배워야, 일본을 경유하지 않고
서양문명을 직수입하는 것이 가능하다"고 권고했기 때문에, 일본어는 그 정도
로 하고, 영어를 습득하는 것을 결심했다.("風雨卄年 - 한말정객의 회고담"「동
아일보」1930년 1월 11일~15일자)

나중에 그는 교섭통상사무아문 주사로 미국 공사관과의 연락과 통역을
맡는다. 젊어서 궁중에의 출입을 허가받아 고종, 명성황후에게 신뢰받고,
정치·외교 문제에서의 자문에도 도움이 되었다. 그런 때에 갑신정변이 일어
난다.

윤치호는 갑신정변에 직접 참여하지 않았지만, 김옥균에게는 경도하고
있던 사람이다. 부친 윤웅렬尹雄烈은 갑신 3일천하 때, 형조판서에 임명되었
다. 누구나 심정적으로는 김옥균당이라고 생각하고 있다. 역시 윤치호는
그대로 있을 수 없는 분위기를 느끼고 있었을 것이다. 갑신정변에서 2개월
정도 지난 1885년 1월 국왕 고종을 만나 외유 허가를 얻었다.

인천에서 배를 타고, 일단 나가사키에 도착한 후 다시 상하이로 건너갔다.
한성을 떠날 때, 푸트Foote, L. H 미국 공사는 상하이 주재 스톨 미국 총영사
앞으로 소개장을 써주었다.

스톨의 알선으로 상하이에 있는 미 교회계의 중서학원The Anglo-Chinese College
에 입학하여, 여기서 4년간 배웠다. 이 학교의 미국인 교장에게 신임을 받은
그는, 다시 미국으로 건너가, 계속해서 두 개의 대학에서 5년간 배우게 된다.
그는 1893년 즉 김옥균이 암살되기 1년 전에, 또 상하이로 돌아가 모교라고도
할 수 있는 중서학원에서 교편을 잡았다.

윤치호가 귀국한 것은 갑오개혁 후인 1895년 9월이다. 그는 학부협판(차

관)에 임명되어, 다음해 서재필, 이상재李商在, 이승만李承晚 등과 독립협회를 만들었다. 1898년 2월에는 회장이 되고, 독립신문의 사장에도 취임한다. 이 시기의 윤치호는 눈부신 활약을 했다.

1906년에는 장지연 등과 대한자강회를 조직하여 회장이 되고, 교육을 통해서 민족적 주체의식과 독립 자존심을 높이려고 노력했다. 친일정권 이완용 내상은 이것에 두려움을 느껴서 해산 명령을 내렸다.

병합 후, 데라우치 암살미수사건이 날조되어, 1912년 6년 형을 선고받았다.

그 정도로 윤치호는 적지 않은 사람들에게 존경받는 존재였지만, 그런 그가 친일언동을 시작한 것이다. 그것도 조국이 해방되기 직전이었다.

1937년 7월 일본은 중국 대륙을 본격적으로 침략하기 시작했다. 중일전쟁의 발발이다. 당시의 조선총독 미나미 지로는 7월 15일에 임시 지사회의에서, 시국의 중요성, 일본의 지도적 위치 확인, 중국을 과소, 과대평가하지 않을 것의 3원칙을 제시했다. 이 취지를 대중에게 주입시키기 위해 '시국강연회'를 각도에서 개최하기로 했는데, 윤치호의 이름이 강연자 수십 명 가운데 있었다. 지금 총독부에서 그에게 어떠한 공작을 했는지는 알 수 없다. 같은 달 20일에 학무국이 주최하는 시국강연회가 경성여고보 강당에서 열렸을 때, 다른 세 사람과 함께 윤치호도 강연에 참석했다.

또 조선인 기독교도의 신사 참배와 관련한 문제 등에서, 1938년 봄부터 여름에 걸쳐서 조선 측 교회와 일본 측과의 합동 문제가 일어났을 때, 윤치호는 경성기독교연합회와 조선기독교연합회 결성 문제에서 평의원 또는 주요 임원으로 이름을 나열하고 있다. 조선기독교의 황민화, 내선일체의 완성이다.

조선총독부는 민간의 사회단체를 하나로 정리해, 이른바 후방 봉사활동의 충족을 목적으로 59단체의 대표들을 모아서 1938년 6월 22일, 국민정신총동원 조선연맹을 만들었다. 이사장은 총독부 학무국장 시오바라 도키사부로

塩原時三郎를 앉히고, 조선인 이사 17명 중에 윤치호도 들어 있다. 이것은 이 해 봄, 일본의회를 통과했는데, 5월 4일 조선에서 시행 발포된 '국가총동원법' 체제를 조선 내에서 펼치려는 목적이 있었다. 그 정도로 중요한 것이었기 때문에 윤치호를 뺄 수는 없었을 것이다.

이 조직은 1940년 10월 16일, '발전적'으로 해소하여, 국민총력조선연맹이라고 명칭을 바꾸었다. 조직을 바꾼 이유는 고도의 국방국가를 건설하기 위한 것이다. 총력연맹의 활동 내용은 황민정신의 앙양, 징병·학도병의 동원, 증산, 헌금과 공출, 기타 후방운동이다.

이외에, 이 시기 윤치호의 친일 태도를 세어보면 끝이 없을 정도다. 1941년 8월, 그는 임전대책협의회에서 "우리는 황국신민으로서 일사보국—死報國의 진심을 맹세하여, 임전국책臨戰國策에 전력을 다하도록 노력한다"고 하는 결의문을 읽었다. 같은 해 9월 조선임전보국단 결성에 즈음해서는 위원장으로, 황도정신의 선양과 근무 보국의 정신 등을 확인하기도 했다. 이 조직은 친일파 세력을 망라한 형태다. 이러한 윤치호의 친일 공로가 드디어 보상된 것일까, 1945년 4월 다른 친일인사 6명과 함께 귀족원의원(칙선)이 되고, 또 6월에는 당시 조선인으로서는 최고의 명예직이었던 중추원 고문이 되었다.

그러나 윤치호에게 있어 참으로 안된 것은 2개월 후에 일본이 패전하고 조선이 해방된 것이다. 이전의 맹우들은 의기양양 해외 망명지로부터 돌아왔다. 윤치호는 생각다 못해서인가 자신의 존재를 스스로 소멸시켰다.

친일파 연구의 일인자인 문학자 임종국林鍾國은 『친일문학론』, 『일제침략과 친일파』, 『실록친일파』 등의 저서에서 극명하게 친일파 군상의 실태에 접근하고 있다. 임씨에 의하면 윤치호는 3·1운동 때에 이미 "일선융화, 투쟁 무용론을 주창"하고 있었다고 한다.

개항 직후기부터 한말, 망국전후기의 저 수십 년에 걸치는 빛나는 근대화,

독립운동의 기수도 결국에는 식민지 권력의 거대한 압력과 회유책에 보기에
도 무참하게 변질되어 버렸던 것이다. 윤치호 자신의 일본관의 변천은 결코
한 인간의 영혼이 방황한 것이 아니라, 민족 전체가 받은 고통스럽고 무시무
시한 일본관의 표현과 대부분의 점에서 겹치고 있다. 어느 의미에서 윤치호
의 죽음은 친일을 한 인물의 처신방법으로서는 상징적이라고 말할 수 있을지
도 모른다.

　윤치호는 생애의 마지막에 부끄러움이라는 것을 알았던 것이다.

2) 최남선의 일본관

육당 최남선1890~1957은 이름 높은 사학자·문학자다. 어릴 때는 한학을 배우
고, 1904년 15세에 일본으로 건너가 와세다에 입학하여 이광수 등 유학생들
과 친교를 맺는다. 서구, 러시아의 문학서를 탐독했다. 이윽고 그는 새로운
형태의 시 등 문학운동을 일으킬 목적에서 인쇄 설비를 사서 귀국하고 19세에
신문관新文館을 창설했다. 조선의 역사와 지리에 관한 중요한 서적을 간행하
고, 『소년』 잡지도 발행했다. 자신도 작품을 많이 썼지만 유망한 신인에게
작품발표의 장소를 제공하여, "근대문학 개척기의 선구자"로 일컬어져, 애국
문학, 계몽문학에 진력했다. 그리고 3·1운동 때는 「독립선언서」를 기초하여
체포되고, 2년 6개월의 판결을 받는다. 그런 그가 변절하여 '조선사편수위원
회'의 편수위원이 되고, 중추원 참의가 되어, 관동군이 세운 '만주국' 건국대
학의 교수로 초빙되는 것이다. 이 때 "육당을 항상 아끼던 위당 정인보鄭寅普
선생은 딱 5전의 술을 사서, 최남선의 집 대문 앞에 붓고 '지금 우리 최남선은
죽어버렸다'고 대성통곡했다고 한다"『반민자죄상기反民者罪狀記』고 기록되어 있
다.

　다만 송건호宋建鎬 씨의 『일제 지배하의 한국현대사』에 의하면 정인보가

최남선의 집에 술을 부으면서 그의 변절을 통곡했다는 것은, 그가 '조선사편수위원회'의 위원이 된 1928년 12월의 일이라고 한다. 어느 쪽이든 최남선이 식민통치하의 동족에게 얼마나 큰 기대를 걸게 했는지를 잘 알 수 있다고 생각한다. 그러나 그는 일본 침략자에게 매수, 회유되어 친일 경향이 깊어지게 되었다. 수많은 친일 문장, 시가가 있지만, 여기서는 조선과 일본의 문화적 동일성을 중심 논제로 한 그의 저서 『신도가 성행했던 고대를 회고함』, 기타의 언동을 들어, 식민지 지식인의 더없는 굴절을 보인 일본관을 보기로 하자.

『신도가 성행했던 고대를 회고함』은 1934년쇼와9 3월, 최남선이 경성 방송국에서 강연한 요지를 『경성일보』[10])가 게재하고, 이것을 동아민족문화협회(재 도쿄)가 「팜플렛 제3집」으로 만들어, 미야치 나오가즈宮地直二, 내무성 신사국 고증과장·제국대학 강사의 『조선인을 제사하는 신사』와 같이 수록하여 4월에 간행한 것이다.

그 대의는 조선과 일본의 문화 가치의 동일성을 말하고, "일본 신도의 자랑스러운 윤리 관념은, 그대로 고대 조선인의 기풍을 전한다"고 하여, "일본과 조선의 고신도는 완전히 동일한 기구 위에 서 있다"고 할뿐 아니라, 그 위에 이 귀한 전통을 "아시아 대륙의 대부분"에 펼치자고, 일본의 아시아 침략의 사상적 땅을 고르게 하는데 중요한 구실을 떠맡은 것이다. 그런 의미에서는 식민지 지식인의 굴절된 일본관의 전형을 여기서 본다.

그는 1949년 '반민족행위처벌법'으로 특별조사위원회반민특위의 법정에 섰다. 일본제국주의의 주구·친일매국의 무리로서 규탄 받았던 것이다.

그는 이 법정에서 「자열서自列書」라는 일종의 자기 비판서를 제출했다. 그

---

10) 1906년 9월 1일에 창간된 통감부 및 총독부 선전 기관지. 『한성신보』와 『대동신보』를 매수하여 일본어·한글판을 병행해서 발행. 1945년까지 일제 침략의 선봉이었으며, 11월 1일 폐간되었다.

가운데에서 자신이 변절한 시기는 총독부의 조선사편수위원을 수임한 때, 라고 쓰고, 이후의 반민족행위를 열거한 후, "이 밖에, 나에게 쌓인 죄의 하나 는 국조 단군을 왜곡하여, 일본인의 이른바 내선일체론에 보강 재료를 제공 했다고 되어있습니다"라고 하여 여러 가지 변명을 했다.

"나는 왕년1927년 『불함문화론』을 발표하여, 동양의 문화는 남북 양계로 구분되고, 그 북구의 문화는 단군의 고도를 중심으로 발전한 것이요, 단군문 화는 실로 인류 문화의 중요한 일부를 형성하는 것을 주장한 일이 있다. 그 중에는 자연히 일본도 단군 중심 문화의 일익을 이룬다고 언급했다. … 이것 을 전하여 이른바 '내선일체'의 주장자라는 간사한 말을 유포하는 무리를 보게 되었다"고 주장한다.

그러나 그가 「자열서」에서 변절 시기를 편수위원 수임 때라고 하고, 또 『불함문화론』을 자기 최대의 문제점으로 설정한 것은 크게 문제 삼기에 충분 하다. 먼저 편수위원이 된 것에 대해서 그는, 생활 양식을 얻기 위해, 자기의 국사(조선)연구상의 편의에서 한 것이라고 했다. 나아가 조선사편수사업은 "다만 고래의 자료를 수집 배열한 것으로, 하등의 창의도 학설도 개입하지 않았으며, 그 내용은 금일, 반민족행위 추궁의 대상이 될 만한 것은 한 건 한 줄도 들어있지 않다"고 썼다.

조선총독부의 조선사편수사업은 앞에 소개한 「동아일보」가 "우리 역사를 남이 서술하는 슬픔我史人修의 哀"이라고 표현한 것처럼, 기본적으로는 일본의 조선침략의 합법성 입증을 목표한 것으로, 사료의 왜곡과 조선 역사의 왜곡 을 꾀한 것이다. 송건호 씨는 『일제 지배하의 한국현대사』에서 조선사편수 회의 수사관경성제대 교수이었던 스에마쓰 야스가즈末松保和, 패전 후 학습원대학 교수의 다음과 같은 고백을 인용하고 있다.

이 37책의 『조선사』는 일본의 조선 통치의 하나의 선물임에 틀림이 없습니다
만, 이것이 조선사 연구에 어느 정도 플러스 되었는가 하는 것이 되면, 조금
이론이 있다고 생각합니다. 조선사 편찬사업은 조선 통치, 즉 정치의 일부분으
로서의 조선사 편수입니다.

이 사업에 직접 참여한 일본인 학자조차 이렇게 말하고 있는데 최남선은
이것을 부정한다. 그리고 『불함문화론』은 오히려 일본에 대한 조선 문화의
우위성을 강조한 것인데, 내선일체로 이용한 것은 이른바 일제가 맘대로 한
것이라고 말할 뿐이다. 즉 최남선의 「자열서」는 자기의 반민족적 행위를
스스로 폭로하는 것처럼 위장하여, 스스로 설정한 문제점에 관심을 떠보고,
결국 자신은 죄가 없다는 것을 증명하려고 한 것이라고 할 수 있다.

그러나 여기에 앞에서도 언급한 것처럼 『신도가 성행했던 고대를 회고함』
이 있다.

최남선은 "민족생활의 접촉관계를 논하는 위에 혈액이 다르다는 것은 그다
지 중대한 일이 아니다. 그것보다도 오히려 근본적인 것은 그들의 생활 사실,
즉 생활 의식, 태도양식을 나타내는 바의 문화가치다"라고, 말하고, 피보다
도 같은 문화로 맺어진 사회일수록 "뿌리가 단단하고 끈기 있는 것은 없다"고
한다. 그는 "조선과 일본은 혈연관계는 아니더라도, 그것보다도 중요한 문화
상에서, 가장 접근한 아니 오히려 완전히 동일한 실질을 가지고 있다고 본다"
고 단언하여, 조선·일본의 문화적 친연관계를 확인한다.

그는 아시아를 T자형으로 셋으로 나누어, 인도 및 '지나'에 대해서 "완전히
다른 한 문화지역을 형성하고 있는 것이" 아시아 북계 문화대로, 이것은 동유
럽에서 키르기스kyrgyz 광원을 거쳐, 몽골, 시베리아, 만주, 조선반도, 일본,
류큐를 포괄하고 있다고 한다.

그리고 기타바다케 지카후사北畠親房, 1293~1354의 『신황정통기神皇正統記』의

신국의식까지 들고 나와서, "유구한 옛날에 - 신국이 반드시 일본에만 있지 않았다는 것은 일본과 함께 동일한 신념을 기초로 일종의 문화 블럭이라고 할 만한 관계에 있던, 고대의 전 동방 여러 국민의 전승을 보고, 이것을 인정하지 않을 수 없다"고 말한다. 그리고 "다카마가하라高天原의 회의에서 신칙, 신기의 하사", 권력 확장의 경로와 천상과 인간의 연결점이 되는 산 이름 등의 조·일의 일치성을 지적한다. 덧붙여서 일본 신화와 조선 전설의 결락 부분을 모으면 "거의 일본의 그것과 앞 뒤 일치하는 완벽한 건국신화의 성립을 본"다고 말한다. 그는 민족 신앙은 신의 마음을 마음으로 하는 "신도"에서 동방 여러 민족은 서로 일치한 생활규범을 가지고 있다고 하여, 신도를 구체적으로는 일본과 조선의 그것을 예로 든다.

"일본의 신도에 나타나는 신 숭배, 제사, 불제祓除, 축사와 같은 중요한 사실과 명목이 그대로 조선의 고신도에 보인다. 또 신에 봉사하는 사람들 나기ナギ, 네기ネギ 나 하후리ハフリ 등이라는 말도, 역시 종교적 이유에서 신정시대의 주권자를 히코ヒコ, 미코ミコ, 하루에ハルエ, 히루메ヒルメ 등이라 칭하는 예도 모두 피차 공통인 것을 본다"고 한다. 그리고 신앙 내용의 "청결을 숭상하고, 감격성에 풍부하고, 이른바 '다시 보고 다시 듣고' 로 통일 화합을 유지하여 … 일본 신도의 자랑스러운 윤리 관념은, 그대로 고대 조선인의 기풍을 전한다. … 혹은 또 신의 말을 믿고, 노래의 공덕을 믿으며, 거문고, 피리와 같은 악기의 주술력을 믿고, 혹은 모든 위의 것을 신으로 하고, 8백만의 신을 가르칠 정도이지만, 우선 호국의 신을 가장 존숭하는 풍습에 이르기까지, 일본과 조선의 고신도는, 완전히 동일한 기구위에 서있는 것을 본다"고 동일성을 찾아내고 있다. 조선인에게서 나온 조·일 신도의 동일성 지적은 일본 위정자에게 원용되어, 이민족 지배의 이념을 풍부하게 한 것은 틀림없고, '반민특위'에서의 추궁은 의미 없는 것은 아니다. 그의 이론은 조선인에게서 나온 이후

의 '조·일동일론'의 선구를 이룬 것이었다.

그의 일본 지배자에 대한 아첨은 자민족에게 해를 준 것만이 아니다. 결국에는 일본의 아시아 침략의 선봉을 짊어지는 발언을 하기에 이른다. "시국의 중대함에 비교하여, 동방의 많은 민족은 너무나 인식, 신념, 용기 모두 지나치게 부족한 느낌이 있습니다. 마음이 굶주리고, 움직임이 위축되고, 쇠약해진 민에게 활력을 넣고 열과 힘을 주는, 원천의 활력수는 무엇일까. 그들의 고유 정신, 공통 신념, 전통문화인 신도로 돌아가고, 신도에 되살아나서, 신령의 작용으로 불가사의한 창조적 기능을 살리는 외에 또 다른 길은 없을 거에요" 가 되면, 이제 완전한 침략의 사상적 선도자다.

그 때문인지 확실하지는 않으나 최남선은 조선인 학생을 학도병으로 침략 전쟁에 동원할 때의 선봉 역할도 하고 있다. 그는 이광수 등과 함께 일본에 건너가, 도요대학, 메이지대학 등에서 조선인 학생을 모아 독려하는 연설을 하고 있었다. 그것이 「매일신보」의 1943년 11월 20일자임종국『실록친일파』에서 인용에 실려 있다.

"이번의 전쟁을 의전 - 성전이라고 하지 않고 무엇이라 말할 수 있을까. … 대동아의 건설, 전 인류의 해방, 주의와 신념과 이상을 살리기 위한 성스러운 전쟁에 나가는 것은 얼마나 유쾌한 일인가. … 일본 국민으로서의 충성과 조선 남아의 의기를 발휘하여 … 한 사람 남기지 말고 출진하기를 바랄 따름이다" 라고 말하는데, 이전의 '민족주의의 양심'의 현실 모습이 여기에 있다. 루비콘강을 건넌 뒤에는 끝이 없는 사상적 퇴폐가 크게 입을 벌리고 기다리고 있었던 것이다.

3) 김두정의 일본관

중국 대륙에 대한 침략이 본격화하는 1930년대 후반에는 이제까지의 민족주의자의 변절보다, 상당히 강고하다고 생각되어졌던 공산주의자로부터의 전향자가 속출하여, 그들이 완전한 친일파가 되어, 황민화운동의 선두에 서게 되었다. 김두정金斗禎은 선두자의 한 사람이다. 그는 함경남도 함주에서 태어나, 젊었을 때 총독부의 관비유학생으로 특별히 선발되어 일본에 건너간 일도 있다. 그런 그가 1939년에『방공전선 승리의 필연성』이라는 책을 간행한다.

당시 일본의 조선에 대한 침략적 위치를 한마디로 말하면, 대륙 침략, 아시아 침략을 위한 병참기지화였다. 대외침략에 의한 일본인 장정의 동원은 병력 부족을 초래하고, 또 필연적으로 국내 노동력의 부족을 가져왔다. 즉 일본은 다만 지세 조건의 이용이나 물질적 수탈원으로서만이 아니라, 천황을 위해 기쁘게 목숨을 던지는 병사와 전시 노동력의 공급원으로서, 다시 조선에 착목하지 않을 수 없었다. 그리고 이들의 동원을 정책화해 가는 과정에서, 사상면에서의 동화, 즉 황민화를 강력하게 추진하기 위해서 내선일체 정책을 내세운다. 이 책은 지배자의 의도에 부응하는 조선인 측에서 나온, 내선일체에 관한 3대서의 하나로 일컬어진다.

내선일체를 정책적인 의미에서 처음으로 거론한 것은 조선총독 미나미 지로다. 그는 내선일체의 목적을 앞에 말한 것처럼, 조선인을 황국신민화하여 내선인 사이의 구별을 철폐하는 것이라고 했다. 이 '목적'에 나타난 미나미의 속셈은 사상 수준을 일본인처럼 '끌어 올려' 황국신민화 하는 것을 전제로, 병력의 부족을 지원병제·징병제를 펴서 조선인에게 의무를 부과하여 보충하는 것이다. 또 본토의 노동력 부족을 조선인의 대량동원으로 해결하려는 것으로, 이를 위한 내선 구별 철폐다.

이것을 변절자·전향자·민족개량주의자들은 마치 '내선' 사이의 신분적·정치적·경제적 차별을 없애고, 평등이 실현된 것처럼 선전하여, 내선일체화론의 초롱을 들고 인도하는 사람이 된다. 침략과 피침략, 지배와 피지배가 동등하게 되는, 뱀과 개구리가 사이좋게 동거하는 극락도가 여기에 있었다. 그러나 이 내선일체정책에는 강력한 적대자가 있다.

"최근 공산주의의 사상운동은 몰락 과정을 걷고 있다고 말해도, 불령 과격한 사상을 품는 무리의 준동, 지금 여전히 각지에서 그 자취를 끊지 못하고, 점점 더 집요하고 잠행적"(오노 료쿠이치로大野綠一郎 정무총감)이 되고 있다고 걱정한다. 즉 공산주의자가 내선일체정책의 최대 비판자로서 나타난 것이다.

김두정은 공산주의자에서 전향한 자다. 그런 의미에서 그의 글은 확실히 일본 지배 권력의 요망에 부응한 것이었다.

그가 공산주의운동에 관계한 것은 "전향을 하고난 금일에 본다면 폭소할만한 어린아이 장난"같은 것이지만, 그를 재판한 '경성지방법원'의 판사나 '경성보호관찰소' 소장 등의 말에 의하면, 상당히 활발하게 움직이고 있었던 것 같다.

그가 검거된 것은 1933년 2월로 용의는 조선공산당 재건문제와 관련된 활동으로, 그 조직의 중심인물의 한 사람으로서였다.

임종국 씨의 『실록친일파』에 의하면 관련자 45명이 검거되는데, 조선공산당 재건투쟁협의회라 칭하는 조직은 괴멸했다고 한다. 1938년 7월, 좌익 전향자가 「시국대응전선사상보국연맹」을 조직하여, "황국신민으로서 일본 정신의 앙양과 내선일체의 철저"를 노래했을 때, 그는 옥중에서 메시지를 보냈다.

여기서 그의 저서 『방공전선 승리의 필연성』이 내선일체에 관한 3대서의 하나로 일컬어지는 이유의 일본관을 보기로 하자.

본서는 「서론」, 「제1편 마르크스＝레닌주의의 이론적 종언」, 「제2편 마르크

스＝레닌주의의 실천적 파산」,「제3편 마르크스＝레닌주의의 국제적 청산」,
「결론」,「부록 전향과 황민적 자각」으로 이루어져 있다.

제1편 제1장이 '노동가치설의 파탄'에서 시작하고 있기 때문에 알려진 것
처럼 '유물사관', '계급투쟁' '혁명', '국가', '농민 문제', '토지 문제' 등등의 마르
크시즘의 기본 문제에 대하여 잘못되어 있다고 논한다.

제2편은 주로 조선에서 일어난 공산주의운동 역사의 성쇠를 전향자의 입
장에서 개괄하고, 아울러 소비에트 각국 공산당에 대한 소식을 싣고 있다.

제3편은 국제적 측면에서 본 마르크스·레닌주의다.

그러나 이 책에서 가장 광채가 나는 부분은 「부록 전향과 황민적 자각」일
것이다. 여기에는 옥중 감상문, 전향성명서, 조선총독에의 선서문, 메시지,
법무국장에의 감사장 등, 모두 형무소 안에서 집필한 것이 수록되어 있다.
이것은 내선일체정책에 호응한 조선 공산주의 '혁명가'의 자기파산 증명서
이고, 조선인 전향자의 일본관의 집약이기도 하다. 그는 공산주의운동이
일어난 원인을 실로 많이 열거하는데, 마지막에 "국체관념의 불철저, 외래
사상에 의한 일본 정신의 말살, 자력갱생운동의 불충분"이라고 요약한다.

그리고 "내가 공산주의를 청산하고, 민족주의마저 지양하여 일본 정신을
기조로 한 신국민주의, 즉 신일본주의에 자기가 사수해야할 마지막 목적을
찾는 근본적 문제"로 9개조를 들고 있다. 그 대부분은 1~3편 중의 문제와
겹치는데, "현재 … 자칭 공산주의자가 만일 잔존한다고 하면 저 조선의 첫째
가는 백치이고, 정말로 민중의 적"이라고 잘라 말하고 있다. 또한 "선정의
구체적 사실"로서 "징병제, 의무교육제도 기타의 대 현안"을 들고 있다. 의무
교육제도는 패전하는 날까지 실시되지 않았기 때문에 논외로 하더라도, '징
병'을 선정의 근거로 한 것은 주목된다. 1937년 김두정은 서대문형무소 전향
자 일동 35명과 함께 「국가에 대한 진충보국의 공동서맹」 미나미 총독 각하에의

봉중 서맹문을 발표한다.

"황공하옵게도 성상 폐하께서는 74회 제국회의 개원식에 친히 임하셔서 우악優渥, 은혜가 넓고 두터움한 칙어를 내리시고 제국의 역사적 사명과 국민의 진로를 밝히 보여주셨습니다. 다만 두렵고 감격한 마음을 견딜 수 없습니다. 시국에 관한 고노에 후미마로近衛文麿, 1891~1945 수상각하의 고유告諭, 반도 민중에 대한 미나미 총독각하의 유고諭告는 거국일치, 내선일체를 기초로 진충보국盡忠報國, 견인지구堅引持久로써 국난타개를 위해 분투해야 함을 지시하셨습니다. 들끓는 정의의 혈조血潮를 제어할 수 없습니다."

사단장 각하가 군 간부를 앞에 둔 훈시가 아니다. 조선인 공산주의자의 말로의 신탁神託이다. 그들은 미나미의 이른바 5대 방침을 치켜세워, "특히 조선통치사상 특필할만한 성공은 내선일체다. 반도에 넘치는 후방의 정성은 하나같이 이것을 실증한다. 오랜 시간의 의혹은 풀렸다. 우리들을 가장 기쁘게 하는 것이다. 조선에서 전면적 전향 완료도 이것에 의해 촉진된 것이 많다는 것을 믿는다."

"우리들은 일본 정신의 체득을 통해서 혼의 부활에 힘쓰고, 조국의 약진에 일사보국으로 부합하여, 제국신민으로서의 직분을 다하고 지난날의 오명을 씻고, 과거의 죄과를 갚으며 오로지 국은에 보답하려는 염원만 있다. 여기에 진심을 피력하여 진충보국을 맹세한다"고 했다. 미나미의 내선일체정책이 전향자에게 받아들여져 전향자의 '진심'을 내보인 말이 얼마나 미나미를 비롯한 총독부의 권력을 기쁘게 했는지 상상할 수 있다.

그는 형무소 안에서 이 책을 써서 「사상전에 즈음하여 졸저를 황국에 바침」이라는 제목으로 미나미에게 「봉증문」을 보냈다.

"진충보국의 정성에 불타서 아무리 개탄해도 아직 죄과의 보상을 완료할 수 없는 불초 제일선에의 종군 출정은 원래 허락되지 않고, 불초는 풀죽으로 연명하는 가족이 있어서 국방을 위해 많은 액수의 금품을 바칠 수 없습니다. 온갖 계책이 다하여 다만 옥중에 기거하는 불초에게 겨우 가능한 것은 국가의 당면한 사상전에 사상을 가지고 동원하는 것뿐입니다"라고 하는 것으로, 『방공전선 승리의 필연성』을 '사상보국' '국방적 헌품'의 의미에서 '가납'해 달라고 말했다. "이 사상보국의 행동은 불초의 지극한 정성의 일부로, 장래 반드시 자제는 제국의 군인으로 국방의 제일선에 세우고, 불초는 미치지 못하지만 사상안정, 내선일체와 세계방공 공작승리를 위해 가벼운 한 목숨을 조국에 바칠 것을 맹세합니다. 국가도 백골의 뒤처리를 수탁할 용의가 있는 것이라고 확신합니다"라고 했다.

"지성이면 감천이다"고 하는 옛 말은 이 경우 적당하지 않지만, 미나미는 김두정의 지나친 '열성'에 "당신의 입장을 동정하지 않을 수 없다"는 의미의 공문을 보냈다고 한다. 적어도 김두정의 황민화는 이루어졌다고 생각한 것에 틀림없다.

그는 1939년 2월 11일의 '기원절'에 은전恩典으로 가출옥이 허가되었다. 이 책은 '경성'에 있는 '시국대응전선사상보국연맹' 발행인데, 그는 출옥 후 얼마 되지 않아 이 '연맹'에 들어갔다. 1939년 7월 29일·30일에 '제1회 경성지부 통상대회'가 열리는데, 김두정 외 30명이 간사로 선출되었다. 그의 '진충보국'이 본격적으로 시작된 것이다. 그의 움직임은 강연에 논단에 열심이었는데, 그의 '백골'을 누가 주웠는지는 미상이다.

4) 이광수의 일본관

춘원 이광수는 1892년 평안북도 안주에서 태어났다. 1915년 23세로 3번째 도일하여, 와세다 대학에 들어갔다. 1919년의 3·1운동 전후, 그는 유학생을 대표하여 「2·8독립선언서」를 기초하고, 이것을 영문으로 번역하여, 배포도

겸하여 상하이로 가서, '임시정부' 기관지 「독립신문」의 주필이 되었다. 나중 귀국했을 때, 일본 경찰에 체포되었다. 이 귀국은 이미 일부로부터 '훼절귀순'이라고 지적되었다. 1922년 잡지 『개벽』에 「민족개조론」을 발표하자, 요란한 비난을 받게 된 것이다. 이윽고 그는 「동아일보」 등에 차례로 작품을 발표하여 독자의 인기를 얻지만 변절자로 명확하게 지탄 당하게 되는 것은, 1939년 「북중국北支 황군위문단」에 관계한 것과 1940년, 가야마 미쓰오香山光郎라고 창씨개명하여 이 캠페인에 앞장섰을 때부터다. 이후의 그는 이젠 완전히 조선인을 일본인화 하는 기수였다.

이보다 전인 1917년에 그는 소설 「무정」을 발표하여, 신문학·근대문학의 선구자로(최남선과 함께) 불리고 있었는데, 서서히 민족개량주의적 경향을 보이게 된다. 그가 친일파로 전향하는 결정적 계기는 1937년 6월, 안창호安昌浩, 1878~1938가 연루된 수양동우회 사건11)으로 서대문형무소에 투옥되어, 다음 해 보석으로 출옥한 때다.

가야마 미쓰오라고 창씨개명한 1940년 10월 1일부터, 「경성일보」에 "동포에게 부침"이라는 제목으로 8회에 걸쳐 이른바 자기의 황국신민화를 전 동포에게 선언한 것이다.

"나는 왜 이렇게 변한 것일까" "나는 천황의 마음을 느꼈던 것이다. - 단단한 나의 마음을 열어준 것은 지나사변과 미나미 총독이었다. - 미나미 총독은 '동아신질서의 건설은 내선일체를 기초로 한다'고 분명하게 밝혀서, 교육의

11) 수양동우회(修養同友會)는 1926년 수양동맹회와 동우구락부가 통합해 만들어진 한인 사회단체. 1937년 재경성기독교청년면려회에서 금주운동 계획을 세우고 그해 5월 '멸망에 빠진 민족을 구출하는 기독교인의 역할' 등의 내용을 담은 인쇄물을 국내 35개 지부에 발송했다. 이를 알아낸 일본경찰이 수사에 착수하여 이들이 관계하고 있는 수양동우회에 관련된 181명의 지식인들을 검거한 사건이다.

차별철폐, 지원병제도 등을 실행했다"고 쓰고, 자작의 단가短歌도 선보였다.

"천황의 신과 군에 연결되어 야마토大和도 고려도 하나"

또, 조선과 일본은 먼 옛날부터 혈통과 문화가 같았다고 말한다.

"상고의 동조동근은 별개라고 해도, 다른 국민생활을 하고 있는 사이에도 피와 문화는 끊임없이 교류하고 있었다. 지금의 일본인에게 조선반도계의 혈통을 직접 이어받고 있다고 추단될 만한 것이라도, 그 수는 1800만을 내려가지 않을 것이다."

"다음에 문화를 생각해 보자. 첫째 신도부터 보면, 양쪽 땅이 공통이다. 조선으로부터 고신도적 색채를 제거하기 시작한 것은 조선왕조의 성종, 중종 때부터고, 4백년쯤 전이다. 그것은 유교가 왕성해지면서 지나 숭배사상에 중독되었기 때문이었다. 그렇지만 지금 한편 조선 민중의 종교 감정은 고신도와 유교가 혼합된 것으로, 그것은 내지와 다름이 없다. 오늘날 내지에서 숭배되고 있는 신으로, 조선에서 이주된 내력이 명료한 것만도, 교토의 히라노平野신사의 신령을 비롯하여, 수많은 하쿠산白山신사 등 셀 틈이 없을 정도다. 다음으로 불교에서 양쪽 땅의 관계는 너무나 잘 아는 일로, 특히 거듭 말할 필요도 없다고 생각한다. 일본 불교는 백제에서 전래되었고, 고구려의 승려 혜자惠慈가 쇼토쿠聖德 태자에게 법화경을 강의했으며, 어디어디의 불상이나 사원이 어떻다 - 고 새롭게 늘어놓고 있는 데도 미치지 않는다고 생각한다.

신도, 유교, 불교, 예술, 공예 그리고 언어, 이것들을 합친 것이 문화가 아닐까. 이 문화에서 만들어진 것이 사상이고, 인정, 풍속이며, 국민정신인 것이다. 언어를 좇아 일본어로 흡수되어 있는 조선 어원의 말은 영어에서 라틴어의 수보다 적지 않다고 생각한다.

그러므로 군君, 군과 나僕는 혈통으로 보더라도 문화로 봐도 종형제 동지라네. 그 이외가 아니다. 그렇기 때문에 나는 혈통과 문화의 점에서 보아 군과 내가 같은 신의 일족一族이 되고, 같은 천황의 신민이 되는 것에 하등의 무리도 부자연스러움도 없다고 생각한다."

글 가운데, '군君'은 일본인을 가리키고, '나僕'는 조선인을 가리킨다.

그러나 이광수는 "혈통이나 문화만으로 내선일체가 성립되지 않는다"고 하여, "양 민족이 하나의 국민으로 결합하는 데는 이상과 이해의 일치가 필요"라고 말한다. 그리고 조선의 병참기지로서의 상태에 의의를 단 것이다.

"첫째 조선이 제국의 병참기지가 되는 데는 조선인의 충성이 제일 요건이라는 의미다."

"조선인이 일본은 우리 국조다, 일본의 번영이야말로 조선인의 생명도 번영도 있는 것이라고 확신하는 것을 전제로 해야만 병참기지는 안전성을 확보하는 것이다.

조선반도가 병참기지가 된다는 것에는 중공업의 그것도 포함하는 것이다. 지금 압록강, 한강 하류를 대공업지대화 하려고 한다. 풍부한 수원, 노력, 부지, 그리고 대륙시장에의 거리와의 관계에서, 지나사변도 원만하게 안정되면, 조선은 급속도로 공업지대화 될 것이라고 생각하지만, 군사적, 정치적 병참기지에 못지 않은, 이 산업적 병참기지를 지키는 것도 조선인의 애국심을 기다리지 않으면 안 된다.

이 다음으로 더욱 중요한 것은 국가가 조선인의 충성을 기다리는 것이다. 그것은 인적자원이다. 다른 방향은 잠시 두고, 국방에서 인적자원을 조선인에게 요구하지 않고 끝날 것인가. 국경은 사변 전의 몇 십 배나 연장되지 않았는가. 만주국만이 아닌 신생 지나까지 방호할 임무를 지고 있지 않은가. 그런데 적국일 개연성이 있는 상대국의 수는 늘어나고, 위기는 날로 심각화해 가고 있는 것은 아닌가. 그렇다면 일본은 이후 점점 병력을 필요로 할 것이다. 더구나 이번 사변 관계로 지금부터 20년 후 장정 수는 줄어들 것이다. 장황하게 말할 필요도 없다. 조선인은 일본의 국방력의 3분의 1을 담당할 필요가 있다."

당시, 민족주의자 측에서도 공산주의자 측에서도 많은 전향자가 나와, 완전히 친일파가 되어 있었다. 일본 침략자의 조선 식민지정책으로서의, 내선일체·병참기지화를 이 정도 정책적으로 파악하여, 구현한 인물은 드물다고 생각한다.

그리고 말하기를, "지금 조선인에게 남아 있는 유일한 희망은 평등 또 동등한 일본 국민이 되는 것이다. 이것 외에 다른 것은 없다"라고. 그러므로 그의 논리의 귀결은, "폐하의 육해군 중에, 조선인 병사나 사관이 4분의 1 내지 3분의 1이 참가하고 있는 것을 상상해 보라, 이것으로 내선일체는 완성된 것이 아닐까"라고 '폐하'의 군인으로 죽는 것이야말로 내선일체가 되는 것이다.

이것들 외에, 이광수의 조선인을 황국신민화하기 위한 언설로 다음의 몇 가지를 고른다.

"일본식 성을 조선인 전부가 내걸었다고 하면, 그것은 조선 2400만이 진정으로 황민화 할 자각을 철저하게 가졌다는 중대한 추정자료가 된다", "병역을 마치지 않은 국민은 제 몫을 못하는 사람이다. 그러므로 징병은 감사하다", "조선의 지식인은 먼저 일본적 애국심, 즉 충의 관념을 확실히 파악하지 않으면 안 된다", "우리들의 천황이 사용하는 말을 우리 국어로 하지 않으면 안 된다."

일본의 통치정책의 조목조목마다 내뱉은 말이다. 그리고 "천황을 우리 대군으로 모시고, 일장기를 우리와 우리 자손들이 피로써 지켜야할 국기"라는 말에 이르러, 이광수 자신의 일본화는 완성된 것이나 마찬가지였고, 일반 조선인에게 큰 영향을 끼쳤다.

임종국 씨는 『실록친일파』에서 이광수가 1909년 11월이라는 단계에서 「사랑인가」라는 일본어 소설을 탈고한 것을 언급했다. 안중근이 이토 히로부미를 사살한 직후에 일본인 소년을 연모하는 소설을 쓴 "민족사적 문제점은 ① 일본에 대한 사대적 동화의 자기 몰각적 소원과, ② 파렴치에 가까운 민족적 양심의 부재다"라고 지적하여, 이광수가 일본에 동화되고 싶은 소원이 뿌리 깊은 것을 파고들고 있다.

마지막으로 이광수의 일본관, 즉 황국신민화라는 일본화에 대한 그의 언설을 소개하려고 한다. 일본화에 대해서는 1941년 중앙협화회가 협화총서 제5집 팜플렛으로 낸 가야마 미쓰오의 저서 『내선일체수상록』에 비교적 정리된 생각이 제시되어 있다.

"내선일체란 조선인의 황민화를 말하는 것으로 쌍방이 서로 다가서는 것을 의미하는 것이 아니다. 조선인 쪽에서, 무슨 일이 있어도 천황의 신민이 되자, 일본인이 되자 라고 몰려가는 기백에 의해서만 내선일체가 되는 것이다. 만일 조선인이 발분하여 국어를 배우고 일본 정신을 배우며, 일본의 예의작법을 배워, 그리고 내지인 같이 신민의 길을 실천하는 날이, 10년 안에 온다고 한다면, 내선일체는 10년 이내에 완성될 것이다.

황민화의 첫째 요건은 국어를 아는 일에서 부터다. 국어의 다음으로 아니 그것과 동시에 오는 것은, 일본 정신의 학습이다. 그렇다면 어떠한 것이 황민이며, 일본인일까. 그것은 천황을 우러러 모시고 일본의 조국肇國의 이상인 팔굉일우八紘一宇12)를 이상으로 하는 인민이어야 한다. 그렇기 때문에 조선인이 황민이 되려면 황도를 배우지 않으면 안 된다. 조선인이 이 황도 정신,

---

12) 전세계를 일가(一家)로 만드는 것. 2차 대전 때 일본이 해외 침략을 정당화하는 표어로 사용했으며, 현상타파와 동아신질서 건설의 정신적 지주로서 창도된 슬로건.

즉 일본 정신을 자신의 것으로 하기 위해서는, 국사도 배우지 않으면 안 된다. 국문학도 배우지 않으면 안 된다. 신도나 무사도도 배우지 않으면 안 된다.

도쿄에 있는 조선의 학생 여러분! 도대체 여러분은 무엇을 배우러 도쿄에 가 있는가. 각종의 과학이나 기술인가, 그것은 참으로 좋은 일이다. 그러나 여러분은 깊이 반성하지 않으면 안 된다. 여러분은 학자가 되기 전에, 기술자가 되기 전에, 시인이나 예술가, 교육가가 되기 전에 먼저 되지 않으면 안 되는 것이 있다. 그것은 천황폐하의 신민이 되는 것이다."오자와 유사쿠小澤有作 편『근대민중의 기록』10,「재일조선인」소수, 신인물왕래사.

그의 일본화론의 철저한 태도를 알 수 있다. 당시, 일부 소수지만 양심 있는 일본인조차, 지배층이 말하는 광신적 언동에, 냉정하게 비판적으로 대하고 있었지만, 오히려 조선인 이광수가 일본인의 광신적 주장을 대변하고 있는 것이다.

김구는 상하이시대부터 이광수의 문학적 재능을 인정하고 있었다. 그러나 해방 후 귀국했을 때 "이광수, 최남선이 아직 살아있는가. 죽여야 할 놈. 우리의 눈앞에서 이놈들"『반민자죄상기』이라고 통분했다고 한다. 이광수는『나의 고백』을 써서 변명하려고 했다.『심청전』의 심청을 가지고 스스로를 비유하여, 자신이 희생이 되어 친일협력 했기 때문에 민중의 고통을 어느 정도 누그러뜨리는 것이 가능했다고 우겼다.

임종국의『친일문학론』에는 조선인 문학자의 많은 친일 언설을 수록하고 있다. 그 중에서 일본관의 표현인 일본화를 경쟁하는 주된 몇 사람의 작가들의 말을 고르면, "황군장병 11만 명이 죽었는데 조선인은 겨우 3명"金東煥, "조선민족의 발전적 해소"金文輯, "우리들의 가슴에 야마토大和혼의 무형의 총검을 가지지 않으면 안됩니다"毛允淑, "요는 미국과 영국을 격파하는 하나의 길이 있을 뿐입니다"兪鎭午, "일본이 신국인 이유를 체득하여 황국신민으로서의 본연의 자세로 돌아가지 않으면 안 된다"鄭人澤 등으로, 끝이 없다.

그렇지만 당시를 산 조선인으로 이민족 지배의 효과적인 통치정책으로서의 동화정책에 전면적으로 응하는 것처럼 보인 조선인 작가들의 언동을 정말로 조소할 수 있는 자격이 있는 사람은 과연 몇 사람이나 있을까.

3. 항일독립운동가

1910년의 망국 후, 1945년 8월의 해방까지의 사이에, 조국독립과 주권회복을 위해 싸운 사람은 셀 수 없을 정도로 많다.

이 항일독립운동에서의 주요간부 수도 적지 않지만, 모든 사람의 일본관을 소개하는 데는 지면이 허락하지 않기 때문에, 해방 후 조선의 정치에 커다란 영향을 준 3인의 정치가에 한정해서 그들의 일본관을 보고 싶다.

1) 『나의 일본관』과 이승만

이승만은 근대 및 현대 조선에서 가장 권모술수에 능한 기회주의적 정치가 중 한 사람이다.

조선을 강대한 군사력으로 점령 지배하고 있는 일본에 대해서, 이승만의 운동 실태는 '외교'에 의한 독립운동이다. 이승만이 한 것은 문서나 「결의문」, 「청원서」에 의지한 독립운동이었다.

앞에 나온 신채호는 그의 「조선혁명선언」에서 '외교론자'들을 통렬하게 비판하고 있다. 이러한 일본 지배층에 대한 실질 무저항적인 '외교'주의로 임하여, 미국과 유럽열강의 동정적 압력과 일본의 '양식'에 기대하는 '독립운동'에서는 처음부터 실효를 기대할 수 없다. 즉 반일을 선동하기는 하지만, 자신은 피를 흘리는 것을 피하는 '항일'운동가라고 할 수 있다.

이승만은 1875년 3월, 황해도 평산군에서 태어났다. 어릴 때 유학을 배우고, 청년기에는 배재학당에서 영어를 배웠다.

갑오개혁1894년 후, 미국에서 귀국한 서재필이 일으킨 독립협회에 참가하여 사건에 연좌, 체포되어 6년여의 옥중생활을 보냈다.

1904년 형기를 마친 이승만은 도미하여 위싱턴대학, 하버드대학에서 공부하고, 1910년 프린스턴대학에서 「국외중립의 영향」이란 제목의 논문으로 철학박사 학위를 받았다. 『나의 일본관』

그 후 하와이에 있는 「대한국민회」의 지인을 연줄로 하와이로 가서, 국민회의 독립운동에 참가하지만, 파벌을 만들어 안창호, 박용만朴容萬 등과 충돌하게 된다.

이런 이승만을 1919년 3·1독립운동 후, 상하이에서 「대한민국임시정부」이후, 약칭 임정를 만든 사람들이 '국무총리'에 추천한다.

이승만은 이것을 천만다행으로, 스스로 임정의 '대통령'이라 밝히고, 미국의 정치가 등과 교제하여 자기 자신을 잘 보이려고 도모한다.

그의 독단성에 화가 나서 속을 끓이던 임정 측은 옥신각신한 끝에, 6년 후 정식으로 이승만을 면직시킨다.

『나의 일본관』의 원저는 1941년 3월, 뉴욕에서 출판되었다. 일본군이 진주만Pearl Harbor을 공격하기 9개월 전의 일이다. 번역서 『나의 일본관』은 1956년 11월 도쿄의 '산업무역신문사'에서 간행되었다. 역자 나카무라 요시모리 中村慶守는 「역자의 말」에서, "본서는 Japan Inside Out. 부제 Challenge of Today, 1941, Fleming H. Revell Company Newyork, U.S.A 재판을 번역했다"고 한다.

원서의 제목을 원뜻대로 생각하면, 『일본의 안과 밖』 또는 『일본의 속과 겉』이 될 것이다. 이승만으로서는 일본제국은 실제로 하고 있는 침략정책을 외교술을 구사해서 속이고 있다는 사실을 폭로하려고 한 것이다.

본서는 15장으로 구성되어 있는데, 「일본의 황도와 전쟁심리」, 「가면을 벗은 일본」, 「일본의 침략적 진격과 그 반향」, 「일본의 선전을 중지하라」, 「미국의 반전론자」 등의 장명을 보면, "이박사의 매우 직관적이고 솔직한 일본관"이라는 역자의 말도 수긍된다.

원서 출판 당시, 펄벅Pearl Sydenstricker Buck은 "만일 극동에서, 일본이 계획하고 있는 신질서에 관해 권위를 가지고 말하는 것이 가능한 사람이 있다면 그것은 한국인이다.

이 박사는 우리가 나치즘의 구성요소라고 생각하고 있던 흉계와 겉치레, 기만은 히틀러가 태어나기 전에 일본의 정책이었던 것을 보여주었다"고 찬사를 보냈다. 이것은 지나친 찬사가 아니라고 생각된다.

이 책은 역사적인 사실관계의 잘못이나 이승만 자신의 역할에 대한 과장도 적지 않게 포함되어 있지만, 일본 문제에 대해서는 상당히 본질적인 문제를 제기하고 있다고 생각한다.

4장의 「중일전쟁 개시」에서 이승만은 "일본인들이 새로 '강도와 같은 침략'을 시작하려고 할 때는 언제라도 그들에게 편리하게 '주문된' 것 같은 사건이 세계의 어디에선가 일어나고 있다는 것은 재미있는 이야기다"라고 말하고 있다. 이것은 일본 지배층의 모략적 체질을 알아맞힌 것이다.

또 6장 「전율하는 외국선교사」에서 일본의 잔학상에 언급하여, 3·1운동 때의 수원의 제암리 학살사건을 소개한다.

1919년 4월 15일의 제암리 학살사건으로 화제를 바꾸자. 일본 군인들은 수원에서 약 70리 떨어진 제암리라는 마을에 들어가, 강연이 있다고 하여, 모든 성인 남자 기독교도에게 교회에 모이라고 명령했다. 그래서 이에 응하여 29명이 교회에 모인 것이다. 그런데 잠시 후, 일본 병사 등은 교회를 포위하고, 창을 향해 총구를 내민 것이다. 이 돌연한 습격으로 교회 안에 있던 그들은 사살되고, 혹은 중상을 입었다. 이에 그치지 않고 일본 병사들은 이 교회에 불을 질렀다.

3장의 「미국의 반전론자」에서 그는, 일변하여 일본과 독일 등의 침략에 경계심을 보이지 않는, 이른바 '반전론자'에 대해 다음과 같이 말한다.

만일 35년 전에 내가 군국주의자이고, 또 세계 각국이 일본의 한국 침략을 방관 하지만 않았더라면, 나는 지금처럼 '나라 없는 국민'의 한 사람이 되지 않았을 것이다. 평화 애호의 한국이 왜 한국 왕국의 독립을 잃고, 또 2300만의 한국민이 어째서 그들의 세습적 적국인 일본의 노예가 되었을까.

그리고 그는 조선에 대한 일본의 침략에 관하여, 히데요시 군의 조선 침공 에 대해 말한다.

일본의 침략으로 독립을 빼앗기기까지의 약 4, 5세기 사이, 이른바 '일본의 나폴 레옹'이라고 불리는 히데요시의 침략을 포함하는 호전적인 이웃나라의 수많은 침략에도 불구하고 한국은 독립의 의사를 유지해 온 것이다(히데요시의 침략 은 최근 노르웨이, 덴마크, 네덜란드 그리고 프랑스에 대한 나치스·독일의 침략보다 더욱 파괴적이고, 더욱 비인도적이었다.)

그 위에 이승만은 1882년의 조선과 미국 간의 조약상에서의 위약을 비난하 고 있다.

미국은 만일 한국에 분쟁이 일어난 경우에는 원조를 하기로 약속했다. 한국은 친선조약을 포함한 1882년의 조약을 체결했는데, 이 조약은 나중에 여러 악의 와 오해를 초래하는 운명에 있었다. 일본이 한국에 대하여 불법적, 압도적인 태도를 취할 때, 한국의 황제는 조약대로 그 중재권의 행사를 미국 정부에 요구했지만, 이 의뢰에서는 어떠한 결과도 얻지 못하고, 결국 일본이 하고 싶은 대로 행동하게 만드는 결과가 되었다. 미국이 한국 구원의 행동을 취하지 않은 것에 대한 변명은, 한국 황제가 무력하고, 정부의 관리는 부패하여 비밀모의를 일삼고 있고, 국민은 무지하다고 하는 것이었다.

1882년, 「조미수호통상조약」이 미국과 맺어지는데, 제1조에 "만일 어느 쪽인가 다른 나라가 조선과 미국에 대하여 공정하지 못하고 경멸하는 행위를 할 경우, 조선과 미국은 어떤 일이 있어도 잘 조정한"다고 정하고 있었다. 이승만은 이 일을 제기하여 미국을 비난한 것이지만, 그의 지적은 타당하다.

그 위에 이승만은 1905년 11월의 을사보호조약 때의 일본 측의 불법성과 관련하여 다음과 같이 말한다.

> 루즈벨트 대통령은 일본과 협정을 맺고, 미국이 일본의 한국 점령을 인정하고, 일본은 미국의 필리핀 점유를 인정하는 것이 되어 있었던 것이다.

그는 미국을 공범자로 규탄한 것이다. 미국에서 10년 정도 전에 해금된 외교문서에 의해, 그는 「가쓰라·태프트협정」[13]의 존재를 알고, 그것을 인용하여 비판한 것이다.

또, 1919년의 3·1 독립운동에 대한 일본의 잔인한 탄압에 미국 내의 많은 교회 등에서 일본의 잔학 행위를 비난하는 결의를 하거나, 미국 의회에서 문제가 된 것과 관련해, 조선 내의 미국 선교사들의 행동을 다음과 같이 말한다.

13) 1905년 7월 가쓰라(桂太郎) 수상 겸 외상과 미국특사 육군장관 태프트(Taft)의 각서. 미국이 일본의 한국지도권을 승인하는 대신에 일본은 필리핀에 대한 야심이 없는 것을 표명했다.

그들 선교사들은 한국의 크리스천을 동정하지만, 한국을 지배하는 일본인들에 대해서 공공연하게 반항하지 않았다. 특히 정치적 문제에서 일본인들을 공공연하게 변호하는 선교사들도 나타났다.

이 정도로 이승만은 이 시기, 미국의 정책에 강한 불만감을 나타내고 있었다. 다시 이승만의 일본관으로 돌아가 보자.

일본은 일련의 군사행동을 "태평양의 평화를 유지하기 위해서"라고 말하고 있지만, 일본의 본의는 그렇지 않다고 하여, "일본은 아시아의 주도권을 잡고, 마지막에는 세계를 통치하려는 폭거와 같은 장기계획을 세우고 있다. 이 목적을 달성하기 위해 일본은 요람에서 무덤에 이르기까지의 모든 것을 국민에게 명령하고 있다. 일본 국민 사이에 군국주의의 정신을 배양하고, 일본인은 창조주의 특별한 선물이라는 신념과 신의 후손이고, 즉위에 있는 천황에 대한 철저한 충절심을 국민에게 주입하고 있다"고 했다.

그리고 다른 곳에서 다음과 같은 이야기를 소개한다.

어느 일본인 부모에 관한 이야기다. 이 일본인 부모는 자신의 갓난아이를 안고, 전장에서 돌아온 무명전사의 유골을 나르는 군대의 행렬을 보고 있었다. "자, 아가야 보렴, 아빠는 천황폐하를 위해 저렇게 훌륭하게 전사하셨어. 너도 크게 되면 아빠처럼 명예롭게 전사하지 않으면 안 된다." 이 이야기는 개인에게만 한정된 이야기가 아니라, 전 일본 국민 일반에 통하는 이데올로기를 표현한 것이다.

아마도 이승만은 당시의 일본인 일반의 심정을 확실히 파악하고 있었던 것 같다.

그리고 그는 "무자비한 한국 정복은 일본의 아시아 침략 정복의 시작에 지나지 않았다"고 단정한다. 그 위에 "일본은 한국, 만주 및 중국이 정복한 부분을 총검 끝으로 누르고 있다. 일본이 즐겨 말하는 '동양의 신질서'란 공포와 전율의 통치에 지나지 않는다. 일본이 35년간 한국을 통치한 것은 멸족정책의 기록이다. 이 정책을 무장 없이 극도로 지쳐버린 2300만의 한국인에 대하여, 대규모의 기근에까지 몰아넣는 경제적인 압박에 의해 수행하려고 하고 있다. 일본인들은 그들이 정복한 적에게 자비와 도량을 보여서는 결코 끌어당길 수가 없다는 것을 잘 알고 있다. 그래서 그들은 잔인한 군사력이라는 수단에 의지하지 않으면 안 되는 것이다"라고도 말한다.

이렇게『나의 일본관』에 보이는 이승만의 일본관은 매우 엄격한 것으로, 그런 점에서는 평가할 수 있다고 생각하지만, 식민통치하의 그 자신은 주로 안전지대인 미국에 살면서 대일 문제에서 결정적인 의의를 가진 무력투쟁 방침은 제기조차 할 수 없었다.

또 대미인식에서도 앞에서 본 것처럼, 강한 불만감을 나타내고 있었다. 그러나 이 정도로 미국의 대조선정책의 야비함과 조선에 대한 배신을 알고 있는 이승만인데, 그는 일본이 패전한 후 미국의 조선반도 분단정책에 적극적이 되어, 조선 남한만의 단독선거를 거행했다. 그는 대한민국의 초대대통령이 되어 남북 분단을 고정화 하는 스스로 민족 앞에 속죄할 수 없는 죄를 지게 되었다. 제국주의 미국의 역사적인 조선영유 야욕과 이승만 자신의 유례 없는 권력욕이 이 천재일우의 역사적 시점에서 완전히 이해가 합치한 때문일 것이다.

2)『백범일지』와 김구

김구는 1876년 황해도 해주의 백운동에서 태어났다. 1949년 6월 서울에서 이승만이 보낸 자객, 육군소위 안두희에게 암살되기까지 그는 73년간의 생애를 나라의 주권과 민족의 자주독립을 위해 가혹한 투쟁에 몰두했다.

그의 생애를 아는 가장 좋은 안내서는『백범일지』다. 이 책은 1947년 서울에서 간행되었는데, 일본에서는 1973년 『백범일지 김구자서전』으로, 가지무라 히데키梶村秀樹 역주로평범사「동양문고」 번역 출판되었다. 김구는「저자의 말」에서, 이 책을 '보통사람의 자서전'이라고 말하고 있다. 백범이라는 호에 그의 심정이 집약되어 있다. 범이란 범인, 또는 범우凡愚의 뜻이고, 백이란 조선의 계층사회 양반, 상민, 백정白丁에서 가장 하층의 백정 계층에서 따온 것이다. 즉, 백범이라고 호를 한 것은 스스로를 백정, 범우의 대열에 두거나, 또는 이 계층의 사람들을 자신의 정치의식에까지 높이고 싶다는 생각이 있었을 것이다. 김구의 집안은 양반으로부터는 천시된 상민계층인데, 아버지는 다소 재력이 있는 사람이었다고 한다. 김구의 정치 경력은 1894년, 18세로 황해도의 동학농민투쟁에 참가한 때부터다. 이듬해 10월 미우라 고로 공사에 의한 명성황후 암살사건이 일어난다. 김구는 1896년 2월, 안악군 치하포鴟河浦 나루의 여인숙에서 일본군 육군중위 쓰치다土田讓亮가 변장한 밀정이라는 것을 간파하고 '국모보수國母報讐'의 의에 따라 그를 살해한다.

3개월 후, 김구는 체포되어 인천감옥에 수감되었다. 그 후, 그는 국내 각지를 돌면서, 승려가 되기도 한다. 또 기독교에도 입교한다. 일본에 의한 '한국병합' 직후 교육 사업에 관계하고 있던 김구에게, 안중근의 사촌 안명근安明根이 찾아와 '왜적'과 싸우기 위해 무장봉기를 일으키자고 한다. 김구는 준비 부족으로 응하지 않았다. 그 후 안명근이 체포되자, 관련된 김구도 함께 체포되어 서대문감옥에 보내진다. 메이지 천황의 사거로 대폭 감형되고, 또 인천감옥에 이송되어, 인천 축항공사에 동원되지만 곧 풀려난다.

1919년 3·1독립운동이 일어나자, 그는 몰래 국외로 탈출, 상하이에 도착한다. 여기서부터 일본 패전까지, 상하이, 충칭 등에 거점을 둔 독립운동이 시작된다.

상하이에는 3·1독립운동을 계기로 정치 망명자에 의한 대한민국임시정부가 설치되어 있었다.

그는 이 임정조직에서, 경무국장에 취임하고, 얼마 안 있어 내무총장을 거쳐, 1926년 12월에는 국무위원의 주석에 취임했다.

이 주석시대, 김구가 관계된 유명한 사건은 1932년 1월 8일의 이봉창李奉昌의 쇼와 히로히토裕仁 천황에 대한 사쿠라다몬櫻田門에서의 수류탄 투척사건과 같은 해 4월 29일, 상하이 홍구虹口공원에서 개최된 일본의 천장절天長節 기념식장에서, 윤봉길尹奉吉이 폭탄을 던져 시라가와 요시노리白川義則 대장을 사망시키고, 시게미쓰 마모루重光葵, 1887~1957 일본공사 등에게 중상을 입힌 사건이다.

중일전쟁14)이 일어나자 장개석蔣介石15) 정권의 중경 이동에 따라 임정요원을 데리고 그곳으로 가서, 광복군을 만들고, 미국의 OSS전략사무국, CIA의 전신의 지원을 받게 된다.

그리고 미국은 일본이 항복하자 귀국하려고 한 김구에게, "서울에는 미국의 군정부가 만들어져 있으니까, 임시정부로서의 입국을 허가할 수 없다. 개인 자격으로 오라"고 통고했다.

해방 후의 조선 남한은 좌우대립이 심해져, 김구도 귀국 후 한동안은 우익의 한쪽 우두머리로 움직이고 있었다. 얼마 안 있어 통일정부를 수립하는 문제로, 같은 우익이면서도 어디까지나 남북 통일정부를 요구하는 김구와

14) 1937년 7월 7일 루거우차오(盧溝橋)에서 일본군이 군사행동을 도발함으로써 일어났다. 일본 정부는 지나사변이라며 선전포고를 하지 않았지만 중국 측은 제2차 국공 합작을 한 뒤 완강히 저항했기 때문에 일본의 예상은 빗나가 전면 전쟁이 되었다.

15) 1887~1975, 일본 육군사관학교에 유학. 신해혁명에 참가하고 광동군 정부 손문의 후계자로 북벌을 추진했다. 1927년 남경 국민정부를 수립하고, 같은 해 상하이 쿠데타 이래, 공산군과 항전했으나, 중일전쟁으로 중단했다. 전후 다시 항쟁하고, 중화민국 정부를 타이완으로 옮겼다.

남한만의 단독선거를 실시하여, 분단정부를 만들려고 하는 이승만파와의
정치적 입장의 차이가 명확히 드러나게 된다.

이승만에게는 강력한 미국 점령군의 배경이 있고, 더하여 이전의 대일협력
세력, 김성수金性洙, 송진우宋鎭禹 등의 친일파의 전면협력을 얻고 있었다.

1948년 4월, 김구는 조선의 남북분단에 반대하여, 평양에서 열린 남북정당
사회단체 연석회의에 참가했다. 1949년 6월 26일, 김구는 서울에서 이승만
이 준비한 자객에게 암살당한다.

이하, 『백범일지』에 나타난 그의 일본관을 보기로 한다. 쓰치다 중위 살해
건으로 체포된 김구당시 金昌洙는 심리하는 곳에서 다음과 같이 외치고 있다.

> 소위 만국공법의 어느 조문에, 통상·화친조약을 맺고서 그 나라 임금이나 왕후
> 를 죽이라고 써 있는가. 이 개 같은 왜놈아. 너희는 어찌하여 우리 국모 폐하를
> 시해했느냐. 내가 살아 있는 한 이 몸을 가지고, 죽으면 귀신이 되어서 맹세코
> 너희 임금을 죽이고 너희 왜놈들을 씨도 남기지 않고 다 죽여 우리나라의 치욕을
> 씻을 것이다.

김구가 '국모(명성황후)의 원수를 갚은' 것에 대한 심리는, 사람들의 관심
을 불러일으킨 것 같다. 많은 사람들이 방청석에 몰려들었다. 어느 날 심리할
때, 그는 모인 사람들에게 일장 연설을 시도하고 있다.

> 여러분, 왜놈이 우리 국모 민 중전을 살해했습니다. 우리 국민에게 이런 수치와
> 원한이 또 어디 있겠습니까. 왜놈의 독이 궐내에만 그칠 리가 있겠습니까? 바로
> 당신들의 아들과 딸들이 반드시 왜놈의 손에 모두 죽을 것이오. 그러니 여러분!
> 당신들도 나를 본받아서, 왜놈을 만나는 대로 모두 죽이시오. 왜놈을 죽여야만
> 우리가 살아갈 수 있습니다.

2년 후, 그는 인천감옥을 탈출한다.

1905년 11월, 일본은 이토 히로부미로 하여금 불법적으로 '을사보호조약'을 강제 체결시킨다. 김구 등은 동지와 함께 '신민대표'를 외치고, 한성 대한문大漢門, 덕수궁의 정문 앞에서 조약에 반대하는 상소를 한다. 그 때, " '일본은 우리의 국권을 강탈하고, 우리 2천만 신민을 노예로 삼아 조약을 억지로 맺게 했다. 우리는 죽음을 무릅쓰고 싸우지 않아서야 되겠는가'라고, 격렬한 연설을 했다"고 한다.

보호조약의 조문에 따라 조선에 이토를 초대통감으로 하는 '한국통감부'가 설치되었다. 이 시기, 김구는 교육 사업에 몰두하여, 민중계몽에 진력하고 있었다. 그 일환으로 환등회 때, 수천 명의 청중을 앞에 두고, "한국인이 일본을 배척하는 이유가 어디 있는가?"라는 제목으로 연설을 했다.

> 과거 청일·러일 전쟁 때만 해도 일본에 대한 한국인의 감정이 아주 두터웠다. 그 후에 일본이 강제적으로 우리나라의 주권을 빼앗는 조약을 체결했기 때문에, 점차 우리의 악감정이 크게 늘어났다. 또 일본군이 촌락을 횡행하여 인가에 난입하고, 닭이나 달걀을 함부로 강탈하여 약탈행위를 했기 때문에, 우리는 배일을 하기에 이르렀다. 그러므로 이것은 일본의 잘못이고, 한국인의 책임이 아니다.

이 연설로 경찰에 구류당하지만, 다음 날 아침, 이토 히로부미가 하얼빈에서 안중근에게 격살되었다는 보도를 들었다.

김구는 병합된 직후, 안명근 사건에 연좌되어 서대문 감옥에 들어갔는데, 총독부 경무총감 아카시 모토지로에게 일본에 충성을 맹세한다면 '석방'시켜 주겠다고 권유받았다.

또 이제까지의 분노에 가득 찬 일본관과는 조금 다른 일본관을 토로하고 있는 부분도 있다.

두들겨 맞아 정신을 잃는 고문을 몇 번 반복하고 있을 때를 다음과 같이
회상했다.

처음에 나의 성명을 심문한 놈이 새벽까지 쉬지 않는 것을 보고, 나는 그놈들이
얼마나 자신들의 임무에 충성인가를 느꼈다. '그놈은 이미 빼앗은 남의 나라의
명맥을 끊어 버리겠다고 밤을 세우고 있는데, 나는 자신의 나라를 되찾겠다는
사업을 위해 몇 번이나 밤을 세운 적이 있었을까'라고, 스스로를 돌아보고 자괴
심에, 몸이 바늘 침대에 누운 듯 통절한 기분이었다. '애국자라고 자인하고 있던
나도 실은 망국의 노예근성을 가지고 있는 것이 아닌가'라고 생각하니, 눈물이
눈시울에 가득 찼다.

그로부터 하나 내가 비관하지 않을 수 없게 만든 것이 있었다. 그것은 일본이
내가 잡히기 전에 생각하고 있던 것 같이 크게 무서운 나라가 아니라는 것을
발견한 것이었다. 아래로는 형사, 순사로부터, 위로는 경무총감에 이르기까지
사람을 계속 만났는데, 모두 보잘 것 없는 사람뿐이고, 대국민다운 인물은 한
사람도 없었다.

일본은 한국을 쭉 자신의 지배 하에 두는 것은 불가능하다. 일본의 운세도 길지
는 않을 것이다. 나는 이렇게 판단하게 되면서, 우리나라의 장래에 대한 비관을
하지 않게 되었다.

김구의 이름에 관해서 잠시 살펴보자. 그의 본명은 김창수다. 후에, 김구龜
라고 하고, 다시 김구九로 바꾸었다. 그는 그 이유를 이렇게 말하고 있다.

나의 이름의 '김(龜)'를 '김(九)'(음은 완전히 같다)으로 바꾸고, '연하(蓮下)'라는
호를 그만두고 '백범'이라 하여, 옥중의 동지들에게 알렸다. 이름을 바꾼 것은
왜놈의 국적을 이탈하려는 의미에서였다. 또 호를 '백범'이라고 한 것은, 우리나
라에서 가장 차별받고 있던 '백정'(피차별민)이나 무식한 범부까지도, 모두가
적어도 나와 같은 애국심을 가지게 하고 싶다는 나의 소원을 나타낸 것이다.

우리 동포의 애국심과 지식수준을 그렇게 높이지 않는 한, 완전한 독립국을 세우는 것은 불가능하다고 생각한 것이었다.

즉 이름을 바꾼 것은 '왜놈(일본에 대한 멸칭)의 국적을 이탈하려는 의미에서 였'던 것이다.

그 위에 김구가 상하이 임시정부에 들어간 것과 관련하여, 쓰치다 육군중위를 살해한 중역범인 김창수의 본명이 이제까지 일본 경찰에 탄로가 나지 않았던 것에 언급하여 다음과 같이 쓰고 있다.

> 나의 '국모보수'(명성황후 살해에 대한 복수)사건이 24년 만에 왜의 귀에 들어갔다는 보도가 있었다. 내가 본국을 떠났기 때문에, 형사들도 안심하여 김구가 김창수라는 것을 일본의 경찰에게 말한 것이다. 아아! 눈물겨운 민족의식이 아닌가! 일본의 스파이를 하고 있기는 하지만 내심으로는 애국심과 동포애를 감추고 있는 것이다. 이 정신이 우리 민족에게, 독립국민의 행복을 누리기에 충분할 것이라고 믿지 않을 수 있겠는가!

일본 식민통치하의 조선인 경관, 조선인 관리의 대부분이 독립운동가를 남몰래 지원하고 있었던 것은 아니다. 그러나 적지 않은 사람들이 민족적 양심의 상태를 보인 에피소드다. 이것은 또한 다른 의미에서 신랄한 일본관의 표출이다.

중일전쟁에서 장개석 정권은 남경에서 중경으로 옮기는데, 김구 등도 중경에 가서, 광복군을 조직한다. 그러나 1945년 8월, 일본이 항복하게 된다.

아! 왜적이 항복!
이것은 우리에게 있어서는 기쁜 뉴스라고 하기 보다는, 하늘이 무너지는 것 같은 기분이었다. 참담한 고심, 수년간의 노력을 들여 참전 준비를 한 것도, 모두 소용이 없게 되었다. 서안(西安)과 부양(阜陽)에서 훈련을 받은 우리 청년들에게 각종의 비밀 무기를 주고, 산동에서 미국의 잠수함에 실어 본국에 보내, 국내 요충을 혹은 파괴하고, 혹은 점령한 뒤에, 미국의 비행기로 무기를 운반하기까지의 계획이 모두 미국 육군성과 의논이 끝난 것이었다. 그것을 한 번도 실시해보지 않은 가운데 왜적이 항복했다는 것이므로 정말로 모처럼의 고생이 아까운 기분이 들었다. 그것보다도 걱정이었던 것은 우리가 이 전쟁에서 어떤 역할도 하지 않았기 때문에, 장래 국제관계에서의 발언권이 약하게 될 것이라는 것이었다.

일본이 무조건 항복했다는 보도를 들은 김구가 받아들이는 방식은 세 가지의 문제점을 내포하고 있다고 생각한다.

하나는 일본의 지배를 벗어나 독립을 달성하는 데는 산발적 테러활동이 아닌, 군사력을 조직하고, 무장대결을 행하는 것.

둘은 중국(만주를 포함)의 조선인 여러 무장 조직과 비교하여 자신의 그것은 갓 태어난 것으로, 이 전쟁에서 어떤 역할도 하지 않았다는 자각.

셋은 자기의 광복군이 일본과의 군사적 대결을 하지 않았기 때문에 전후의 국내 혹은 국제관계에서 발언권이 약하게 된다고 예측한 것이다.

해방 후의 조국에 돌아온 김구의 솔직한 감개가 『백범일지』의 권말에 「나의 염원」이라고 기록되어 있다.

'너의 소원이 무엇이냐?'하고, 하느님이 내게 물으시면 나는 서슴지 않고, '내 소원은 대한독립입니다'하고 대답할 것이다. '그러면 그 다음에는 무엇이 소원이냐?'고 묻는다면, 나는 역시, '우리나라 대한의 독립입니다' 라고 답할 것이다. '그 다음의 소원은 무엇이냐?'고 세 번째 질문이 있어도, 나는 더욱 소리를 높여서 '나의 소원은 우리나라의 완전한 자주 독립입니다'라고 답할 것이다.

주목할 만한 것은 마지막에 '우리나라의 완전한 자주독립'이라고 말하고 있는 것이다. 미국·소련에 의한 남북 진주와 미국 군정 하에서의 남한의 격렬한 좌우대립을 전제로 한 발언은 다른 데도 있다.

> 근래 우리 동포 중에는 우리나라를 어느 큰 이웃나라의 속방에 편입하기를 소원하는 자가 있다 한다. 나는 그 말을 차마 믿으려 하지 않거니와, 만일 진실로 그런 자가 있다면, 그자는 제정신을 잃은 미친놈이라고 볼 수밖에 없다.

다시 「내가 소원하는 우리나라」라는 장에서 다음과 같이 말한다.

> 나는 우리나라가 세계에 가장 아름다운 나라가 되기를 원한다. 가장 부강한 나라가 되기를 원하는 것은 아니다. 내가 남의 침략에 가슴이 아팠으니 내 나라가 남을 침략하는 것을 원치 아니한다. 우리의 부력은 우리의 생활을 풍족히 할 만 하고 우리의 강력은 남의 침략을 막을 만하면 족하다.

이것이 김구가 소원하는 우리나라의 모습이다. 일본에게 침략당해 있기 때문에, "우리나라가 다른 나라를 침략하는 것을 바라지 않는다", 이 결의는 단호한 것이다.

그러나 미국과 이승만의 분단고정화정책에 반대하여, 통일된 '완전한 자주국가'를 모색하는 행동을 두려워한 자들에 의해, 애석하기 그지없는 그 생애를 마감하게 된 것이다.

한편, 아사히신문의 2001년 9월 5일(석간)에, 한국 연구자들이 미국공문서관에서 발견한 공문서(미육군정보국의 파일)에 의하면, 암살자 안두희는 한국주재 CIC(미군방첩부대) 요원이었다고 한다. 김구는 미국과 이승만 일파가 추진한 남북분단정책과 첨예하게 대립했기 때문에 한미 공동의 흉수에 의해 암살당한 것이다.

3) 조국광복회의 「선언」, 「10대 강령」과 김일성

조선민주주의인민공화국의 국가주석 김일성의 이름은 너무나 유명하다.
근년 『김일성회고록 세기와 함께』雄山閣가 간행 중이고, 항일무장투쟁 중의
여러 권에서 그의 대일관을 추린 것만으로도 책 한 권이 될 것이라고 생각한
다. 그러므로 여기서는 그의 항일무장투쟁 중의 일본관과 관련해서 1936년
5월에 발표한 조국광복회의 선언과 10대 강령을 들어 그의 일본관을 보기로
한다.

왜냐하면, 이 조국광복회의 선언과 10대 강령에는 다만 집필자의 일본관에
만 그치지 않고, 이 시기 전 조선인의 일본관을 집약시킨 관점이 있기 때문이
다. 그러나 본문 내용에 언급하기 전에 이 선언과 강령이 발표되기에 이른
배경을 요약적으로 보고 싶다.

당시 조선의 내외 상황

먼저 조선 국내의 상황과 관련해서는 식민지 조선에서 파쇼통치기의 15년
간은 지하자원과 공업, 농·어산물에 대한 가혹한 수탈만이 아니라, 독립운동
과 민족적 주체성을 지키려는 어떤 작은 움직임도, 철저하게 탄압하는 체제
가 모든 면에서 확립되어 가는 기간이기도 했다.

따라서 조선의 내외에서 격렬한 저항이 일어나는 것은 당연하고, 농촌에서
는 소작쟁의가 격증했다. 예를 들면 1930년 함경남도 단천군에서는 농민의
산림 이용 규제 문제로부터, 드디어 폭동화하여, 농민 측에 16명의 사망자와
다수의 부상자를 내는 봉기사건까지 일어나고 있다.

또, 총독 우가키 가즈시게는 농민쟁의의 예방과, 중국 동북부(만주) 침략의
포석과 관련해 '선농鮮農이민'의 형태로, 조선 농민의 대량 이민정책을 내세웠다.

이윽고 급진적 사상의 보급과 더불어, 국내 각지의 농민운동은 전투성을

강화하여, 적색농민조합까지 출현한다. 식민지 권력은 이들 농민운동에 비정하고 가혹한 탄압책으로 임해, 수많은 농민쟁의도 30년대 후반기에 이르러서, 점차로 표면적으로는 진정되고 있었다.

노동운동도 1930년대에 들어서, 그 성격은 투쟁성이 증가하고, 동시에 대중성을 띠고, 운동규모도 점점 크게 되었다.

1930년 1월에는 부산방직공장의 노동자가 광주학생운동과 연대하고 임금 인상, 조선·일본의 차별대우 폐지 등을 요구하여 2300명이 파업하자, 경찰의 탄압, 박해가 있었다. 이것에 대해 각지에서 동정 파업과 지원투쟁이 잇달았다.

이 해의 노동절에는 일본 제국주의 타도와 노동자·농민정부 수립을 외치는 격문까지 뿌려졌다.

이 노동절부터 간격을 두지 않고 시작된 함경남도의 신흥 탄광노동자의 파업은 탄압 측인 경관대와 정면충돌하여 폭동화했다.

또 평양고무공장 노동자들의 파업은 시내의 다른 몇 개의 고무공장 노동자의 결기를 촉구하여, 수일 후에는 1900여 명이 파업에 참가했다.

이외, 전국 각지의 수많은 노동자의 파업은 말하자면 해를 넘길 때마다 거의가, 탄압을 제치고 폭동화하는 특징을 보이고 있다. 이것은 이민족 지배에의 반발과 극단적인 식민지적 착취에 반대하는, 조선 민중의 생존을 건 빠듯한 선택이기도 하다.

그렇지만 조선 본토에서의 독립·해방운동은 1930년대 후반부터 40년대에 걸쳐서, 철저한 단속과 대규모 검거의 연속으로 커다란 제약을 받게 된다. 특히 탄압에 굴복한 투사들의 전향이 잇달았다.

그런 의미에서는 국외, 우선 조선과 국경을 접하고 있는 중국 본토와 동북부의 만주, 소련령 연해주 등은 상당히 자유로운 활동이 가능했기 때문에,

독립과 해방을 요구하는 지사, 전사들이 이들 지역에서 활발한 움직임을 하게 되는 것은 당연한 이치였다고 말할 수 있다.

특히 일본의 침략 마수가 1931년 9월에는 만주에 뻗쳐, 괴뢰 만주국이 '건국'되었다. 이윽고 1937년 7월 중국 본토를 본격적으로 침략하게 되자, 중국인은 물론 중국 정부의 항일전쟁과 얽혀서, 중국에 있는 조선인 독립운동가들의 움직임이 한층 활발해지는 것은 당연한 추세였다.

선언과 강령의 집필자와 발표 경위

조선 민족의 독립과 해방투쟁에서, 중국 동북부, 즉 만주는 특별히 중요한 의미를 가진 지역이다. 특히 간도지방은 세 가지 의미에서 각별시 된다.

첫째는 조선과 직접 국경을 접하고 있다. 둘째는 조선에서의 이주민이 많이 살고, 이 시기, 그 수가 100만을 넘는다고 일컬어진다. 셋째는 일본의 침략과 싸운 많은 의병장들이 병합 전후기, 이 땅에 옮겨, 독립군투쟁의 주력이 되는 군대를 양성하고, 항일무장투쟁의 책원지로 있던 것 등이 겹친다.

따라서 이 시기, 이 지역에서의 항일무장투쟁은 조선 국내에서 독립운동의 부진과는 반대로, 일본의 조선 통치를 직접 위협하는 중요한 역량이었고, 또 중국·소련에 대한 침략을 막는 중요한 견제력이기도 했다.

이 지역에서의 무장 세력도 1920년대 후반 경부터, 민족주의자 세력과 공산주의자 세력이 상호 영향력을 강화하고 있었고, 때로는 제휴하여 공동의 적, 일본군에 대한 작전에 종사하고 있었다.

1928년 7월, 코민테른 제6회 대회는 '일국일당'을 원칙으로 정한다. 이에 의해 만주에서의 조선인 공산주의자는 점차, 중국공산당에 입당하고, 만주지방에서 조선인 공산주의자의 활동은 중국 공산당 만주성위원회의 지도를 받게 되었다.

이 시기 유럽에서는 1932년, 독일에서 히틀러의 나치스당이 제1당이 되었다. 다음 1933년 1월에는 히틀러 내각이 성립하여, 파시즘의 영향이 전 유럽을 덮고, 스페인과 프랑스에서 반파쇼운동이 높아지지만, 드디어 1935년 여름 모스크바에서 코민테른 제7회 대회에서 광범한 반파쇼 인민전선의 결성을 시작하게 된다.

반제민족통일전선의 방침에 따라, 중국공산당은 일본의 침략에 민족 전체가 싸우기 위한 「항일구국을 위해 전 동포에게 고하는 글」(8·1선언)을 발표하고, 항일민족통일전선의 결성을 호소한다. 이렇게 해서 이 「8·1선언」에 응하여, 만주에서의 항일 무장조직은 동북인민혁명군을 동북항일연군으로 편성을 바꾸어, 항일조선인 무장 세력의 정비가 이루어졌다.

조국광복회의 선언과 강령이 발표되는 것은 1936년 5월의 일이다. 조선총독부 함경남도 경찰부의 자료나 다른 관헌자료에 의하면, 조국광복회의 선언과 강령의 발표 명의인을 오성륜吳成倫, 엄수명嚴洙明, 이상준李相俊, 안광훈安光勳이라고 한다.미스즈쇼보, 『현대사자료』조선 6, 강덕상 편 그러나 이것은 정확한 것이 아니었다.

조국광복회의 조직자도 선언, 강령의 작성자도 당시의 동북항일연군 제2군 제6사장師長 김일성이다.

이 때 공동 발표인으로 이름을 나열한 것은 김동명金東明, 이동백李東伯, 여운형呂運亨의 3인으로, 김동명은 김일성의 가명이다.

이 문서는 각지에서 발표되어, 각지의 유지는 이 문서를 근거로 해서 자신의 이름을 넣어 발표하는 것을 허용했다고 한다. 이 문제에 대한 직접 증언이 있다.

조국광복회의 명칭 그것도, 동만주에서는 동만 조선인 조국광복회라고 하고,

남만주에서는 재만 한인조국광복회라고 했다. 당 역사연구소가 발굴한 조국
광복회선언문 중에, 오성륜, 엄수명, 이상준(李東光), 안광훈 등의 이름이 보이
는 것은, 이러한 사정에 의한 것이다.(『'김일성회고록'세기와 함께』 ④, 雄山閣)

　　그러나 코민테른 결정과의 관련에서 말하면, 조선인 공산주의자의 항일
민족통일전선의 문제는, 코민테른 결정의 전 단계에서, 실질적으로 실천상
의 문제로서 구상되어 있었던 것이기도 했다.
　　그런데도 그 후 중국 각지의 조선인 독립 제 단체의 선언과 강령도 조국광복
회의 선언, 강령을 원형으로 한 것이 아닌가하는 생각이 든다.

조국광복회선언과 10대 강령

재만 한인조국광복회 선언
재만 한인의 진실한 자치와 한국의 자유 독립 재건을 위하여 싸우자!
국내 국외에 존재하는 프롤레타리아 계급의 형제자매 동포들!
우리의 조국, 아름다운 삼천리강산은 우리 조상으로부터 자자손손에 이르기
까지 대대로 전래해온 강산을 원수 일본 놈에게 강탈당해, 오천년의 빛나는
역사를 갖는 2천만 백의민족은 왜놈에게 노예가 된 지 이미 27, 8년이 되었다.
그간 우리 2천만 백의동포가 왜놈이 감행해온 착취압박 살해 등의 정책 밑에서
견디지 못하여 고향을 등지고 남부여대하고 적적하고 쓸쓸한 해외로까지 쫓겨
나 가는 곳마다 갖은 천대와 멸시를 받고 짓밟히며 학살당하고 있다. 우리 민족
들은 온갖 간난신고를 다 겪으며 피땀을 흘리면서 가축보다 못한 망국노의 비참
한 생활을 하고 있다. 더구나 일본 놈은 만주를 점령 후 조선을 공업화시킨다는
구실로 3년 안에 7백만의 백의동포를 만주의 광야로 이민시키려고 한다. 놈들
의 이러한 계획은 우리 민족의 생활안전을 목적으로 하는 것이 아니고, 자기의
이익을 위해서 우리 백의동포를 모두 만주 광야로 방축하여 영원한 노예로 삼아
마음대로 반소연방전쟁과 중국혁명 진압 전쟁의 와중에 던져 모두 살해하려는
계략이다. 우리 민족 특히 재만 백의동포의 운명은 매우 위기에 직면하고 있다.
이러한 시기에 처하여 우리 동포의 서광은 원수 놈과 전쟁하고 승리에 의해서만

구할 수 있는 것이다. 우리 민족의 풍부한 애국사상과 열렬한 독립정신은 과거와 현재에 유감없이 발휘되고 있다. 보라 한국이 멸망하려고 할 때 극히 일부분인 친일파를 제외하고는 많은 인민이 '의병'운동에 참가하여 3년간의 혈전을 벌이고 '3·1'독립만세운동은 전 세계의 이목을 놀라게 하여 만주독립운동과 상하이, 북평, 미국, 일본 각지에 산재해 있는 한국의 민족 영웅과 애국열사 등의 맹렬한 활동, 특히 안중근의 이토 히로부미 총살과, 강우규(姜宇奎)가 사이토 총독 앞에 폭탄을 던진 일, 윤봉길의 시라가와(白川)대장 암살, 근 수년 이래 본국 각지의 농민소동, 노동자의 파업, 학생운동, 재만 한인무장투쟁 등은 한국민족이 자기의 독립해방을 위해 강도 일본 놈과 신성한 투쟁을 감행하는 것이 아니고 무엇이겠느냐!

이것은 한국 민족이 풍부한 독립사상과 열렬한 투쟁정신에 기초하여 미래의 광복사업이 반드시 승리에 돌아갈 것을 여실히 증명하고 있다. 대다수 애국지사의 희생과 각지 열사 영웅이 진력해온 다년간의 활동은 아직 민족독립과 해방의 목적을 달성하지 못했다. 그 중요한 원인은 일체의 조국광복운동이 통일적 정치주장과 구체적 계획의 방침아래 공고한 단결과 원조가 원활하게 진척하지 못하고 운동 기타 반일국가 및 민족과의 밀접한 연계를 가지지 못하고 각자 단독행동으로 옮겨 삼삼오오 고군독전에 빠졌기 때문이다.

그러므로 우리는 재만 한인의 진실한 자치와 조국광복의 임무를 완수하기 위해 여러 차례의 정치 기본 강령과 전 당투쟁 강령에 기초하여 국내, 해외 전 동포를 향해 선언하는 것이다.(미스즈쇼보『현대사자료』조선6)

선언은 식민지 노예가 된 조선의 현상을 간략하게 요약해서 말하고, 그 조선민족을 새로운 대외침략전쟁(대소·대중)에 처넣으려는 일본의 의도를 폭로하고 있다. 그리고 일변하여 망국에 반대하여 싸운 의병운동과 안중근의 이토 히로부미 총살, 나아가서는 병합 이후의 3·1독립운동과 해외에서의 독립투쟁을 크게 드높이고, 더하여 국내의 각종 투쟁을 평가해, 재만 조선인 무장투쟁과 아울러, 독립, 해방을 위한 '신성한 투쟁'이라고 위치 지웠다.

그 위에, "조국광복운동이 통일적 정치주장과 구체적 계획 방침 아래"에서 이루어져야 한다고 호소한다. 이렇게 내세운 것이 10대 강령이다.

10대 강령

1. 조선민족의 총동원으로 광범한 반일통일전선을 실현함으로써 강도 일본 제국주의의 통치를 전복하고 진정한 조선인민정부를 수립할 것.

2. 재만 조선인들은 조·중 민족의 긴밀한 연합으로써 일본 및 그 주구 '만주국'을 전복하고 중국인민이 스스로 선거한 혁명정부를 창설하여, 중국의 영토 내에 거주하는 조선인의 진정한 민족자치를 실행할 것.

3. 일본의 군대, 헌병, 경찰 및 그 주구들의 무장을 해제하고 조선의 독립을 위해 진정하게 싸울 수 있는 혁명군대를 조직할 것.

4. 일본국가 및 일본인 소유의 모든 기업소, 철도, 은행, 선박, 농장, 수리기관 및 매국적 친일분자의 전체 재산과 토지를 몰수하여 독립운동의 경비에 충당하며 일부분으로는 빈곤한 인민을 구제할 것.

5. 일본 및 그 주구들의 인민에 대한 채권, 각종 세금, 전매제도를 취소하고 대중생활을 개선하며 민족적 공, 농, 상업의 장애를 없애, 이것을 발전시킬 것.

6. 언론, 출판, 집회, 결사의 자유를 전취하고 일본 제국주의의 공포정책 실현과 봉건사상의 장려를 반대하며, 일체의 정치범을 석방할 것.

7. 양반, 상민 기타 불평등을 배제하고 남녀, 민족, 종교 등의 차별 없는 인류적 평등과 부인의 사회적 지위를 제고하고 여성의 인격을 존중할 것.

8. 노예 노동과 노예 교육의 철폐, 강제적 군사 복무 및 청소년에 대한 군사 교육을 반대하며 우리 민족의 말과 글로써 교육하며 의무적인 면비(免費)교육을 실시할 것.

9. 8시간 노동제의 실시, 노동조건의 개선, 임금 인상, 노동법안의 확정, 국가기관이 각종 노동자의 보험법을 실시하며 실업하고 있는 근로대중을 구제할 것.

10. 조선민족에 대하여 평등하게 대우하는 민족 및 국가와 친밀히 제휴하며 우리 민족해방운동에 대해 선의와 중립을 표시하는 나라 및 민족과 동지적 친선을 유지할 것. (『조선근대혁명운동사』과학원 역사연구소·평양, 역서, 신일본 출판사)

지금 본 10대 강령을 일본 관헌이 발표(미스즈 본)한 것과 대조해 볼 때, 다소 번역문의 뜻이나 자구가 다른 것이 있지만, 대체적인 것은 커다란 차이는 없다.

선언과 강령은 이 시기 조선혁명의 성격을 반제 반봉건 민주주의 혁명으로 위치 지우고, 반일민족투쟁의 모든 세력을 규합하여 수행할 조선혁명의 전략적 계획을 명확히 했다. 조선의 독립과 해방을 포함한 조선혁명의 지도적 강령이 되는 것이다. 그리고 여기에 나타난 일본관도 불법 조선점령을 비난할 뿐 아니라, 괴뢰 만주국의 전복 등을 호소하여, 일본을 조선, 중국 민족의 공동의 적으로 하는 시점을 내세우고 있다. 말하자면 종래의 일본관에 더하여, 새로운 일본의 대외침략에 대응한, 이른바 일본관의 보편화, 국제주의화를 꾀하고 있다고 말할 수 있는 것이다.

4. 『특고월보』의 조선인

특고, 즉 특별고등과가 도쿄 경시청에 설치된 것은, 1911년메이지 44 8월이다.

특고를 설치한 직접의 계기는 전년, 고도쿠 슈스이幸德秋水16)의 이른바 대역사건1910년 5월 검거, 이듬해 1월 사형이 있었기 때문에, 사회주의운동의 격화에 대처하기 위한 것이라고 한다. 고도쿠의 조선관은 한 때 불철저함에서 벗어나, 이 시기, 메이기 국가의 다른 민족 침략, 그 중에서도 조선에 대한 침략(한국병합)에 엄격한 눈을 돌려, 그것을 계속해서 호소했다. 따라서 고도쿠 등 사회주

16) 1871~1911. 1888년 나카에 조민(中江兆民)의 학복(學僕)으로 들어가, 그의 사상과 인격에 감화를 받았다. 1898년 『만조보』의 논설기자가 되었다. 사회민주당 결성에 참가하고 평민사를 설립하여 『평민신문』을 통해 러일전쟁을 반대했다. 1906년 도미, 귀국 후 무정부주의를 제창하다 대역사건에 관계가 있다고 검거 기소되어, 천황암살계획의 주모자로 1911년 처형되었다.

의자의 전쟁반대, 침략반대운동에 탄압을 가해, 그 위에 운동 그 자체를 압박하여, 이시카와 다쿠보쿠石川啄木, 1885~1912로 하여금 '시대폐쇄의 현상'을 말하게 하는 상황을 항구적으로 만들어 두려는 의도에서 특고가 설치되었다고 말할 수 있다.

특고 설치를 빙자한 지배층의 의도는 지금까지 계속되는, 조선 관련 탄압·사회주의 탄압에 있었던 것이 뜻밖에도 이미 여기서 나타나고 있다.

특고과는 해를 넘길 때마다 각 도·부·현에 미쳐, 1932년 6월에는 모든 현에 설치되었다.

이 항목에서 보려는 조선인의 일본관은 내무성 경보국 보안과가 매월, 월보로 정리한 『특고월보特高月報』의 「재류 조선인의 운동」에 있는 것을 주로 하고 있다.

『특고월보』는 1930년 3월부터 1944년 11월호(이하, 1945년까지의 원고가 있다)까지 '엄비嚴秘'로 간행되어, 극히 일부 관계자만 볼 수 있었는데, 전후 독지가에 의해 복간되었다.

『특고월보』중의 재류조선인에 관한 기사는 여러 갈래에 걸쳐, 약 20항 정도로 분류되고 있다. 예를 들면 독립운동이나 공산주의 그룹의 검거, 치안유지법 위반 문제, 노동쟁의와 천황 습격, 학생의 민족운동, 또는 병합과 진재震災, 메이데이 등의 각종 기념일에 관한 동정 등이다. 이 항에서는 '지나사변', 즉 중국에 대한 침략이 본격화한 1932년 7월 이후의 재일조선인의 '불온언동'과 '유언비어'에 담겨진 재일조선인의 일본관을 주로 하면서, 각종 운동의 저류에 있는 일본관을 보려고 한다.

중국 침략 개시 후, 국방헌금으로 국민의 '애국심'을 침략전쟁에 이용하려고 한 것에 반발한, 특요갑特要甲, 특별 요시찰인, 갑 급의 정찬진丁贊鎭의 불온행동이 쇼와12·1937년 9월호에 실려 있다.

무사시노(武藏野)정(町) 기치조지에 사는 조선인 유지 사이에 국방헌금 모집에 관한 의논이 일어나, 모집을 일임 받은 기치조지 351 청소업 김용석(金容奭) 당 32세가 정찬진에 대해 9월 5일 헌금을 권유하자 정찬진은 '나 같은 가난한 사람에게 돈을 걷지 말고 많은 놈부터 걷어라, 충신 얼굴을 하지 말라, 우리들은 과거에 얼마나 희생을 치렀는가. 일본이 자민족을 위해 타민족과 싸우고 있는데 우리 식민지 민족에게 무슨 관계가 있어, 4, 5년 전이라면 당신 같은 사람은 살려두지 않았을 것이다'라고 외치고, 김용석에게 폭행을 가하고, 나아가 같은 날 김용석이 자전거에 승차 통행중인 것을 강제로 내리게 해 상해를 입혔다.(경시청에서 검거 취조 중)

같은 9월호에는, 아오모리青森현 기타즈가루北津輕군에 사는 고물상 행인 신재순申在淳의 이야기도 나온다.

머지않아 일본의 군대가 만주에 갈 것 같은데, 그렇게 되면 러시아와 전쟁을 할 것이라고 생각한다. 러시아도 지금은 상당히 강하게 되어있으므로 일본은 패할지도 모른다. 그 때에 일본이 돈을 지불할 것인가, 사할린을 돌려줄 것인가. 일본은 지금 생활에 곤란하여 돈이 없는데, 지나는 돈도 있고, 군대도 일본 비슷하게 점점 강하게 되어 있기 때문에 일본은 질 것이다.

일본이 러시아 및 중국과 전쟁하면 질 것이라고 말하고 있다. 중일전쟁 개시 후, 처음으로 일본이 진다고 말한 기록으로 생각한다.

1938년쇼와 13 4월호에 「시국에 관한 범죄」로 도쿄 세다가야世田谷구에 거주하는 김학택金鶴澤이라는 김중환金中煥의 말을 싣고 있다.

본명(주·김중환)은 일찍이 공산주의운동에 관계한 적이 있고, 또 민족의식 농후한 자인데, 지나사변에 관하여

1. 지나사변은 만주사변의 연장으로 일본이 영토적 야심을 가진 침략전쟁이란 것.
2. 신문기사의 일본군 승리는 허위로 사실은 패전한 것.
3. 일본 측은 점차 불리하게 되어, 결국 패전하고 동시에 조선, 타이완이 독립운 동을 일으키는 것 등의 유언비어를 했다.

정찬진은 중일전쟁이 "식민지 민족에게 무슨 관계가 있나"고 하고, 신재순은 "일본은 질 것이다"고 말했다. 이 시기에 와서 일본의 패전은 조선 독립과 직결하는 것을 바라는 사람들의 말이 많아지게 된다. 김중환의 말은 그 대표라고 말할 수 있다.

1938년쇼와 13 10월 호에 「시국에 관한 범죄」로, 도쿄 우시고메牛込에 거주하는 구두수리업 동명순董明淳의 말을 싣고 있다.

8월 20일 내지인 모에 대하여 아래와 같이 조어비어를 만들었다.
1. 서주(徐州) 함락 때 일본군이 모 여학교를 점령했을 때 일본 군인이 동교 여학 생을 강간하는 것을 외국의 신문기자가 사진을 찍어, 신문에 게재하려는 것이 일본군에게 발견되어 압수당했다 운운.
2. (생략)
3. 지나 민중은 지나의 진정한 적은 일본이며 소비에트도 다른 외국도 아니고, 그들은 모두 자각 일치하여 어떠한 곤란이라도 싸워 적 일본에 대항해 3년 정도 의 항전을 결의하고 있다 운운.
4. 귀하는 일본의 신문기사에 대해 너무나 지나치게 충실하다 운운.

동명순은 조선인으로 처음 중국에서 일본군의 강간 문제를 언급하고 있다. 또한 일본의 신문기사를 믿을 수 없다는 것을 말하고 있다. 이것들은 일본인에 대해 말한 것이기 때문에, 그는 밀고당해 도쿄 지검에 송치된다. 조선인

사이에서는 공공연한 비밀로 이야기를 주고받은 것이었다.

　중일전쟁은 진흙탕처럼 되어 장기화는 피할 수 없게 되었다. 일본은 전략 자원 확보를 위한 침략전쟁의 전 아시아적 확대를 준비하여, 부족한 병력을 조선에서의 지원병제, 나아가서는 징병제로 보충하려고, 조선에 대한 '황국신민화'정책을 강행했다. 다음의 몇 가지의 예(쇼와 16년1941 9월호)는 대미영전 직전기의 재일조선인 학생의 귀향 중의 '특별언동'이다.

주오대 법학과 1년: 마키무라(印村光元, 25세)
내지 사는 반도 민중에 대하여 민족의식을 도발하는 것은 내지인이다. 아무리 미나미 총독이 내선일체를 강조해도, 이것은 조선 안에서 만의 이야기로, 내지에서는 내지인이 우월감을 가지고 우리들에게 접하여 반도인을 모욕하는 것이 심하다. 내선일체를 바란다면 먼저 내지인의 조선인관을 시정하는 데 있다.

학생: 단잔(丹山炳朝)
1. 내지에서는 내선인 차별이 너무 심하기 때문에, 반도인 학생은 상당히 사상적으로 악화하여 민족적 의식이 농후하다.
2. 평북 용천군 출신의 유학생회는 회원 120명이 있어도 창씨는 절대로 하지 않는다. 창씨한 자는 입회시키지 않을 정도다. 창씨에 대해서는 내지인 일반도 좋아하지 않는다. 실제로 후생성의 모 고등관은 미나미 총독이 반도인에게 창씨를 시킨 것은 실패라고 말한다. 미나미는 퇴관을 앞두고 있기 때문에 공을 세우려고 서둘렀다고 말하고 있다.
3. 반도인 학생 중의 수재 등에게 고문(高文, 고등문관) 시험을 보지 않는가 질문하면, 거의 한결같이 고문은 관리 외에 다른 길이 없으므로 보지 않는다고 한다. 교사가 되어 반도인에게 진정한 조선의 교육을 한다고 말하고 있다.(민족의 독립교육의 뜻)
4. 내지의 경찰은 신사적이지만 조선의 경찰은 건방지고 내지와 비교가 되지 않는다.

메이지대 법학: 아키모토(秋元鏞秉, 27세)

도쿄에서 스파이 경계는 엄중한데, 조선인도 외국인 같이 백안시하는 것은 이
해할 수 없다.

쇼와 16년1941 12월호에 실려 있는 「사이다마埼玉 중학교 조선인 생도 민족
주의 분자 검거취조 상황」에는 윤만영尹晚榮이 교내에서 '자숙회'라는 학회를
만들어, 조선독립운동의 바탕을 배양하기 위해 활동했기 때문에, 검거 송국
한 것이다. 그의 「책동개요」에 의하면 다음과 같이 강조하고 있었다고 한다.

> (1) 이토 히로부미를 암살한 안중근은 우리의 선각자, 영웅이다. 우리는 안중근
> 과 같이 하지 않으면 안 된다.
> (2) 영화 「민족의 제전」을 상영할 때에 즈음하여 일본인 선수의 우승 장면에
> 대하여 관내는 터질 것 같은 박수가 일어나는데, 손·남 양 선수의 장면에서는
> 냉담하다. 이것은 조선인에 대한 민족적 차별에 기인하는 것이다. 회원으로
> 하여금 이 민족적으로 민족스럽지 못한 분위기를 체득하게 해야 한다.
> (3) 간토대지진에서 당시 조선인 동포는 다수 일본인에게 참살된 것을 잊어서
> 는 안 된다. 회원에 대하여 이것을 강조하여 일본인에 대한 반항심을 야기시켜
> 야 한다.

이외에도 일본 패전에 독립을 완수하지 않으면 안 된다 등을 말하고 있다.
재일조선인의 일본관과의 관련에서 말하면 안중근, 간토대지진 때의 조선
인학살 등의 불변 테마에 더하여, 베를린 올림픽 때의 손기정 선수의 우승
문제에서도 일본인의 민족적 차별의식을 예리하게 알아차리고 있는 모습이
부각되고 있다. 같은 1941년 12월호에 「지원병제도에 대한 조선인의 동향」
이라는 것이 있어, 이 제도 시행에 대한 반향을 20여 예를 싣고 있다. 그 안에서
2~3가지를 보고 싶다.

교토시 데이코쿠대 조교수 이태규(李泰圭)

나는 지원병제도가 아니라 징병제도를 받고 싶다. 그 전제로서의 지원병제도라면 불평은 없다. 미국에서는 흑인조차 백인과 같은 훌륭한 시민권을 갖고, 의무교육을 받으며, 징병령에 복무하는 것을 보더라도 부러울 따름이다. 국민의 일부에 무지문맹한 사람이 있으면 그 나라는 결코 건전하지 않다고 생각한다. 조선에도 의무교육령을 선포해 징병제로 하면 얼마나 일본 전체가 강하게되고 행복하게 될 것인가 알 수 없다. 나는 이러한 의미에서 조선인에게도 징병령을 희망하는 것이다.

도시샤 대학생 양인현(渠(梁)麟鉉)

이 시국 하에서 조선인만은 징병제도 없고 또 징용도 없다. 내지인이 혁혁한 무훈을 빛내고 있을 때, 우리들은 훌륭한 체격을 갖고 있으면서 학교교육을 받고 있지 않다고 해서, 직접 어떤 역할도 받을 수 없으니 실로 쓸쓸할 뿐이다. 정부도 민족 문제에 신경질적으로 대응하지 않고 과감하게 조선인을 징용해 보면 어떠할까. 조선인에게 철포를 들게 하면 과연 국경에서 적국에게 발포할 수 있을 것인가라고 말하는 것 같은 걱정을 버렸으면 좋겠다. 조선인 중, 중등학교 이상의 교육을 받은 자를 징병으로 채용하는 데는 지금이 가장 좋은 기회다. 이 기회를 잃어버린다면 우리 조선인은 영구히 처지게 되어 향상심을 잃어버린다.

제1기 지원병 모

나는 쇼와 14년(1939) 6월 훈련소에 입소, 16년(1941) 8월 만기 제대가 되어 그 후, 면의 의뢰로 훈련소에서 입소자의 모집을 담당하고 있었다. 조선 청년은 아직 확고한 국가 관념이 없고 또 장래에 대해서도 확고한 희망도 없이, 다만 사회에 질질 끌리면서 그날 그날을 보내고 있는데 지나지 않는 상황이다. 지원 적령기가 되어도 희망하지 않고 권유하는 말을 듣고 좌우에서 도망가는 자가 많다. 지원자라고 해도 만기 후 취직을 유리하게 알선 받거나 혹은 사회적 지위를 얻는 등의 야심을 가지고 지원하기 때문에 진정한 애국심에 불타 있는 자가 아니다. 아직 우리 지방에서는 특히 유산계급에 있는 자의 자제에게 한 사람도 지원자를 보지 못하는 상황이고 참으로 유감이다.

이상의 세 가지 예는 아마도 질문을 받고나서의 모범답변일 것이다. 그것을 감안하더라도, 일본의 동화정책이 상당히 침투하고 있는 것을 인정하지 않을 수 없다. 다만 이들 답변도 행간을 읽는 식으로 읽으면, 아직 지배와 피지배라는 관계에서 조선인의 일본관에 커다란 변화가 있는 것처럼 생각되지 않는 부분이 있다.

쇼와 17년1942 2월호의 유언비어 취조상황 중에 도치기栃木현 아시카가足利군 거주의 도쿠하라德原鐘榮는 도쿄 후카가와深川구의 최선장崔善璋에게

"일본은 지나나 미·영과 싸우고 있다고 말하지만 나중에는 패전한다. 이것은 일본에게는 물자가 부족하기 때문이다. 일본의 군인은 모두 죽고 져도 좋다"
운운이라고 반전적 조어비어를 말하고 있다.

고 하는 것으로 육군 형법 위반으로 아시카가구재足利區裁의 검사국에 송검되고 있다.

또, 같은 해 3월호에는 도쿄 혼쇼구本所區 거주의 이규완李圭完이 그것도 육군 형법위반으로 송국된 기사가 있다. 그 내용은 다음과 같다.

쇼와 17년 1월 14일 오후 9시 반경 도쿄시 혼쇼구 나리히라바시(業平橋) 5-6 특수음식점 동양관사 기노시타(木下壽用)방에서 술을 요구하자 이를 거절하는 영업주 및 종업원 하루야마(春山文子) 두 사람에 대하여, "너희와 같은 놈이 있기 때문에 조선인은 언제나 일본인에게 학대받는 것이고 조선을 빼앗긴 것이다. 지금은 일본인 등을 상대로 해서 장사할 때가 아니다. 일본은 전쟁에 이겼다고 말하고 있지만 실제는 이기지 않았다. 비밀은 조금도 발표하지 않고 있기 때문

에 알 수 없는 것이다.

미국, 영국은 강한 나라이므로 마지막에는 일본이 질 것이다. 일본이 지면 우리 조선 사람들은 갈 곳이 없게 된다. 그 때에는 일본에 있는 조선인은 모두 죽고 말 것이기 때문에 이 때 조선은 조선의 사람으로 세우지 않으면 안 된다. 나 같은 사람이 도쿄에 천명이나 있으면 반드시 조선은 독립할 수 있을 것이다"라고 군사에 관한 조어비어를 말했다.

이 시기는 진주만 공격, 말레이반도 상륙, 마닐라 점령 등이라는 서전緖戰에서의 전과를 크게 자랑하고 있던 시기다.

그런데 미국과 영국을 상대로 해서 일본은 진다고 말하고 있다. 음식을 거절당한 화풀이도 있지만, 조선인으로서 일본이 져야 한다는 바람과 잠재의식을 뜻밖에도 표출한 것이라고 생각한다.

또 1942년 3월호에 재경 조선인 민족공산주의 '동맹회' 사건 검거취조 상황이라는, 직공 이정현李正鉉 외 2명의 치안유지법 위반사건 기사가 있다. 이정현이 고학을 목적으로 입경 후 "내지인에게 백안시 당하고", 후에, "히틀러의 『나의 투쟁』" 등을 읽고, "점점 민족의식이 치열하게 되어, 드디어 조선독립을 바라고", 동지의 획득에 힘써, '동맹회'라는 조직을 만들고, "목적달성에 몰두했다"고 하는 것이다. 그는 자주 동지를 회합하여, "일본 정부와 일본인은 항상 내선일체를 부르짖으면서 내지도항, 금융, 대가貸家, 대간貸間, 노동 각종 문제 기타 모든 점에서 차별 압박을 하고 있다"고 하여, 히데요시의 "조선정벌"에 언급했다. "또 가토 기요마사는 조선의 어떤 부인 때문에 살해되었다"거나, 한국병합 때 "당시의 조선 국왕이 자살"하여, 때문에 이토 히로부미는 안중근에게 암살당했다 등이라고 했다. 다소, 역사지식에 잘못은 있지만, 그가 일본에서 무시당한 체험에서 점차 민족의식을 높여, 드디어 독립운동을 하기까지 이른 경과가 기록되어 있다.

그러나 이 '동맹회' 사건에서 하나 더 중요한 것은 기사 중에 아마도 『특고월보』로서는 처음으로 '김일성 군軍'의 사적에 언급한 것이리라.

이정현 등은 동지의 획득에 힘써, 12항목에 걸치는 현상인식을 깊게 하고 있었다.

(1) 일본 내지인은 우리 조선 민족에 대하여 모든 방면에서 차별 압박이 심하기 때문에 이 곤경에서 도망가지 않으면 안 된다.

(2) 우리들은 이번 전쟁에서 제도帝都 공폭이 있으면 죽을 수도 있다. 그들 일본인의 목조가옥이 연소하는 모습을 목격하고 평소 우리 선인에 대한 혹사, 차별하는 원수를 치는 기대를 가지고 그것을 바라보았다.

고 하는 것은 약간 지나친 진심을 토로한 것이고, 일본관의 표명이기도 하지만, 마지막에 가까운 (9), (10)과 (12)에서 다음과 같은 '선동적 협의'를 거듭했다는 것은 주목할 만하다.

(9) 일본, 독일 등은 극히 무모한 행동을 취한 결과, 이제 자멸 외에 없다. 이에 5개년을 계속하면 국내에 동란이 발발하여, 후방의 원동력 괴멸은 필지이다. 그 때 우리 열혈 조선 청년은 신명을 걸고 조선독립을 위해 일어서야 한다.

(10) 북만주에서 공비 김일성은 우리 동포로 세력이 위대하여 일본 군대도 상당히 괴롭히고 있다. 자주 조선 안을 습격하지만 조선인 동포의 집은 결코 습격하지 않고, 일본인 가옥과 일본인을 노리고 있는 것은 실로 우러러볼 행위이다. 우리는 유유히 조선에 들어가 농·산·어촌 사람을 지도 계몽하고, 단결력을 강화하여 그것으로 조선의 독립을 준비해야 한다.

(11) 생략

(12) 우리는 항상 일본의 식민지적 제압 아래 비참한 경우에 있어, 이 곤경에서 우리 3천만 민족동포의 자유와 행복을 얻기 위해서는 어떠한 방침아래

완수해야 할 것인가. 그것은 공산주의운동을 통해 조선독립을 기도해야 한다. 그리고 영, 미, 소련 등의 원조에 의하지 않을 수 없다. 스탈린은 지나 4억의 적화를 도모하고, 중국 공산당 주덕朱德에게 막대한 자금을 제공하여 적화선전과 당원 획득에 노력하고 있다. 또 우리 북선北鮮에서는 김일성이 공산군을 편성해, 왕성하게 활동을 계속하고 있다. 우리 민족 3천만 중에 90%는 무산계급으로 공산주의 계몽운동에는 가장 적당하다. 지나사변에서 장개석이 전법 효과를 올려 일본의 패배는 필연적이 되었다. 이 때 조선민족의 독립을 전개해야만 한다.

종래의 재일조선인의 독립운동, 저항운동에서는 안중근을 특별하게 다루고, 반드시 의열단의 김원봉, 임시정부의 김구나, 이청천李青天 등의 이름이 나오고 있었지만, 이 시기 이후, 김일성의 이름이 다른 것을 압도하여 많이 나오게 된다.

『특고월보』에 한해서도, 1942년도 2회, 43년도 2회, 44년도 6회, 45년도 3회 합계 13회로, 그 빈도는 거의 독점적이다. 다만 『특고월보』의 간행은 1944년 11월호까지로 여기서의 1945년도는 아카시 히로다카明石博隆·마쓰우라 소조松浦總三 편 『소화특고탄압사』의 「조선인에 대한 탄압」(하)1976년 태평출판사 간행에 의거했다.

1945년 1~6월호는 활자화되지 않고 원고 그대로였다. 1942년 4월호에 의하면, 교토 거주하는 학생 가자나와金澤周元, 17는 불경낙서의 범인으로 교토 지검에 송국되고 있다.

3월 12일 교토시 주쿄(中京)구 니시노쿄난부(西の京南部) 우치하다마치(內畑町) 20 오니시(大西平七) 방 담벽에,
'천황폐하를 죽인다'
'일본인 모두 죽여라'

'조선 대정의'
라고 백묵으로 기재되어 있는 것을 발견 범인 체포의 결과 가나자와를 피의자로
검거, 조사한바 위의 장소에서 우인 다카모토(高本訓位), 가나자와(金澤一平)
등과 조선독립에 관해 말한 뒤, 가나자와가 '일본인 모두 죽여라'고 낙서한바
피의자는 '천황을 죽이지 않으면 안 된다'고 하여 위와 같이 '천황폐하를 죽인다'
고 기재한 것으로 판명됨.

같은 해 5월호에, 조선인 징병제도 실시에 대한 재일 조선인의 동정이라는
것이 있어, 35명의 감상을 모았는데, 그 전부가 징병제에 찬성했다. 그 일부를
소개하고 싶다.

오사카 다이쇼(大正)구 미나미센오초(南泉尾町) 선을(鮮乙) 모
남는 것은 조선의 의회참정권, 의무교육제의 실시다. 징집병은 영국에서 인도
병과 같은 차별대우여서는 안 된다.
내지인과 반도인을 반반으로 해서 훈련하고 피를 보는 것 같은 일이 일어나지
않게 주의하고 싶다.

도쿄시 세다가야(世田谷)구 자작 모
금번 반도에서도 국민의 삼대 의무의 하나인 병역의무를 부과하게 된 것은 참으
로 기쁜 일이다. 그러나 내지인과 같은 의무를 부과하는 것만으로는 내선일체
를 실현하고 반도 동포의 황민화를 의도한 본 제도의 실시가 하등의 효과를
가져 오지 않는 결과가 된다.
의무와 같이 권리참정권도 동시에 주지 않으면 아무 것도 되지 않는다.

여기서 징병제 실시를 전원이 찬성했지만, 동시에 언급한 것은 의무교육제
도의 실시와 참정권의 부여였다.
이 시기, 친일파로 일컬어진 일본관의 소유자도 의무교육제도와 참정권이

라는 면에서, 일본에 대한 불만의 측면을 짙게 남기고 있는 것을 알 수 있다.

그러나 이 문제도 쌍방 모두 일본의 패전까지 실시하지 않았다.

다만 같은 해 8월호의 불경·불온언동 기타 취체 상황에 의하면, 징병제 문제는 내막 부분에서는 반대였다는 것을 알 수 있다.

6월 3일 광화문 우편국 소인 있음

경성 삼판통(三坂通) 26-2 아키시마(秋島豊仁) 명의로

도쿄 히비야(日比谷) 공원 니주바시(二重橋) 궁성 내

금상 천황폐하 전

이라고 기록한 아래와 같이 조선의 징병제도 실시에 반대하는 것처럼 불온한 내용의 통신 있음을 발견함.

도조 히데키(東條英機), 1884~1948 수상

전략 … 이번 발표된 징병제 건에 한 마디 말씀드리고 싶습니다. 조선에 발포된 것은 이르다고 생각합니다. 쇼와19년(1944)에 정해졌지만 지금의 18, 9세가 된 조선 청년이 검사 받게 되어 있기 때문에 현대의 청년은 바라지 않는다고 생각합니다. 월사금을 매월 1엔후원 회비도 내고 배웠는데 왜 징병을 바라겠습니까. 의무교육도 되지 않은 일한합병 30여년이고 타이완합병은 더욱 빨리 이루어졌지만 조선만 발포된 것입니까. 그렇다면 조선인을 바보로 본 때문입니다. 본래 잘못입니다. 현대의 조선인은 청년들도 징병제가 발포되어도 기뻐하지 않습니다. 또는 단련되어 있지 않고 내선인을 구별할 의무교육도 되어 있지 않으며, 이번의 청년들은 징병제도가 발포되어 고심하고 있습니다. (중략) 지원병이라고 해도 강제병이 아닙니까. 지금 15세 이상 전부 조선을 독립시키려는 사상을 가지고 있습니다만. (후략)

라고 하는 것이 그것이다.

1943년 4월호에 「비상사태 하 조선인의 보호대책 진정」이라는 나카노中野

구에 거주하는 정연규鄭然圭의 사례가 나와 있다.

일반 시민 중에는 그 배타적 협량심에서, 또 지금 간토대지진 당시의 사실무근인 조선인 사건에서 오해를 품고 있는 자가 있는 것 같고, 공습이나 물자의 배급생활, 또 죽창이나 쇠갈고리가 달린 막대기(鳶口) 등의 훈련에 동반하여, 조선인에 대한 오해가 쌓여, 공습 때에 조선인이 혹은 습격하지 않을까하는 의심을품고 있는 자도 있는 것 같습니다. 그러므로 조가이초(町會長) 도나리구미(隣組)¹⁷⁾ 군장(郡長)을 비롯해 조나이카이(町內會)¹⁸⁾ 임원들 가운데에서, 조선인에게 오해, 반감 적개심을 품고 있는 자나, 배척하거나, 괴롭히거나, 경멸하거나말을 듣지 않고 준수하지 않는 자가 있으면 이 때 도태시키고, 다수결 등의 방법으로 조장을 추천하여, 조장 군장 등 임원을 중심으로 조선인 배척으로 단결하고 있는 도나리구미는 개편하는 것이 성지를 봉대하는 신하의 길이라고 생각합니다.

도쿄부 시경시청 등과 연락하여 조나이에서 내선인의 화목을 도모해 오해를푸는 기관을 두고, 또 부정 방지기관을 조나이카이에 두는 것은 어떠하십니까.

소생은 지진사건을 스스로 처리한 어리석은 자로 민의 오해를 두려워하는 자입니다. 그 오해를 풀기 위해서는 전력을 다하고 싶은 자입니다.
이상(발췌)과 같이 등사인쇄물을 작성하여 관계 관청방면에 진정함.

정연규는 "소생은 지진 사건을 스스로 처리한 어리석은 사람"이라고 칭하고 있다. 사건을 처리했다는 것은 과대한 말이라고 해도, 그는 이전의 간토대지진 때, 당시의 「호치報知신문」에 "동포의 유골을 찾아서"라는 제목으로,

17)1940년에 만들어진 대정익찬회의 최말단의 협력 조직. 인보반 이라고도 한다. 도나리 구미의 위에는 무라(村)에는 부라쿠가이(部落會), 도시에는 조나이카이(町內會)를 두었다.
18) 조(町) 안에 조직되는 지역 주민의 자치 조직.

학살당한 동포를 생각하는 절절한 글을 1923년 11월 28일부터 8회 연재하여 발표했다.

그런 그가 이 시기에 이르러 '성지를 봉대하는 신하의 길'을 실천하려고 하는 것에, 그의 사상 변화와 일본관의 변화도 구체적으로 나타난 것이 흥미롭다.

『특고월보』에는 조선인의 일본관이 많이 나와 있다. 그 중 마지막에 패전 직전기의 글을 하나 소개하고 싶다.

1944년 10월호에 도쿄, 도시마豊島구에 거주하는 박천규朴天圭의 치안유지법 위반사건이 실려 있다.

> 내지 도래 후 일상생활 혹은 학교 안에서 내지인의 조선인에 대한 모멸적 언동 및 차별적 대우에 민족적 편견을 깊게 했다. 쇼와18년(1943) 8월 하기휴가에서 귀향 조선 내에서 조선인의 생활 및 관리등용의 불공평을 듣기에 이르러 극도로 민족의식을 예리하게 가지고, 드디어 독립운동의 추진을 결의했다. 당면 동지의 획득 동료의 계몽을 목표로 '이 전쟁이 가능한 것은 반도인이 군수공장에서 일하고 병기를 보내고 있기 때문이다', '미국병은 상륙해서도 내지인을 죽이지만 반도인은 죽이지 않는다. 도 안내 등에 사용될 것이다. 이 전쟁에서 일본이 진다면 미국은 조선의 독립을 도와줄 것이다' 등 계몽선동에 분주한 것이 있었다.

또 조선인의 일본관과는 정반대 관계에 있는 이 시기의 일본인의 조선관에 대한 1945년(1~6월호) 원고의 기록을 소개하는 것을 끝으로 이 항목을 마치고 싶다.

> 내지인의 조선인관은 여전히 그들을 위험시하는 자가 많고 혹은 그 편언쌍구(몇 마디 안 되는 짧은 말)를 붙잡고 일부러 혐오하는 자도 보인다.

● 공폭의 피해지역은 우리가 전혀 알지 못하는 중요장소로 이것이 폭격당한 것은 조선인 스파이의 일이다.

● 무엇이라 말해도 군의 중요공사는 모두 반도인이 하고 있기 때문에 아무리해도 기밀이 샌다.

● 조선놈들은 전쟁에서 일본이 진다고 생각한다. 마지막에는 반드시 일본이 이긴다고 말해도 좀처럼 신용하지 않는다.

● 적이 본토에 상륙할 것이라고 말해도 모두 조선에 돌아갈 것만 생각하고 있다. 나라에 돌아갈 표를 1000엔 내지 1500엔 내고 사는 것 같다.

● 돈을 가지고 있어도 아무 것도 할 수 없다. 몰래 맛있는 물건을 사서 먹는 것이 낫다고 말하는 놈이 많다.

이와 같이 내지인의 경계심은 필요 이상으로 예민한 것이었고, 이것은 그대로 조선인의 신경을 알지 못하는 사이에 자극하여,

● 지지 않는다는 신념은 있지만 우리를 스파이라고 말하는 자가 일부 있다.

언제 문제가 일어날지 모르니까 빨리 귀선(歸鮮)하고 싶다고 입 밖에 내는 자도 있어 일부 순진한 자들에게 적지 않은 영향을 끼치고 있는 것은 엄격하게 주의를 요하는 부분이다.

여기서 알 수 있는 것은 친일파 조선인의 친일 발언과 적지 않은 조선인의 동화적 발언은 있다고 해도, 패전 직전기, 일반 일본인 중, 조선인에 대한 반감과 적개심, 결국은 스파이로 보는 등, 조선인에 대한 불신감은 결코 지워지지 않았다는 것이다. 이 시기 일본인, 조선인 쌍방의 마음 밑바닥에는 상호 불신감이 오히려 높아지고 있었다는 것을 확인시키는 것이 되었다.

맺음말

    이 책의 1부에서 아시카가·도요토미·에도·메이지기 일본으로 파견된 사신의 보고기록을 모으고, 다시 2부에서 근대를 1장, 2장까지의 전기와 3장, 4장까지의 후기로 나누었다. 당사자와 지식인의 일본관을 소개한 것은 두 가지 이유가 있다. 첫째, 식민지기 이전을 총괄하는 의미에서다. 둘째, 조선과 일본의 관계는 어느 시기를 제외하고는 양국 모두 이럭저럭 대등한 예를 가지고 교제를 깊게 하려던 시기이기도 했기 때문이다. 근대 전기 이후 식민지화까지의 조선인의 일본관은 급속하게 분명해진 일본의 조선 침략 의도에 경종을 울린 것이 주된 것이었다. 따라서 자칫하면 일부 사람에게 고정관념으로 받아들여지기 쉬운 측면도 아울러 가지고 있을지도 모른다. 그러나 긴 역사와 뛰어난 문화와 전통을 가진 한 나라가 무리한 침략으로 멸망에 직면했을 때, 여기서 소개한 것 같은 반응이 일어난 것은 지극히 당연하다고 생각한다. 고대의 조·일 관계는 인종적인 문제는 별도로 하고, '가깝고도 먼 나라'는 아니었다. 그것도 조선에서 일본으로의 문화 전수로 상호관계가 유지되고 있었다. 그런 것이 긴 역사적인 영위와 풍토적인 차이 등에 의해 독자의 민족성을 키우고, 상호의 이질성을 그 위에 두드러지게 했다고 해도, 오랫동안, 조선인이 일본에 대해 문화적 선진성에서 오는 우월의식을 가지고 있었다고 해도 이상한 것이 아니다.

양 민족이 진정한 대등한 입장에서 상호를 인식하는 것은 중세 이후일 것이다. 1부에서 다룬 중세 이후, 근대에 이르는 양국의 역사를 보면, 조선에는 고려조·조선왕조로 통일정권이 이어지고, 일본에서는 무가정권이 출현하고 있다. 이 경우는 대등한 교제관계를 유지하는 것이, 양 지배층의 이익에 들어맞았던 것으로 보인다. 아시카가기의 양국관계와 조선의 대일관을 상징시키는 것은 1443년에 서장관으로 방일하고, 나중, 영의정에까지 오른 신숙주의 유언이다. 성종5년1474 국왕은 바야흐로 죽으려는 신숙주를 문병하고, 그가 말하려는 마지막 말을 들었다.

"바라옵기는 국가, 일본과 화를 잃지 마십시오"라고 하는 것이다. 그는 『해동제국기』의 서문에서 교린의 기본은 '예禮'라고 말하고 있다. 왜구 금압을 위해, 적도에 대한 토벌, 아시카가 막부나 규슈 단다이探題, 슈고다이묘, 쓰시마의 소씨 등에 대한 이익유도와 금압요청 등을 반복해 온 결론이 '예'를 지키는 것이었다. 그러나 일본 측의 무역증가 요구 문제 등과 얽히기 때문에, 무제한의 요구에 응할 수 없어, '예'를 지키는 범위 안에서 국가적 체면을 건 허허실실의 홍정이 전개된 것이다.

앞의 아시카가 시대의 사신 송희경의 항목에서 태종李芳遠의 쓰시마정벌에 언급했다. 왜 태종이 왜구절멸을 위해 쓰시마를 공격하는 행동으로 나온 것일까. 그 직접 원인은 왜선 50여척의 비인포 침입과 주민 살육, 약탈행위에 대한 보복에 있었다. 여기서 보완적으로, 이러한 행위로 나온 태종의 대일관을 보고 싶다.

이것은 조선왕조의 역대 국왕에게 공통하는 것이다. 일본에 대한 경우, 아시카가 막부와 그에 직속하는 지방조직과 유력 슈고다이묘 등과 해적은 확실히 구별해서 대처하고 있다. 『조선왕조실록』에서는 아시카가 쇼군가

의 사자에게는 '일본국왕사'가 되어 있거나, '일본 친제이 단다이鎭西探題' 나
'일본대내전', '일본국 규슈절도사', 또는 단지 '이키一岐, 壹岐', '쓰시마' 등으로
되어 있다. 일본의 해적 행위자에 대해서는, 반드시 '왜', '왜족', '왜선'으로
일치하고 있다. 드물게는 '왜 4명이 와서 토산물을 바침'태종 1년이나 '왜사'
등으로 기록한 경우도 있다. 또 '이키, 쓰시마 두 섬의 왜추倭酋 토산물을 바침'
태종 4년 등도 있어서, 이키, 쓰시마에 '왜'를 사용하는 것이 있고, 이 두 섬에는
전혀 경계심을 풀지 않고 있는 것도 나타나 있는데, 대체로는 이 양자는 구별
하여 기록하고 있다.

특기할만한 것은 태종은 일본 측의 정식 사신에 대해서는 매우 신경을 쓰고
있는 것이다. 일본 사승使僧이 왔을 때, 응접하는 방법에서 다툼이 있었는데,
태종은 보고를 듣고 일본 사승의 주장을 받아들여, 구례대로 정승영의정, 좌의정,
우의정 이하의 대작對酌을 명하고 있다.

또 경상도 건내량見乃梁의 만호종4품의 무관직 목철睦哲이 왜선 1척을 잡아, 15명
의 목을 베고 후한 상을 받은 적이 있었다. 나중에 일본 사자가 와서 "평화의
사자인데도 살해당했다"고 호소했을 때, 목철을 심문하여 진실을 말하게
하고 그를 죽여, 일본국에 고하고 있다. 이렇게 태종은 일본의 정당한 요구는
받아들여 우호 정책을 견지하려고 했던 것이다.

그러던 것이 쓰시마정토를 하게 된 것은 왜선이 대량으로 비인포를 침입한
외에, 오랫동안에 걸치는 크고 작은 다양한 왜적의 침입에 의한 공방과 그
대응 사이에 태종의 일본관이 확고하게 형성되었기 때문이라고 생각된다.
예를 들면 왕위에 오른 해의 일, 측근과 전조고려조 말기, 왜구의 침략으로 인민
이 생업을 잃고 곤란해 하고 있을 때, 정지鄭地라는 장수가 처음으로 병선을
만들고, 민에게 공이 있었다는 이야기를 해, 측근에게 자손의 유무를 물어,
아들이 하나 있다고 듣자, 관리에 등용하도록 명하고 있다. 또 안행량安行梁의

만호 이생년李生年이 부하 79명을 이끌고 왜구와 싸워, 패하여 모면한 자가 여러 명이라는 보고를 듣고, "애통하다. 유사에게 부휼賻恤, 망자를 불쌍히 여겨 그 집에 재화를 보냄하고, 그의 호戶를 회복할 것을 명한다"고 했다태종 2년 3월, 갑인조.

이 외에도 수많은 왜구 침입의 소식에 마음 아파하는 것이다.

한편 아시카가 막부나, 지방 슈고다이묘 등과의 교류에서 토산품을 헌상받거나, 납치당한 포로 조선인을 반환하는데, 일본에 파견한 사신이 왜적에게 사로잡혀있던 적지 않은 사람을 반환받기도 했다. 이것과 관련해서는 "일본 회례관 이예李藝, 포로남녀 70여 명을 쇄출刷出, 조정하여 골라냄하여, 돌아옴" 이라는 기사나 "일본 통신관 박화朴和, 본국 포로 남녀 백여 명을 추쇄推刷, 골라 정리함하여, 돌아옴"태종4년, "일본국 회례관 김서金恕, 포로 20명을 쇄출하여, 돌아옴"등의 기사가, 태종의 일본관에 깊이 관련된 부분일 것이다.

그런데 일본의 슈고다이묘 등이 사신을 파견할 때, 자주 포로를 돌려보내 우호의 친분으로 삼고 있다. 태종이라면 왜구와 슈고다이묘의 이면 관계도 추상하고 싶지 않기 때문에, 일본에 대해서는 상당히 복잡한 생각도 하고 있었던 것이라고 생각한다.

거기에 1419년 5월, 왜선 50여 척이 대거 충청도 남부 비인포에 내습해, 병선을 불태우고, 많은 주민을 살육하여, 약탈을 자행했기 때문에, 이제까지의 왜적관이 한꺼번에 폭발해서 쓰시마정벌을 하게 된 것이다.

그런데 태종은 왜구토벌이 아시카가 막부와 슈고다이묘 등의 공감을 얻을 것이라고 생각했을 것이다.

여기에 일본으로 파견한 사신들의 보고 등에서 정확한 실정 파악을 하고 있었을 태종의 일본 정세 파악의 약함과 함정이 있었던 것일지도 모른다.

도요토미기의 양국관계는 히데요시군의 조선침략을 축으로 전개되었기 때문에, 긴장한 장면으로 시종하여, 대일관도 극도로 악화된다. 김성일은 아시카가기 통신사의 예를 따라, 어디까지나 '예'를 고집하고, 일본 측, 즉 히데요시의 무례를 비난하는 태도를 무너뜨리지 않는다. 그러나 그의 귀국 보고는 반대당을 의식해, 일부러 낙관적인 대일관을 흘리는 잘못을 범했다. 황신은 강화교섭과도 얽힌 명의 책봉사에 맞추어 동행하는 형태로 방일하는데, 히데요시의 접견 거부를 겪는다. 그의 대일관이 어떤지 가기 전부터 명백하다. 외국군의 침략 하에 있는 자가 침략국에 호의적일 리가 없다. 따라서 그의 사행 목적은 강화 건도 있지만, 일본의 종합 전력 조사와 전쟁계속 의지의 유무 탐지에 있었다고 생각한다. 그리고 침략 재개는 히데요시의 태도를 보면 명백하기 때문에, 수행군관에게 급하게 보고시킨 내용은 철저히 항전하려는 본국 정부의 의향과도 맞아, 재침 때의 준비를 보다 완전하게 하려는 것이라고 생각한다. 또 강항姜沆의 사적은 이 책에서 소개하지 않았지만, 납치된 포로로서 나중에 일본에서의 견문을 정리한 『간양록』을 저술했다. 재일중에도 3번에 걸쳐 조선 정부에 글을 보내, 일본에 대한 정확한 지식을 정부에 제공하고 있던 귀중한 존재다. 그리고 도쿠가와 막부의 시정에 영향을 미친 주자학을 전수한 인물로도 명기할만하다.

에도기, 이에야스는 막부체제의 확립·정비의 필요성에서 조선과의 강화와 교제 부활을 요구한다. 그러나 위정자의 교체가 있었다고는 해도, 조선 조야의 대일증오와 불신감이 그렇게 간단하게 지워질 수는 없었다. 우호를 노래하는 사신이면서 대일불신이 어느 정도 뿌리 깊은 것인가는 기행기를 읽으면 보다 확실하다. 사신과 로주나 외교담당자의 의견대립, 무력과시에 의한 암묵의 위협, 조선 측의 문사적 우위과시, 때로 일어나는 종자 사이의 살상 사건 등등은 일본군 침략의 후유증이 얼마나 크고, 1세기, 2세기를 지나도 결코 치유될 수 없었다는 것을 나타내고 있다. 그것은 현재의 일본이 가령 배상금을 지불하고 위정자 사이에서 결착이 이루어졌다고 해도, 아시아 여러 국민의 마음에 있는 상처를 치유하는 것이 불가능한 것과 같다. 통신사의 기행기는 그런 의미에서 선험적이다.

막부는 쇄국체제 하의 유일한 대외승인국의 통신사 영접행사를 쇼군의 권위 현창에 이용하기도 했지만, 한편에서는 그 접대는 매우 정중하여, 사신단과의 문화교류는 일본의 문운 융성에 크게 기여한다. 조선왕조 정부는 통신사 일행의 편성에는 특별히 배려하여, 나중에 정권 중추에서 일하도록 우수한 인재를 골랐기 때문에, 아라이 하쿠세키 등이 침략을 받은 복수를 문사적 우위로 갚으려고 한다고 받아들인 것도 무리는 아니다.

메이지기의 정식 사신으로 기록을 남긴 3인의 일본관을 총괄적으로 평하면, 일본을 모델로 조선도 근대적 문명을 받아들여, 개화정책을 강구해야 한다는 것이다. 파견 시기와 관련해서 농담濃淡의 차가 있는 것은 어쩔 수 없다.

2부의 근대 항목에서 다뤄야 하는 메이지기 조선 사신의 일본관을 감히 여기에 둔 것은 아시카가, 도요토미, 에도기라는 흐름 가운데에 조선 사신을 위치지우고, 일본관의 변화를 보고 싶었던 때문으로 다른 뜻은 없다.

제1차의 김기수는 일본에 강제로 개항을 허락한 후의 사신임에도 불구하고, 일본의 실태를 모르고, 아시카가기·에도기 이래의 전통적 교린관으로 임했다. 그는 근대 문명이 어떤가를 직접 보고나서, 신중한 표현이지만, 근대적 과학기술을 원용하도록 상신한다. 김홍집과 박영효는 일본에 가서 내외 정세를 견문하고, 깊이 기대하는 부분이 있었다. 이들은 김옥균의 세 번에 걸친 방일과 함께 연동하여, 조선 개화파의 운동은 크게 전진하게 된다. 이 시기까지의 개화파 인사의 일본관이 조선의 부르주아혁명운동에 일정한 영향을 주었다는 것은 필연의 추세일 것이다. 그러나 갑신정변 후의 김옥균의 일본관이 가혹하게 되는 것은 당연하다. 세상, 그의 '친일'적 태도를 운운하여 부정적으로 대하는 경향도 있다. 어찌되었든 김옥균 암살에 메이지 정부가 한몫 하고 있다는 사실이 이 문제의 답이 되지는 않을까.

2부에서는 개항 전후기부터 식민지화 과정기의 전 기간을 일단 근대로 하여 4개의 장으로 나누었다. 1장과 2장은 근대 전기, 그리고 3장과 4장은 근대 후기에 해당한다. 1장과 2장의 근대 전기를 개항 전후부터 1895년, 즉 갑오농민전쟁(1차~2차)까지로 둔 것은, 일본의 조선 약탈정책이 청일전쟁의 승리로 성공을 거두었기 때문이다. 또한 일본의 침략에 반대하여 결기한 농민군이 국내의 봉건적 지배체제에는 대 타격을 주고, 자주적인 국내개혁에 커다란 실적과 조선의 근대화에 귀중한 교훈을 남긴 것도, 일본군에 패배해버렸다는 역사적 단락에 해당하기 때문이다.

조선의 역사는 17세기 후반 이후, 생산력의 발전과 상품·화폐경제의 발전, 그리고 실학사상의 충실 등의 여러 요소에 의해 내재적 발전의 기초를 쌓아왔다. 완전하게 굳히기 전에, 강대한 유럽자본주의의 거센 파도에 휩쓸리게 된다. 이른바 '서세동점'의 기세다.

1860년대의 프랑스 함대와 미국선의 침공이 그 상징이고, 나중에 잇따른 것이 일본이다.

이 시기의 기정진, 이항로의 서양관, 최익현, 이만손, 홍재학, 송병선의 일본관은 바로 위정척사사상의 결정이다. 이것은 근대 후기의 유학자들의 반일의병투쟁으로 이어졌다. 전봉준의 사고방식과 그의 일본관 및 투쟁의 실적은 반봉건·반침략이라는, 바로 조선에 근대화를 가져온 민중적 시점에 일관된 것이라고 할 수 있다.

3장과 4장에서 다룬 근대 후기는 일본에 의한 식민지화 과정기다. 명성황후 암살 이후의 제1차 반일의병투쟁과 '독립협회'의 활동은 보다 광범한 민중을 의식적, 그리고 근대적 사상으로 반일운동에 끌어넣는 역할을 해냈다.

또 1905년의 보호조약 강요에 반대하는 장지연의 언설과 민영환, 조병세의 자결은 국민 각층에 큰 영향을 미치고, 저 장대한 제2차 반일의병투쟁 이후 일어난 투쟁의 선구가 되었다. 망국의 위기에 직면한 조선 민중의 죽음을 결의한 싸움은 바로 천추에 빛나는 금자탑이다. 그러나 최익현의 예나 앞의 동학농민군의 예에서 알 수 있는 것처럼, 일본과의 싸움에서 주력이어야 할 정부군은 일본의 손아귀 아래에 있어, 동족상쟁의 모습을 보였다. 민족의 힘을 둘로 나누어 서로 싸우고 있어서는 진정한 적, 외래침략자는 구축할 수 없다. 그 일본관과 함께 선열들이 남긴 통한의 교훈이다.

안중근의 일본관은 침략의 상징으로서의 이토 히로부미 격살로 직결하고 있다. 그가 쏜 총탄의 의미에 대해서, 조·일 쌍방이 완전한 의견 일치를 보고 있다고 말할 수 없는 것은, 교과서 문제 하나를 보더라도 알 수 있는 것이다.

3부의 식민지기의 시기구분은 일본의 통치정책과 관련해서 셋으로 나누어진다. 무단통치기의 지배정책은 문자 그대로, 무력·군사폭력에 의한 통치다. 공판정의 이석용이 데라우치와 민족 반역자를 죽이지 못해 안타깝다고 한 말과, 3·1독립운동 때의 전 민중적 봉기야말로, 당시의 조선인 전체의 일본관을 표현하고도 남음이 있는 것이다.

또 문화정치기의 당근과 채찍에 의한 회유와 기만의 통치정책은 적지 않은 사람들에게 환상을 가지게 하고, 친일파를 배출시키는 토양이 된 것은 부정할 수 없다. 그러나 신채호의 「조선혁명선언」 등에 보이는 투철한 사관과 현실인식은 민족의 재생과 독립 달성에 커다란 희망을 주는 것이었다.

더욱이 간토대지진에서의 조선인 학살은 일본 지배층과 이에 등질화된 일본 민중의 민족 배외주의의 처참함과 광폭성을 유감없이 보여준 것으로, 일본에 대해 어떠한 환상을 가지는 것을 당연히 단념시켰을 것이다.

파쇼통치기는 제국주의 일본의 종말이다. 다른 나라 영토의 형세 따위는 개의치 않는 침략이 잇달아 강행된다. 일본의 동화정책에 동조하여, 친일적 언동으로 달려간 저명인사도 있어, 일반 민중도 역시 상당한 영향을 받는다. 참으로 민족성과 양심을 지킨 사람들은, 이 시기를 일본의 패배와 조선의 독립 준비기로 생각하고 있었다.

국경 부근이나 국외에서의 항일무장투쟁의 전개가 무엇보다도 이것을 웅변해 주고 있으며, 『특고월보』 가운데 보이는 조선인의 '불온언동'이 이것을 증거 해준다.

조선인의 일본관이 예리하고 신랄했던 것을 우연히도 특고경찰이 증언기록으로 남겨주고 있었던 것은 정말로 역사의 아이러니이기도 하다.

저자 후기

이 「후기」는 초교 교정을 완료한 후 4월 하순에 쓰고 있다. 신문, TV에서는 한일공동의 축구월드컵 개최가 30여 일 후로 임박했다고 한다.

각종 여론조사에 의하면, 월드컵 개최를 기회로 일본인에 대한 감정은 크게 호전되고, 한국 측의 대일감정은 대폭 좋아졌다고 한다.

두 나라가 공동 개최하는 것은 월드컵의 역사 상 처음 있는 일이다. 그렇다면 이례적으로 부자연스럽게 가까운 이 한일 공동개최를 결정한 사람들의 조선(북)의 국제적 고립화와 한일 양 민중의 '우호'라는 정치적 의도의 반은 들어맞은 셈이 될 것이다.

「머리말」에서 쓴 것처럼 나는 오랫동안, 일본인의 조선관을 조금이라도 밝힐 수 있었으면 하고 생각했다. 내가 지금까지 써온 글의 거의 전부는 일본의 침략에 관한 사실 발굴과 조선관이라는 계열의 것이다.

그러나 이 책에서는 거꾸로 조선인의 일본관에 과녁을 좁혀서 쓰게 되었다. 주지하는 대로 이 시기는 이성계가 세운 조선왕조의 초기에서부터 식민지시기까지로, 일본에서는 무로마치 막부의 아시카가기로 부터 1945년 8월의 일본 패전까지라는 긴 기간에 걸치고 있다.

지금, 「후기」를 쓰고 있는 단계에서도 이것으로 조선인의 일본관을 역사적으로 보고 정확하게 전했는가 어떤가 자신이 없다는 것이 솔직한 심정이라고 생각한다. 아직 다른 것에도 다루어야할 일본론이 있었던 것은 아닐까 하는 생각이 들기 때문이다.

이 책 원서의 부제는 '역사인식의 공유는 가능한가'로 되어 있다. 이것은 근년의 일본의 정치적, 사상적 동향과 일본에 불신감을 갖는 한국인 전체를 염두에 두었기 때문에 나온 부제다.

최근 일련의 정치가나 교과서 등에 의해 되풀이 되는 역사왜곡 문제, 헌법 제9조의 평화조항 철폐를 기본으로 하는 '개정'요망론의 고조와 히노마루, 기미가요법안, 도청법안의 국회통과, 게다가 고이즈미 내각하의 주변사태 법과 고이즈미 수상의 야스쿠니신사 참배는 문제가 있다. 또 국회에 제출된 유사법제 관련 3법안, 인권보호에 이름을 빌린 미디어규제법인 「개인정보 보호법안」 등과 더욱이 다시금 침략미화와 역사적 사실왜곡을 포함한 중학, 고교 교과서의 검정 합격이란 것이 공공연히 통과한 이상한 현상에는 경악을 금치 못한다.

이것은 이제 심상치 않은 상황이다. 한국·북한·중국을 비롯한 아시아 여러 민족의 반발은 당연할 것이다. 요약해서 말하면 여기에는 전후, 일본 지배층의 미국의 자부도 심한 무모한 패권주의적 정·전략에의 변함없는 추종과 미국의 정·전략에 편승하여 일본 독자의 침략적 팽창 의사와의 교묘한 정책적 조정이 이 일련의 법안과 정책의도에 집약된 형태로 나타난 것으로 생각한다. 그 위에 고이즈미 내각도 유사법제 문제로 대외적으로 군사대국화로 보이는 것을 걱정한 것일까 4월 20일의 한일방위수뇌회담이 서울에서 개최되었을 때, 나카다니 겐中谷元 방위청장관은 김동신金東信 국방장관에게 변명에만 힘썼다고 한다. 또 "나카다니 장관은 '국내의 대응을 정한 법 정비 다. 한국에서는 이미 정비되어, 우리나라보다는 월등히 진행된 태세가 되어 있지 않는가'고 지적해 '자료가 있으면 받을 수 있습니까'라고 상대를 추켜세웠다…"『아사히신문』 4월 21일자고 한다.

이것은 자기의 속마음을 숨기고 상대에게 방심케 하는 근대 이후, 일본이 취해온 외교적, 전략적 수법의 이른바 전통계승의 그저 명색뿐인 한 예다.

즉, "우리 쪽의 방위태세가 불비하기 때문에 당신들의 진전된 태세를 배우고 싶다"고 돌려 말하고, 일본의 신 전시법안에 이해를 요구한 것이다. 이 나카다니류를 한 걸음 나가면 "한국의 뛰어난 징병제도를 배우고 싶다"는 것이 된다.

유신 후의 메이지 정권은 시기나 정황에 의해 다소의 온도 차는 있지만, 기본적으로는 조선 영유를 사정에 둔 정책으로 일관하고 있었다. 또 그 영유정책을 진행시킬 때에도 진정한 목적은 숨기고 '조선의 독립'「청국에 대한 선전의 조칙」이나, '한국의 보전', '극동의 평화'「러시아에 대한 선전의 조칙」라는 매우 교묘한 외교적 수사를 사용하여 자타를 속여 온 경위가 있다.

패전 후의 일본 역대 내각의 정치수법과 외교적 수사법을 사용한 기만정책도, 메이지 정권 이래의 전통을 잇고 있는 것은 정치, 경제, 문화의 전반에서도 볼 수 있다. 앞의 나카다니 방위청장관의 실례는 확실히 그것을 보여주었다고 말할 수 있을 것이다.

지금의 일본의 정치정황을 보면, 요 반세기 가운데 최대의 전기에 서 있다고 생각하지 않을 수 없다. 고이즈미 수상의 지지율은 당초 80%대에서 40%대로 떨어져, 더 떨어질 추세라고는 해도, 상당한 지지율이라고 생각한다.

즉 '구조개혁'이란 미사美辭와 화려한 제스처로, 본질을 알 수 없게 해도, 실제는 전전 체질을 잇는 매파 정치가인 고이즈미 수상을 상당히 많은 일본인이 지지하고 있다는 광경이 현재 이 나라에 엄연한 것이다.

요컨대 오랫동안 미국에 종속해온 일본 국민이나 매스미디어도 지배층의 진정한 정치적 의도에 대한 비판적 시각에 구름이 생기고, 오히려 지배층과의 일체감 중에 국내문제나 대외문제를 대처하는 풍조를 강화하고 있는 것 같다.

이것을 한마디로 말하면, 일본 지배층도 일본 국민의 상당한 층도 과거의 바보 같고 부끄러워해야 할 역사에서 참 교훈을 얻지 못하고 있는 것에서 일어나는 현상이라고 생각된다.

생각건대 메이지 이후, 일본의 대외팽창과 침략정책의 최대 피해자는 한국이다. 현재의 일본은 한국에 대하여 보상은커녕 진정한 사죄조차 하지 않는다. 일부에서는 한국에 은혜를 주었다고 주장하는 사람도 있다.

또는 남쪽의 대한민국과는 조약도 맺었고, 돈도 지불했다고 혹 말할지도 모른다.

여기서 한일조약을 둘러싼 문제를 상론하는 것은 피하지만, 대체적인 문제점만은 제시하고 싶다.

① 조약을 맺은 박정희정권은 국민의 참 대표자가 아니다. 박정권은 비합법인 군사쿠데타로 세워진 정권이고, 조약교섭도 대다수의 사람들이 반대를 하고 있었다.

② 체결된 조약 그 자체가 갖추어지지 않은 것 투성이다. 특히 '한국병합조약'을 비롯한 제 조약의 취급방법은 도저히 납득할 수 없고 금일 일본에서도 한국에서도 논의의 표적이 되어 있다.

③ 무상 3억 달러, 유상 2억 달러는 보상금이 아니고 단지 '독립 축하금'이다.

이것으로는 참으로 일본이 사죄한 것이 되지 않는다. 그러므로 당시의 대다수 한국민의 반대는 물론이거니와, 현재도 한국에는 진정한 사죄의 뜻을 담은 조약을 요구하는 '한일조약' 개정론이 높아지고 있다.

여기에 강제연행, 일본군위안부 문제가 더해진다. 또, 조선민주주의인민공화국과의 국교정상화 교섭의 경과를 보더라도, 일본 측은 '납치문제'라는 것을 교섭 첫머리에 두고 교섭의 진전을 저지하고 있다. 이것은 교섭의 순서가 거꾸로다.

일본은 무엇보다도 반세기 이상이나 방치하고 있던 국교정상화에 착수해야 할 것이다. 그 위에서 제기된 제 문제를 토의하는 것이 순서라는 것은 상식에 속하는 것이라고 생각한다.

일찍이 한일조약체결 때, 사토 에이사쿠佐藤榮作 수상은 전쟁이 끝나고 20년이나 지나 조약체결이라는 것은 너무 늦어서 소용이 없다는 말을 한 적이 있다.

그렇다면 그것보다 37년이나 지난 금일, 교섭의 첫머리에 들어갔을 뿐 중단이라는 것은 무엇이라 평가할만한 일일까. 여하튼 일본과 한국의 관계는 이 정도 그렇게 어렵다.

정치적 측면에서 보아도 미국이 얽혀 있다는 것에서 오는 어려움이 있을 것이다. 나는 무엇보다도 한국인, 일본인 쌍방의 역사인식의 차야말로, 양 민족의 상호이해를 방해하는 최대의 것이라고 생각하고 있다.

역사인식의 차를 좁히기 위해서도 과거의 역사적 시점에 되돌아가서, 그 때의 조선인의 일본관을 재현시켜보는 것도 현재 적지 않은 의미 있는 일일 것이다.

힘이 없고, 재주가 없는 것을 알면서도 이 책을 출판할 생각을 한 것은 조금이라도 역사적으로 본 조선인의 일본관을 일본인에게 알리는 것이 양 민족에게 도움이 된다고 믿었기 때문이다. 독자제현의 교시와 질정을 받을 수 있다면 다행이다.

"낙양의 친우, 만일 서로 묻는다면, 한 조각 얼음 같은 마음이 옥잔 속에 있다"당·王昌齡는 심경에서 이 책을 세상에 보내고 싶다.

마지막으로 출판을 맡아주신 소와샤總和社 사장 다케시타 다케시竹下武志 씨
와 중개의 수고를 해주신 료쿠인쇼보綠蔭書房의 난리 도모키南里知樹 씨에게 깊
이 감사를 드린다.

2002년 4월 28일

금병동

역자 후기

    이 책은 조선왕조 시대 일본에 파견된 사신들과 근대 이후 조선정부의
개화정책 실시에 따라 일본에 파견된 수신사 등의 일본 견문기를 다루고,
일제시대 한국인들이 식민통치에 어떻게 저항해 갔는지를 정리했다. 지금
까지 한국인의 일본관에 대해 단편적인 논문은 많이 나와 있지만 통사로서
체계적으로 저술한 책은 거의 없다. 아마도 금병동선생의 이 책이 본격적인
최초의 저술이 아닐까 생각한다.

    한국과 일본은 가까운 나라이지만 역사적으로 보면 두 나라의 관계는
숙명적으로 깊게 패인 골이 그대로 남아 있다. 그렇게 만든 것은 임진왜란
때의 도요토미 히데요시의 조선 침략과 불평등조약으로 강제로 체결된 강화
도조약, 러일전쟁 이후 본격화된 일본의 조선 보호국화 정책에서 비롯된다.
그리고 1910년 이래의 35년에 걸친 식민통치는 지금까지도 치유되지 못한
상처를 남기고 있다. 일본이 대한제국의 국권을 침탈한 과정을 살펴보면
다음과 같다.

    일본은 1904년 러일전쟁을 시작하면서 조선을 군사적으로 점령하고, 한
일의정서를 강요하여 조선 정부를 일본의 통제 아래 두고, 내정간섭의 권리
를 확보했다. 전황이 유리해지자 제1차 한일협약을 다시 강요하여 고문顧問

정치로 조선을 예속시켰다. 일본은 이듬해 미국과 영국 및 러시아로부터 조선에 대한 보호권을 인정받고 을사조약을 강제로 체결하여 조선을 보호국으로 만들었다. 이어서 이토 히로부미는 통감으로 부임해 온 뒤 반일의병운동에 직면하자, 한국병합을 추진했다. 헤이그 특사사건을 구실로 고종을 강제로 퇴위시키고, 1907년 정미7조약을 체결했다. 일본은 조선의 내정에 대한 간여를 공식화하고 조선에 대한 전권을 장악하여, 대한제국의 군대해산과 함께 차관정치를 실시했다. 또한 일본은 의병 진압을 위한 강경수단으로 병합조약을 강요하고 러시아와 영국, 미국의 동의를 얻은 뒤 강제병합을 단행했다.

이러한 일제의 침략통치에 대해 한국인은 1919년 3월 1일을 기해 거족적으로 봉기했다. 일제에게 침탈당한 국가의 주권과 독립을 찾기 위한 저항이었다. 이것은 강화도조약 이래 일제가 경제적 침투와 군사적, 정치적 음모로 감행해온 한국 침략에 대한 한민족의 항일투쟁의 귀결이었다. 이후 한민족의 저항은 중국, 만주, 미주 지역에서 1945년 해방의 그날까지 지속되었다.

일본은 식민통치를 통해 식민지 조선을 근대화시켰다고 강변해왔다. 이러한 인식은 한국과 일본이 가까운 이웃임에도 불구하고 두 나라가 가까워지기 어려운 대립과 갈등을 만드는 한 요인이 되었다. 이것은 지금도 계속되는 두 나라의 역사인식의 차이다. 일제의 식민지배가 불가피했다는 논리는 일본의 보수정치가들의 침략전쟁과 식민지배의 적극적 미화는 물론 일반인들 사이에도 어쩔 수 없는 선택이었다는 분위기를 만들고 있다. 이러한 왜곡된 인식은 단순히 현재의 한일 관계에서 그치는 문제가 아니라 우리의 후손들에게 고스란히 물려주게 될 수밖에 없다는 데 문제의 심각성이 있다.

앞으로 우리는 이러한 역사인식의 차이를 어떻게 극복할 수 있을까. 그것은 불행했던 과거의 역사사실을 외면하지 말고 정면에서 바라보고 다시는 같은 일을 반복하지 않도록 더불어 사는 삶을 살아갈 방법을 필사적으로 강구하는 일이 필요하다. 그러기 위해서는 무엇보다도 과거 두 나라 사이에 역사적으로 어떠한 교류가 있었고 서로를 어떻게 이해하고 있었는지를 아는 일이 선행되어야 한다. 서로를 이해하는 일은 그냥 되지 않는다. 서로 이해하려고 노력을 하고 잘못이 있다면 인정하고 나서 풀어야 한다. 과거의 잘못을 인정하기는 쉽지 않다. 그러나 진정성이 동반된 그것을 한두 번만 해보면 그리 어려운 일이 아닐 수도 있다.

우리는 옛날부터 부모와 스승을 존경하고 친구를 소중히 대해왔다. 가까운 이웃인 일본을 우리가 소중한 친구 나라로 대하게 될 날이 온다면 다행이다. 언제까지 과거타령만 해서도 안 될 것이다. 지금 한일 간에 해결해야 할 중요 과제는 역사교과서 문제, 야스쿠니신사 참배 문제, 일본군 위안부 문제, 독도 문제, 망언 문제 등 산적해 있다. 일이 순리대로 해결되기 위해서는 원인 제공을 한 일본 측의 적극적 해결의지가 필요하다. 이러한 문제의 본질을 이해하고 해결하는데 이 책이 조금이라도 도움이 된다면 저자의 기쁨은 물론 역자에게도 큰 보람이다.

이 책을 번역하면서 함께 간행될 예정인 『일본인의 조선관』도 여러 차례 읽었다. 다시 한번 한일관계를 역사적으로 고찰해 볼 수 있는 좋은 기회였다. 그러나 이 글을 쓰면서 금병동 선생이 타계하셨다는 소식을 접하게 되었다. 며칠 뒤에 나올 이 책을 못보고 가신 것이 참으로 안타깝다. 한평생 조국을 생각하고 역사를 공부하신 어려운 길이었을 것이다. 이 작은 결과물을 드려 그 노고를 위로 드리고 싶다.

2008년 11월

최혜주